保育現場と養成校の
コラボレーション！
実習生指導サポートブック

開 仁志 編著

北大路書房

はじめに

　この本は，**現場と養成校の教職員がコラボレーション**して執筆しています。実際に行っている実習指導の例を掲載し，互いに共通理解して実習指導を行う参考になることを目指しています。

　また，実習生や実習指導者が抱える悩みや課題を明らかにし，どう対処していくのかについて，できるだけ具体的な説明を心がけました。現場で求められる実習生像と実際の多様な実習生の姿のギャップにもふれています。

　そして，本書の最大の特徴は，実習生ではなく，**現場や養成校の教職員の方向け**の読み物ということにあります。以下に本書のおもな内容と，該当する章について列挙します。本書が，未来の保育者を育成するための一助となれば，大変幸いです。

1．実習とは何か？（現場と養成校のコラボレーション）

　保育に関する実習の根拠となる法令や通知などを記載しました。現場も養成校も押さえるべきものとなります。また，「実習とは何か」「現場と養成校のコラボレーションのあり方」について，現場と養成校の教職員の話し合いから見えてきたものを位置づけてみたいと思います。

　　➡第1，2章

2．養成校の実習指導（養成校教員執筆）

　養成校の実習指導の実際を載せました。初めて実習指導をする養成校教員の方，より一層の工夫を試みようとしている方には，こちらが参考になると思います。また，現場の教職員の方にとっては，養成校で実習生が指導されている内容を理解する助けになろうかと思います。

　　➡第3，4章

3．現場の実習指導（現場教職員執筆）

　幼稚園・保育所・施設現場の実習指導の実際を載せました。初めて実習指導をする現場の教職員の方，より一層の工夫を試みようとしている方には，こちらが参考になると思います。また，養成校教員の方には，現場で実習生がどのように指導を受けているかを理解する助けになろうかと思います。

はじめに

　➲第5，6章

4．実習生指導の実際

　多様な実習生の姿を踏まえ，タイプ別にどう寄り添い実習指導を行っていくかについて，具体例も交えながら述べました。実習生自身の問題，実習指導者の問題，現場や養成校を取り巻く環境など，さまざまな視点を挙げてあります。

　➲第7，8，9章

5．他分野の実習指導

　他分野（小学校，看護師，介護福祉士，社会福祉士，スクールソーシャルワーカー）の実習指導の例から，保育に関する実習のあり方の改善につながる可能性を探ります。

　➲第10章

本書で使う用語について

　養成校…保育者（保育士・幼稚園教諭）を養成している学校。
　現場…保育に関する実習を受け入れ・指導する施設。
　実習指導教員…養成校の実習を指導する教員。
　実習担当者…現場の実習を担当・指導する職員。
　訪問指導教員…養成校の教員で訪問指導をする教員。

目次

はじめに　i

第1章　実習とは何か……………………………………………………………1
第1節　実習とは何か？　2
第2節　養成校教員にとっての意味　5
第3節　現場の保育者にとっての意味　7
第4節　子どもにとっての意味　10
第5節　学生にとっての意味　11
第6節　実習の根拠法令　13

第2章　現場と養成校のコラボレーション……………………………23
第1節　現場の現状と課題の理解　24
第2節　養成校の現状と課題の理解　30
第3節　現場と養成校の共通課題の理解　37

第3章　養成校の実習指導の流れ………………………………………43
第1節　実習指導教員としてのライフステージ　44
第2節　実習指導教員の業務内容の流れ　49
第3節　実習指導教員の具体的な業務内容　52
第4節　保育に関する実習指導の通知内容　61

第4章　養成校の実習指導実践例………………………………………65
第1節　福島県の事例（私立大学短期大学部）　66
第2節　埼玉県の事例（私立4年制大学）　70
第3節　愛知県の事例（私立4年制大学）
　　　　──ゼミナールの取り組みを中心に　76
第4節　京都府の事例（私立短期大学）　80
第5節　石川県の事例（私立4年制大学）
　　　　──幼稚園教育実習について　86

目 次

第5章　現場の実習指導の流れ　93

第1節　実習生受け入れの内諾　94
第2節　実習生受け入れの正式依頼受諾，実習内容の確認　95
第3節　配属先・実習担当者の決定　97
第4節　職員会議での共通理解　97
第5節　子ども・保護者へのお知らせ　98
第6節　事前訪問　98
第7節　具体的な実習指導内容　101
第8節　実習訪問指導　104
第9節　実習生の指導　107
第10節　実習評価　107
第11節　養成校との連携　110

第6章　現場の実習指導実践例　115

第1節　公立幼稚園の事例　116
第2節　私立幼稚園の事例　121
第3節　私立短期大学付属幼稚園の事例　127
第4節　公立保育所の事例　133
第5節　私立保育所の事例　138
第6節　公立こども園の事例　143
第7節　私立こども園の事例　148
第8節　乳児院の事例　154
第9節　児童養護施設の事例　159
第10節　障害者支援施設の事例　164
第11節　医療型障害児入所施設の事例　170

第7章　実習内容別指導　175

第1節　実習態度について　176
第2節　生活面の援助について　182
第3節　子ども理解（子どもの発達）について　185
第4節　子ども理解（子どもの内面）について　187
第5節　保育技術について　189
第6節　実習日誌・記録について　194
第7節　指導案について　199
第8節　評価について　203

目 次

第8章　実習生のタイプに合わせた指導　　211
- 第1節　学生を理解するために　212
- 第2節　学生から実習生へ　213
- 第3節　大学教員の意識──多様な価値観　214
- 第4節　現場職員の意識──どのように実習生をみているか　215
- 第5節　実習生の意識──不安を抱えて　217
- 第6節　実習生指導の基本　218
- 第7節　実習生のタイプに合わせた指導のあり方　219
- 第8節　実習生のシグナルをキャッチするポイント　224
- 第9節　実習生を理解するために　225

第9章　本当にあった実習トラブル解決集　　227
- 第1節　実習養成校トラブル編　228
- 第2節　実習生トラブル編　230
- 第3節　実習現場トラブル編　238
- 第4節　本当にあった実習トラブル，マンガ編　246

第10章　他分野における実習指導実践例　　249
- 第1節　小学校教諭の事例　250
- 第2節　看護師の事例　255
- 第3節　介護福祉士の事例　261
- 第4節　社会福祉士の事例　272
- 第5節　スクールソーシャルワーカー（SSW）の事例　281

おわりに　289

本文イラスト／田村こずえ

第 1 章

実習とは何か

第1節 実習とは何か？

「実習」と聞くと，どのようなものを思い浮かべますか。人によって思い浮かべることはさまざまでしょう。まずは，実習の意味をねっこから考えてみます。

1 未来の保育者になる，育てるということ

まず，実習とは何かというと，学生にとっては未来の保育者になるための長い過程の中の大きな経験ということになります。そこでは，「保育者になるという思い」が本来必要になってきます。

また，養成校や現場の教職員にとっては，「未来の保育者を育てる」という認識が大原則になります。

この「保育者になるという思い」「未来の保育者を育てる」という両者の視点がないならば，学生はもちろん，養成校や現場にとっても，実習はただすぎ去ってほしい苦痛の時間になることでしょう。

甘くすることが実習ではありません。育てることを前提とした厳しさが必要です。「やさしさ」と「厳しさ」の両輪があるからこそ，初めは「自分は保育者に向いているのだろうか」「本当にめざしたいのだろうか」と悩み迷う学生が，「たいへんだけれど，それ以上にやりがいのあるすばらしい仕事」「困難なことがあってもがんばろう」と思うようになるのです。まさに，「学生」から「実習生」への生まれ変わりともいえるような変化がみられるのです。「実習生」に変身した姿をみると，目が輝き，生き生きとしていることがわかります。

では，この視点がないとどうなるでしょうか。以下に実際あった例をあげてみます。

(1) 学生

実習で注意されたときに，「評価は低くても，単位さえとれればいい」「どうせ，保育分野の職業はめざしていない。親や先生に言われたからしかたなくしているだけ」などという例が聞かれます。

このような学生には，キャリア形成の視点もからめて，話し合い・指導が必要です。場合によっては保護者も交えて面談し，本当に資格をとるのかどうかも含めて共通理解を図る必要があるでしょう。

(2) 養成校

実習訪問の際に実習生の評価が低いことを現場から指摘されて,「学校でも手をやいているんですよ」「何もできない学生なので」「落としてもらって構いません」などという例が聞かれます。

養成校は,実習に出す準備が基本的には整った(もちろん完全ではありません。可能性に期待できるという意味で)からその学生を実習に出したはずです。また,養成校のこのような対応には,「この学生にもよいところがある」というその子なりのよさをとらえ,育ちの可能性を信じているという姿勢が感じられません。自分の学生であるという責任と自覚をもつ必要があるでしょう。

(3) 現場

自分の思い通りにならない実習生に対して,「まったく保育者に向いていない。さっさとあきらめて」「あなたなんか,絶対に保育者にさせない」「万が一保育者になっても全力でつぶしますから」「だいたい,あなたの目つきや言葉づかいが気にくわない」などという例が聞かれます。

保育者は,ふだんは子どもや保護者の思いを受け止める,認めるといったかかわりを心がけています。ですが,実習生に対してはそれがまったくできないという場合があるようです。ただでさえ日々の保育に忙しいのに,一見実習生にふさわしくないように思える学生がいると,ついいらだってしまうという現場の保育者の気持ちもよくわかります。将来同僚になるかもしれないと思うとなおさらでしょう。

そうは言っても,人格まで攻撃するのはいかがなものかと思います。あくまでも,保育者として求められるものは何かを考え,そのために必要な指導ということを忘れないようにすることが重要になります。

2 未来の保護者を育てること,保育のすばらしさを伝えること

「保育者になろう」という気持ちや意欲はみられるが,とうてい保育者には向いていない,または近接領域として小学校の教員やその他子どもとかかわる仕事にはつきたいが保育者にはなる気がないといった実習生もいるでしょう。そのようなとき,実習担当者は,実習の意味を,「未来の保護者を育てること」「保育のすばらしさを伝えること」に置いてはいかがでしょうか。

実習生が保育者の仕事には就かないと思うと,指導に熱が入らなくなる気持ちはわかりますが,その実習生も時が立てば結婚して親になるかもしれないのです。そのときに,子育てや保育のすばらしさが伝わっていないとすれば,こんなに残念なことは

ありません。保育所や幼稚園に子どもが通うことになっても，実習のときにいじわるされたなどといったトラウマが残っていれば，保育者に相談すらできないかもしれません。

また，目の前の実習生が，後々，小学校の教員などになったとしても，子どもが乳幼児期をどのように過ごして児童期にいたるのかを知っていることはたいへん生きてきます。その他の子ども関係の仕事に就いても，保育現場を短期間とはいえ経験したことは大きく生きてくると思います。

「どうせ，保育が第一志望ではないんでしょ」などと言わず，子どものよさ，保育のすばらしさを伝えていくと，途中で保育をめざしてみたいと変わる実習生も少なからずいるのです。

ぜひ，子どもを愛すること，保育のたいせつさだけは伝えたいものです。

3　未来を担う若者を育てること，可能性を信じること

もしかしたら，将来結婚もしないし，子どもをもつ気もないといった実習生が来たらどうでしょう。どこか表情も暗く淡々として人とかかわる意欲も感じられない，それこそ「なんで実習に来たの」と言いたくなりますね。

このような場合は，「子どもを育てることは担わないかもしれないが，未来を担う若者を育てよう」と考えてはいかがでしょう。今，ニートやフリーターといった若者の危機的な状況が強まっています。保育者にも，保護者にもならないとしても，社会の一員として生きていかなくてはなりません。そのときに，愛されなかったり，親身になって指導してもらえなかったりした人間が，人を信じることができるでしょうか。実習生がどのような職に就こうとも，子どもをもたないと決心しようとも，保育者養成に携わる私たちは，人を愛するたいせつさだけは伝えたいと思っています。

実習先の保育者と実習生はプライベートなやりとりをしないことが原則ですが，人の出会いは，それだけではわりきれません。一つひとつの出会いが重要な意味をもつ，まさに「一期一会」であることを忘れずに実習指導をするよう心がけたいものです。

実際にあった例として，親からも養成校の教員からも問題児としてみられていた実習生が，実習を通して変わっていった例があります。

その保育所の所長先生は，まず，その実習生に人としてかかわりました。人としてたいせつなことを本当に親身になって伝えたのです。基本的な生活態度，人とのかかわり方などを母のように指導し，実習以外でもいろいろと保育所にかかわってみるよう勧めた結果，その実習生の目の色が変わってきて，最終的に，その実習生は保育の道に進み，今では人が変わったように生き生きとがんばっています。「人は信じても

らうことで伸びる」という信念を生き方として実践しておられるその所長先生の姿に敬服し，心から頭が下がる思いでした。

　以上，ここまでは，実習の意味をねっこの部分で考えてみましたが，ここからは，もう少し細かく，養成校，現場，学生にとっての実習の意味について述べてみたいと思います。

第2節　養成校教員にとっての意味

1　指定保育士養成施設，教員免許課程認定校として

　実習は，保育士養成施設の指定や教員免許養成課程認定を受けた学校としての責務を果たすことと，資格免許につながる単位付与にかかわります。この点から，後述した法令や通知などを確かめ，それに基づき実習を行うことが求められます。

　学生のキャリア形成を念頭に置いて，将来，学生が資格や免許を取得し専門職として働くということを実習の意味の根幹に置くことが求められるでしょう。

2　養成校教員の教育そのものが問われる

　保育士資格に関して厚生労働省雇用均等・児童家庭局長通知として出ている「保育実習実施基準」の保育実習の目的には，「保育実習は，その習得した教科全体の知識，技能を基礎とし，これらを総合的に実践する応用能力を養うため，児童に対する理解を通じて保育の理論と実践の関係について習熟させることを目的とする」と書かれています。また，履習の方法として「保育実習を行う時期は，原則として，修業年限が2年の指定保育士養成施設については第2学年の期間内とし，修業年限が3年以上の指定保育士養成施設については第3学年以降の期間内とする」となっています。

　また，幼稚園教諭免許に関しては，2006年に，中央教育審議会から出された答申「今後の教員養成免許制度の在り方について」の中で，教育実習の改善・充実が述べられています。

　その中では，教育実習を課程認定大学の教職課程の一環として明確に位置づけ，教員を志す者としてふさわしい学生を，責任をもって実習校に送り出すことが必要とされています。そして，教育実習の履修にあたって，あらかじめ履修しておくべき科目や満たすべき到達目標をより明確に示すことが求められています。

　さらに，到達目標に基づき，事前に学生の能力や適性，意欲等を適切に確認するなど，取り組みの一層の充実を図ることとし，必要に応じて補完的な指導を行うととも

に、それにもかかわらず、十分な成果がみられない学生については、最終的に教育実習に出さないという対応も必要としています。

これを考えると、実習というのは、養成校での学びをフル動員した集大成であるといった見方ができます。もちろん、原則なので、実習前にすべての教科目を終えているわけではなかったり、短大の1年生や四大の2年生などの時期に早くから実習に行ったりして、学びの意欲づけや、体験したことをふり返りながらの授業効果を狙う場合もあると思います。

しかし、現場で問われるのは、「学校で何を習ってきたのか」「現場の実践につながる力が身についているか」ということです。実際に実習の中で実習生が力を発揮しているかが問われるのです。

もちろん、学校では指定された科目を履修しているはずなのですが、具体的な教授内容や方法が違いますので、どうしても学校の色が出ます。学校の色は、学校の教育方針の違い（校風）のみならず、入学してくる学生の多様さ（学力、性格、意欲など）、養成している学校の教員の多様さ（現場経験の有無、研究・教育能力等）など、すべてがからみます。「うちは、入ってくる学生の学力が低いから」「まだ、教えていないので」「現場で教えてください」などと言っても始まりません。

今日、問われているのは、ディプロマポリシー（大学全体や学部・学科等の人材養成の目的、学生に身につけさせるべき学習成果）になります。学習成果そのものを問われるのが実習という場であるとすれば、養成校教員にとっては、みずからが行った教育自体が問われているという認識が必要になってくるでしょう。

3　実習生と現場の実習担当者を信じる

学生が実習に行くときには、よく実習生を「送り出す」という言葉を使っています。また、現場に実習生を「受け入れてもらう」という言い方もします。

もちろん、この意味が、養成校の責任を放棄し、現場に指導を「丸投げする」という意味であれば問題です。ですが、送り出すには、「信じる」ということがとてもたいせつになります。一時期「がんばれ」ではなく、「がんばろう」という言葉が流行りました。他人事ではなく、「いっしょに」「ともに」がんばるという仲間としての意味合いが込められ、とてもたいせつな精神だと思います。ですが、あえて、実習生には、「がんばれ」と言いたいと思っています。この「がんばれ」には、最終的には、実習生自身が誠心誠意がんばらなければいけないという重みをもたせています。だれも代わってあげるわけにはいかないのです。「もう十分がんばっているのに、これ以上がんばれと言うのか」としんどく思う人もいるかもしれません。けれど、本当にが

んばっている人は，「がんばれ」という言葉をうれしく思い，力に変えていくパワーをもっていると思います。運動会のリレーなどで，友だちを応援するときに，子どもたちはだれも「がんばろー，がんばろー」とは言いません。「がんばれー，がんばれー」と言います。がんばる力があると信じ，もっと伸びるはずと可能性を信じ，精一杯の姿を自然と応援したくなるその思いが素直に言葉になっているのです。だめだと思う人にはがんばれとは言えません。「がんばれ」と言わないことは，逆にたいへん失礼なことだと思います。

養成校としてできるだけの指導をし，実習中のサポート，実習後のアフターフォローは当然のこととしながらも，実習生は現場で「がんばってくる」と信じ，現場では，実習生を指導していただけると信じるからこそ，「送り出し」，「受け入れてもらう」のです。

第3節 現場の保育者にとっての意味

1 実習生を「受け入れる」ことは園体制を「見直す」こと

現場で実習生を「受け入れる」ということはどのような意味をもつのでしょうか。

まず，実習生を「受け入れる」だけの許容力・包容力を園がもつということです。実習受け入れに適するように園の体制を見直す必要性が生まれるのです。「保育がうまくいっていない」「保育者どうしの人間関係や保護者との信頼関係が築かれていない」状態では，実習生を指導できる状態とは言えません。必ずその不協和音は実習生にも伝わります。実習生を受け入れる余裕はどうやったら生まれるのか，園全体を見直す取り組みがスタートするのです。

また，「受け入れる」ということは，「受容する」「共感的に理解する」ということにつながります。保育にたいせつなこの精神を，実習生を受け入れることによって，改めて培うチャンスになります。

2 実習生を「育てる」こと

実習生を「受け入れる」という響きには，どこか「受け身」というニュアンスがあるかと思います。もちろん，養成校から依頼があって実習生を受け入れるのであり，現場から実習生に来てほしいと依頼しているわけではありません。

ですが，現場にとって，受け身でとらえているだけでは，やらされている感があり，負担感が増すばかりです。

そうではなく，実習生を「受け入れる」ことは，若手の人材を「育てる」ことであるというように考えるようにしましょう。そうすることで，現場の意識が主体的になります。

実習を通して未来の保育者を増やし，現場をよくしていくことにつなげるということです。実習で，「自分は保育者に向いていない」「嫌な思いしか残らなかったので，保育の道はあきらめる」という実習生が増えると，最終的に保育を支える人材のすそ野が広がっていかず，保育分野の衰退につながるのです。

3　現場の人材育成力・指導力の向上

また，実習生を育てることは，現場の中での人材育成力・指導力の向上につながることを押さえる必要があります。よく「うちの施設は，若手ばかりだから，実習生指導などはとてもできない」といった声を聞きますが，人は立場によって変わるものです。これから経験を積み，クラス担任，主任，副園長，園長となっていくにあたり，「新人を育てる」「後輩を育てる」力は必須になってきます。実習生を育てることは，まさにこの人材育成力・指導力を現場の保育者がもつことにつながるのです。

保育者のたまご（実習生）を孵化させるのもつぶすのも，実習担当者の影響が大きいです。乳幼児を育てることはできても，実習生（大人）を育てることができないのでは，人とかかわる仕事としては，片手落ちといえるのではないでしょうか。大人を育てることは，一筋縄ではいきません。実習生にも今までの人生経験があり，人はなかなか変われない部分があります。だからこそ，どうするかを考えることが，たいせつです。これは保護者支援の力にもつながります。

4　施設の保育，自分自身の保育を省察・改善する

実習生は，基本的に学校で最新の情報をもとに，授業を受けてきます。もちろん，現場もさまざまな研修の中で，新しい幼稚園教育要領，保育所保育指針などの学習を重ねていることでしょう。しかし，歴史のある園であればあるほど，今までのやり方を一から変えるということはむずかしいものです。経営者の考え，保護者の意向，地域性などすべてがからみますから，「わかっちゃいるけど，やめられない」状態もあるかもしれません。

そんな中，何の経験もない実習生が来たら何が生じるでしょうか。実習生は，学校で習ってきたことを素直に信じて現場に来ることがほとんどです。それしか知らないので，あたり前です。実習に行き，初めて，理想と現実は違うことを思い知らされることになります。子どもを育てるという根底に流れるものはいっしょでも，保育方針

が違うとまったく別のものに見えるものです。そして，素朴な疑問をたくさんもちます。もちろん，その中には，無知からくるまったくの考え違いがあることも多いでしょう。見えていない部分も多いと思います。ていねいに説明することで，見えない保育が見えるようになり，実習生が育つのです。

ここで，実習生が疑問をもち質問してきたときに，「うちの園ではこの方針，ずっとこれでやってきたんだから」と押さえつけたり，「正しいけれど，現実には無理」とあきらめたりするとどうでしょう。たしかに，説明に困り，説明責任を放棄することは簡単です。実習生はそれ以上聞くことはできずに黙るでしょう。

ですが，そこで立ち止まり，本当に子どものためには何がよいのか考えるきっかけにする施設は，まちがいなく保育の質が向上していく施設でしょう。素朴な疑問を実習生が口にすることで，施設で慣習としていたことに根拠が薄かったり，今の時代の実態に合わなかったりすることに気づくのです。時には，施設で常識としていたことが，その施設のみで通用するものであり，他の施設，大きくは世間の一般常識から外れていることに気づくこともあるのではないでしょうか。

5　初心を思い出す

最後に，いちばんたいせつなことは，「自分も昔は実習生だった」ということを思い出すことです。経験を積み，ベテランになればなるほど，慣れで子どもを動かしたり，あまり深く考えることなく保育を行うことが多くなったりするものです。そして，忙しい日々に追われて理想を失い，仕事が終わると疲れて家に帰るだけというような人生だとしたら，さみしくありませんか。

そんなとき，実習生と出会うことで，保育者をめざした若かりしころの自分を思い出し，明日からの保育の活力とすると生産的です。

もちろん，自分に活力を与えてくれる実習生ばかりではありません。保育をめざしているかどうかもわからない，指導してものれんに腕押しの実習生を相手にすると，力が吸い取られていくような気がしますね。ですが，そういう自分は実習生のときどうだったのでしょうか。そんなにできていたのでしょうか。「いえいえ，自分は一生懸命だったし，今日の自分があるのは厳しい実習指導があったおかげなのに，今の実習生はなんだ」と言われる方もおられるでしょう。

たしかに，ゆとり世代などと言われ，ほめられて（本当の意味でほめられ認められているではなく，甘やかされたり，また，推薦入試，調査書などで心までも点数で評価されたりしてきて）育った学生たちは，頼りなくいつも他人の目や評価を気にしているように見えることも多いでしょう。

しかし、「今どきの若者は」と言われてきたのは昔からあったことです。きっとあなたの世代も言われていたはずです。手のかからない実習生を育てるなら、だれでもできます。手のかかる実習生を育てるからこそ、あなたが育つのです。人の育つ力、可能性を信じることができるかという保育そのものに対する姿勢が問われているのです。

指導するときは、自分が実習生だったとしたら、そう言われてどう思うだろうか、育ちにつながるだろうかということを常に考える必要があります。互いに人として尊重しあう関係を築きたいものです。

第4節 子どもにとっての意味

実習先の子どもにとっては、実習生との出会いは、とても楽しいもののようです。もちろん担任の先生のほうがつきあいが長いし、自分のことをよくわかっていてくれるはずなのですが、目新しさも手伝って、実習生に積極的にかかわろうとする子どもが多いようです。まさに、子どもは好奇心のかたまりといったところです。

実習生が人気になるのは、担任の先生より若くて、子どもとの年齢が近く親しみをもつこと、体力があったりテレビやゲームの話題など通じるところがあったりして盛り上がることなどの理由が考えられるでしょう（逆に言えば、明るく元気で若者らしいといった要素がないと、あまり人気が出ないこともあります）。

ですが、いちばんの理由は、受け入れてくれそうということかもしれません。

実習生は基本的に怒らない、しからない（怒れない、しかれない）ことが多いです。甘いともいえるでしょう。それは、どこまで許してよいのか、子どもをどこまで受け入れればよいのか、甘えさせればよいのかといった線引きが、子どもと過ごした時間が短く、保育経験も少ないため、わからないからです。

子どもは、担任の先生は自分にどのようにかかわってくれるか、ある程度わかってきています。実習生とは新しく関係をつくっていく必要があるので、さまざまな姿を見せ、どこまで許してくれるのか、受け入れてくれるのかなどを試しているのです。

その意味で、いつもと違った人的環境の中で、どのように関係をつくっていくかというたいせつな学びをしているといえるでしょう。先生（指導する、教える立場）と子ども（指導される、教えられる立場）という関係だけでは生まれないような、人と人とのかかわりを学ぶ機会になっているともいえるでしょう。

一方、実習生という今までと違った人がいることで、不安になったり、緊張したり

する子も出てきますが，子どもにとっても，その出会いをどう次に生かすことができるかというたいせつな機会になります。

　もちろん，実習担当者は基本的に養護（生命の保持と情緒の安定）が図られた乳幼児期を送ることができるように子どもたちに配慮することがたいせつです。ですが，いつも安定・安心した生活が送れる人生はありません。子どもたちにとっては，人との関係の結び方を学ぶよい機会であり，また実習生にとっては，子どもたちが，どのように人と関係を結ぼうとしているのかを理解する，とても意味のある期間だととらえることができます。

第5節　学生にとっての意味

　大学設置基準が2010年に改正され，2011年度入学生より，「社会的及び職業的自立に関する指導等」を大学等で実施するよう義務づけられました。ニートやフリーター対策など，若者の就労支援の意味合いが背景としてあります。関連して中央教育審議会により，以下のような説明がなされています。

　「キャリア教育」は「一人一人の社会的・職業的自立に向け，必要な基盤となる能力や態度を育てることを通して，キャリア発達を促す教育」で，「職業教育」は「一定又は特定の職業に従事するために必要な知識，技能，能力や態度を育てる教育」です。さらに，キャリア教育は，普通教育，専門教育を問わずさまざまな教育活動の中で実施され，職業教育も含むとされています。

　以上のことから，学生はキャリア教育の中で，特定の職業に従事することを選択した上で，職業教育を受けることが望ましいと考えられます。

　保育者という職業を選び入学した学生は，すぐに職業教育に入るようなイメージがありますが，実際は，さまざまな意味において悩みつつ保育者の道を進んでいきます。

1　キャリア教育としての実習

　学生にとって，実習は大きな意味をもちます。それは，実習経験が将来の進む道を決定することにつながるということです。

　これを聞いて，現場の保育者の中には，「保育者になるため学校に入ったはずなのに，まだ迷うのか」と疑問に思う人もおられるようです。「保育者になる気持ちがない人，とりあえず資格・免許だけ取得する人，まだ迷っている人は実習に来ないでほしい」という声も聞こえるときがあります。では，いったいなぜ学生は迷うのでしょ

うか。

(1) 短期集中型の短期大学・専門学校

　短期大学・専門学校などで2年間の短期間に集中して学ぶ学生には，あまり迷っている暇がありません。過密な授業の合間をぬって実習に行き，気が付いたら就職活動に入らなくてはいけません。取得する資格・免許も保育士資格と幼稚園教諭という保育関係の免許資格だけを取得することがほとんどでしょう。自分が保育者に向いているか向いていないかなどを考えている余裕がないこともさることながら，資格免許が保育関係のみなので，選択の余地がありません。保育の道に進まないとなれば，言い方はとても悪いのですが，脱落組と考える学生もいるようです。

　そういったことから，保育の道に進むことにあまり迷わず，そのまま就職をしていく学生が多いようです。また，実習でうまくいかなかったとしても，それはそれとして，よい意味で気にせず，どんどん前に進む傾向にあります。もちろん個人差はありますが。

(2) 長期的スパンの4年制大学

　ですが，最近は4年制の保育者養成校が増えてきました。まず，短期大学などに比べて2倍の学生生活があることが大きな違いです。学生は4年間の長期スパンで学ぶ中で，「自分は保育者に向いているのかどうか」「本当にその道に進みたいのか」などと悩む時間が与えられています。また，小学校教諭や社会福祉士など複数の資格免許を取得できる場合もあります。その場合，他の免許資格の実習を経験して，そちらのほうに魅力を感じると，進路変更を考える学生も出てきます。保育関係の実習で手ごたえを感じられなかったためという学生もいますが，保育関係の実習でも高い評価を得て保育の道にぜひ進んでほしいという学生の中にも，進路変更をする学生がいます。

　これは，残念ながら他分野の就職に比べて給与等の待遇がけっしてよくないという保育分野の現状がからんでいます。他職種のことも十分理解しながら保育の道を選ぶ学生もいますが，学生の保護者の期待（行けるなら給与の高いところへ）などもからむため，問題は深刻です。景気がよいとなれば，一般企業に就くことを考える学生も増えます。とくに，一般企業は3年生から就職活動が始まり，内定をもらうのも4年の夏ごろまでと，保育関係の職に比べて就職活動の時期が早いのです。実習でうまくいかず落ち込んでいるところに，一般企業の就職活動をしている友だちを見て，あせって進路変更をしてしまうパターンもみられます。

　子ども関係の職に就きたいという思いはもちつつも，複数の資格・免許を取得でき

ることから,「自分には保育の道しかない」という決意をするタイミングがどんどん遅れがちになります。どこかで,「他の職業でもよいのでは」「自分は選ぶことができる」という思いがあり,背水の陣を敷くことができないのです。

　実習を通して,保育者になりたいという気持ちが一層高まった学生がいる一方で,その逆に保育者に向いていないと思い,あきらめる学生もいます。それほど,学生にとって実習がもつ重みは大きいといえるでしょう。

2　職業教育としての実習

　実習がもつ意味の2つ目は,実習先で経験したことによって,子どもの見方(子ども観),保育の見方(保育観)が形成されるということがあります。なぜかというと,学校での座学や演習だけでは経験できない実際の子どもとのかかわりや,実習担当者から指導された経験のインパクトはとても大きいからです。

　現場の保育者が受容的であれば,保育の価値をそこに求めますし,指導的であれば,それに影響されます。

　とくに,学校で学んだことと違う保育を目のあたりにした場合,学生のショックは大きいようです。基本的に学校では幼稚園教育要領や保育所保育指針をもとに教育をしています。もちろんどの現場でもその2つをもとにしていると思いますが,保育方針の違いにより,大きく逸脱しているようにみえる場合もあるようです。

　そのときに,学生は,保育に不信感を抱きがちになります。その不信感は2種類あります。学校で習ったことが現場では役に立たないと感じるか,保育現場の実態に失望するかです。

　理想と現実の違いを客観的に冷静に受け止めつつ,めざしたい保育像を形成していくような職業教育としての実習指導が望まれます。

　また,保育の道を選ぶにしても,自分の力不足を痛感して,大きな園より小さい園,それも託児的なところの就職を求めるといった学生も出てきます。実習で思ったようにできないのはあたり前,できないからこそ努力し経験を積みたいせつさなどを伝え,前向きに保育者をめざしていく態度を育てることがなによりたいせつになってきます。

第6節　実習の根拠法令

　養成校や現場で実習を担当する場合,何をふまえて実習指導を行わなければならないのでしょうか。以下に必ず押さえるべき最低限のものをあげてみます。

第1章 実習とは何か

1 幼稚園教諭免許

　幼稚園教諭免許に関する実習（以下，幼稚園実習）は，以下の法令をもとに実施することになります。保育者養成にかかわるものは，すべてに目を通す必要がありますが，実習を担当する場合は，とくに下記の該当箇所を最低限確認する必要があります。
　また，教育関係規定の改正により，随時改正されていくため，定期的に確認することが必要です。

(1) 幼児教育・幼稚園の理解

　まずは，幼児教育や幼稚園がどのようなものかを理解する必要があります。次の法令を確かめることはもちろん，まったく現場経験がない養成校教員であれば，定期的に幼稚園に通い，その理念，現場の実態などをつかむことが最低限必要です。実習生がどのような現場で実習をするのか見たこともないのでは，養成校と現場の信頼関係は築けません。
　押さえるべきものとしては，次のものがあります。
・教育基本法：第10条　家庭教育，第11条　幼児期の教育，第13条　学校，家庭及び地域住民等の相互の連携協力
・学校教育法：第3章　幼稚園（第22条～第28条）
・学校教育法施行規則：第3章　幼稚園（第36条～第39条）
・幼稚園設置基準
・幼稚園教育要領・同解説

(2) 幼稚園教諭免許の理解

　幼稚園で働くためには，幼稚園教諭免許が必要です。以下の法令を確認します。この法令の中で，免許における実習の位置づけも理解してください。
　押さえるべきものとしては，次のものがあります。
・教育職員免許法：第5条　授与
・同法施行規則：第1章　単位の修得方法等　第6条　「教育職員免許法別表第一に規定する幼稚園教諭の普通免許状の授与を受ける場合の教職に関する科目の単位の修得方法」

　幼稚園教諭となるために取得するべき科目の最低修得単位数については，教育職員免許法，同法施行規則で以下のように定められている。

第6節　実習の根拠法令

表1-1　幼稚園教諭免許を取得するための基礎資格と最低修得単位数

免許状の種類	基礎資格	教科に関する科目	教職に関する科目	教科または教職に関する科目
専修免許状	修士の学位を有すること	6単位	35単位	34単位
一種免許状	学士の学位を有すること	6単位	35単位	10単位
2種免許状	短期大学士の学位を有すること	4単位	27単位	

※「教育職員免許法」別表第1（第5条，5条の2関係）より抜粋。

■**教養科目**　教育職員免許法施行規則：第66条の第6項　日本国憲法，体育，外国語コミュニケーション，情報機器の操作各2単位

■**教科に関する科目**　教育職員免許法施行規則：第2条の第1項

表1-2　教科に関する科目

科目	2種	1種	専修
国語，算数，生活，音楽，図画工作及び体育の教科に関する科目（これら科目に含まれる内容を合わせた内容に係る科目その他これら科目に準ずる内容の科目を含む。）のうち1以上の科目	4	6	6

※「教育職員免許法施行規則」をもとに筆者作成。

■**教職に関する科目**　教育職員免許法施行規則：第6条

表1-3　教職に関する科目

科目	各科目に含めることが必要な事項	2種	1種	専修
教職の意義等に関する科目	教職の意義及び教員の役割	2	2	2
	教員の職務内容（研修，服務及び身分保障等を含む。）			
	進路選択に資する各種の機会の提供等			
教育の基礎理論に関する科目	教育の理念並びに教育に関する歴史及び思想	4	6	6
	幼児，児童及び生徒の心身の発達及び学習の過程（障害のある幼児児童及び生徒の心身の発達及び学習の過程を含む。）			
	教育に関する社会的制度的又は経営的事項			
教育課程及び指導法に関する科目	教育課程の意義及び編成の方法	12	18	18
	保育内容の指導法			

生徒指導, 教育相談及び進路指導等に関する科目	教育の方法及び技術（情報機器及び教材の活用を含む。）			
	幼児理解の理論及び方法	2	2	2
	教育相談（カウンセリングに関する基礎的な知識を含む。）の理論及び方法			
教育実習		5	5	5
教職実践演習		2	2	2
計		27	35	35

備考八
　教育実習の単位数には，教育実習に係る事前及び事後の指導（授与を受けようとする普通免許状に係る学校以外の学校，専修学校，社会教育に関する施設，社会福祉施設，児童自立支援施設及びボランティア団体における教育実習に準ずる経験を含むことができる。）の1単位を含むものとする。

※「教育職員免許法施行規則」をもとに筆者作成。

■**教科又は教職に関する科目**　教育職員免許法：第5条
表1-4　**教科又は教職に関する科目**

科目	2種	1種	専修
教科又は教職に関する科目	なし	10	34

※「教育職員免許法」をもとに筆者作成。

(3) 実習委員会の設置

養成校は学校内外で実習の連絡調整等を行う組織を設けることが，文部科学省の教員免許課程の認定を受けるために必要とされています。

(4) よくある誤解

たまに，現場の保育者の方から，「短期大学・専門学校と違って4年制大学なんだから，教育実習もっと長くないの？」などと言われることがありますが，誤解です。幼稚園教諭免許では，2種も1種も専修免許もすべて教育実習の単位は5単位で変わりません。

四大1種が短大・専門学校2種と違うのは，「教育の基礎理論」が＋2単位，「教育課程及び指導法」が＋6単位，「教科または教職に関する科目」が＋10単位となることです。その意味では「教育実習でやってもらうこと（質）を高度にしなくちゃ（指導実習を増やすなど）」といった指摘はあっているような気もしますが，正直なところ，子どもを前に保育ができるという力は，どちらも経験がないという点で，短大も四大も似たり寄ったりだと思います。

2　保育士資格

　保育士資格に関する実習（以下，保育実習）は，以下の法令や通知をもとに実施することになります。保育者養成にかかわるものは，すべてに目を通す必要がありますが，養成校や現場で実習を担当することになった場合は，とくに下記の該当箇所を最低限確認する必要があります。

　また，保育関係規定の改正により，随時変更が加えられていくため，定期的に確認することが必要です。

(1)　**保育所についての理解**

　子どもの保育と保護者や地域の子育て支援を行う保育所の役割や社会的責任，養護および教育を一体的に行う保育所保育の原理等について基本的な理解をすることが，養成校教員として最低限必要です。養成校教員は，保育所にも定期的に通うことで，理解が深まります。

　押さえるべきものとしては，次のものがあります。
・社会福祉法：第２条の３　第２種社会福祉事業　保育所
・児童福祉法：第３章　事業，養育里親及び施設　第39条　児童福祉施設　保育所
・児童福祉施設の設備及び運営に関する基準：第５章　保育所（第32条〜第36条）
・保育所保育指針・同解説書

(2)　**施設についての理解**

　保育実習施設として掲げられる施設については，その目的や役割，基準などについて理解することが必要となります。養成校の教員は，施設見学・訪問などをして，実際に現場を知っておくことがとてもたいせつです。

　押さえるべきものとしては，次のものがあります。
・児童福祉法：第３章　事業，養育里親及び施設（第37条　乳児院〜第44条　児童自立支援施設）
・児童福祉施設の設備及び運営に関する基準：第３章　乳児院〜第10章　児童自立支援施設
・障害者自立支援法：第４章　事業及び施設（第79条〜第86条）

(3)　**保育士資格についての理解**

　指定保育士養成施設として指定を受け，保育士を養成する場合，押さえるべきものとしては，次のものがあります。

第1章 実習とは何か

- 児童福祉法：第1章第6節　保育士　保育士資格の位置づけ，登録等
- 児童福祉法施行令：第5条の1　指定保育士養成施設の指定
- 児童福祉法施行規則：第6条の2　指定保育士養成施設の基準
- 児童福祉法施行規則：第6条の2　第1項第3号の指定保育士養成施設の修業教科目及び単位数並びに履修方法
- 厚生労働省雇用均等・児童家庭局長通知「指定保育士養成施設の指定及び運営の基準について」における別紙「指定保育士養成施設指定基準」「保育実習実施基準」「教科目の教授内容」

指定保育士養成施設の修業教科目及び単位数並びに履修方法は，児童福祉法施行規則第6条の2第1項第3号により，以下のようになっています。

■**教養科目**　10単位以上（うち外国語に関する演習2単位以上，体育に関する講義及び実技それぞれ1単位，これら以外の科目6単位以上）を開設し，その中から8単位以上（うち体育に関する講義及び実技それぞれ1単位）を履修します。

■**必修科目**　表1-5に掲げるすべての教科目について，それぞれの単位数を開設し，かつ履修します。

表1-5　必修科目

系列	教科目	単位数
保育の本質・目的に関する科目	保育原理（講義）	2
	教育原理（講義）	2
	児童家庭福祉（講義）	2
	社会福祉（講義）	2
	相談援助（演習）	1
	社会的養護（講義）	2
	保育者論（講義）	2
保育の対象の理解に関する科目	保育の心理学Ⅰ（講義）	2
	保育の心理学Ⅱ（演習）	1
	子どもの保健Ⅰ（講義）	4
	子どもの保健Ⅱ（演習）	1
	子どもの食と栄養（演習）	2
	家庭支援論（講義）	2
保育の内容・方法に関する科目	保育課程論（講義）	2
	保育内容総論（演習）	1
	保育内容演習（演習）	5

	乳児保育（演習）	2
	障害児保育（演習）	2
	社会的養護内容（演習）	1
	保育相談支援（演習）	1
保育の表現技術	保育の表現技術（演習）	4
保育実習	保育実習Ⅰ（実習）	4
	保育実習指導Ⅰ（演習）	2
総合演習	保育実践演習（演習）	2

※「指定保育士養成施設の修業教科目及び単位数並びに履修方法」をもとに筆者作成。

■**選択必修科目**　表1-6に掲げる系列のうちから18単位以上（そのうち3単位以上を保育実習とし，保育実習ⅡまたはⅢ（2単位以上），保育実習指導ⅡまたはⅢ（1単位以上）を含む）を開設し，その中から9単位以上（そのうち3単位以上を保育実習とし，保育実習ⅡまたはⅢ（2単位以上），保育実習指導ⅡまたはⅢ（1単位以上）を含む）を履修します。

表1-6　選択必修科目

1	保育の本質・目的に関する科目
2	保育の対象の理解に関する科目
3	保育の内容・方法に関する科目
4	保育の表現技術
5	保育実習Ⅱ（実習2単位）
6	保育実習指導Ⅱ（演習1単位）
7	保育実習Ⅲ（実習2単位）
8	保育実習指導Ⅲ（演習1単位）

※「指定保育士養成施設の修業教科目及び単位数並びに履修方法」をもとに筆者作成。

(4) 保育実習についての理解

保育実習の実施については，先にあげた厚生労働省雇用均等・児童家庭局長通知「指定保育士養成施設の指定及び運営の基準について」における別紙「指定保育士養成施設指定基準」「保育実習実施基準」「教科目の教授内容」に基づき行うことになります。

2012（平成24）年度現在では，今までと比べ，実習関係として以下の変更点に注意する必要があります。

■**実習指導の充実** 以前は必修科目「保育実習」として5単位（内訳は，保育所における実習（2単位），保育所以外の施設における実習（2単位），実習に関する事前および事後指導（1単位））としていました。

これが，「保育実習Ⅰ」としての4単位（保育所における実習（2単位），保育所以外の施設における実習（2単位））と，「保育実習指導Ⅰ」としての2単位（養成校での演習）として実習と実習指導の単位を明確に分け，かつ実習指導の単位が1単位増えています。

選択必修科目においても，「保育実習Ⅱ」または「保育実習Ⅲ」の2単位と，「保育実習指導Ⅱ」または「保育実習指導Ⅲ」の1単位が加わりました。

実習を現場に丸投げするのではなく，実習指導というかたちで，養成校が責任をもって指導するということ，実習に向けての事前指導と実習をふり返る事後指導を充実させ，次につなげることが明確になったといえるでしょう。

■**実習受け入れ施設の範囲や要件の見直し**　「保育実習Ⅰ」の実習受け入れ施設は居住型に限らず，通所施設なども含まれるようになりました。

ここには，保育士養成校の増加や，居住型児童福祉施設の減少と通所型児童福祉施設の増加などから新たに実習先を増やす必要性が出てきた背景があります。

【保育実習実施基準】

第1　保育実習の目的
　　　保育実習は，その習得した教科全体の知識，技能を基礎とし，これらを総合的に実践する応用能力を養うため，児童に対する理解を通じて保育の理論と実践の関係について習熟させることを目的とする。
第2　履修の方法
　1　保育実習は，次表の第3欄に掲げる施設につき，同表第2欄に掲げる履修方法により行うものとする。

表1-7

実習種別 （第1欄）	履修方法（第2欄）		実習施設 （第3欄）
	単位数	施設における おおむねの実習日数	
保育実習Ⅰ （必修科目）	4単位	20日	（A）
保育実習Ⅱ （選択必修科目）	2単位	10日	（B）
保育実習Ⅲ （選択必修科目）	2単位	10日	（C）

備考1　第3欄に掲げる実習施設の種別は，次によるものであること。
　（A）…保育所及び乳児院，母子生活支援施設，障害児入所支援施設，児童発達支援センター（児童発達支援及び医療型児童発達支援を行うものに限る），障害者支援施設，指定障害福祉サービス事業所（生活介護，自立訓練，就労移行支援又は就労継続支援を行うものに限る），児童養護施設，情緒障害児短期治療施設，児童自立支援施設，児童相談所一時保護施設又は独立行政法人国立重度知的障害者総合施設のぞみの園
　（B）…保育所
　（C）…児童厚生施設又は児童発達支援センターその他社会福祉関係諸法令の規定に基づき設置されている施設であって保育実習を行う施設として適当と認められるもの（保育所は除く。）
備考2　保育実習（必修科目）4単位の履修方法は，保育所における実習2単位及び（A）に掲げる保育所以外の施設における実習2単位とする。
備考3　「保育対策等促進事業の実施について」（平成20年6月9日雇児発第0609001号）に規定する家庭的保育事業又は「子育て支援交付金の交付対象事業等について」（平成23年9月30日雇児発0930第1号）に規定するグループ型小規模保育事業において，家庭的保育者又は補助者として，20日以上従事している又は過去に従事していたことのある場合にあっては，当該事業に従事している又は過去に従事していたことをもって，保育実習Ⅰ（必修科目）のうち保育所における実習2単位，保育実習Ⅱ（選択必修科目）及び保育実習指導Ⅱ（選択必修科目）を履修したものとすることができる。

2　保育実習を行う児童福祉施設等及びその配当単位数は，指定保育士養成施設の所長が定めるものとする。
3　保育実習を行う時期は，原則として，修業年限が2年の指定保育士養成施設については第2学年の期間内とし，修業年限が3年以上の指定保育士養成施設については第3学年以降の期間内とする。
4　実習施設に1回に派遣する実習生の数は，その実習施設の規模，人的組織等の指導能力を考慮して定めるものとし，多人数にわたらないように特に留意するものとする。
5　指定保育士養成施設の所長は，毎学年度の始めに実習施設その他の関係者と協議を行い，その学年度の保育実習計画を策定するものとし，この計画には，全体の方針，実習の段階，内容，施設別の期間，時間数，学生の数，実習前後の学習に対する指導方法，実習の記録，評価の方法等が明らかにされなければならないものとする。
6　実習において知り得た個人の秘密の保持について，実習生が十分配慮するよう指導すること。
第3　実習施設の選定等
1　指定保育士養成施設の所長は，実習施設の選定に当たっては，実習の効果が指導者の能力に負うところが大きいことから，特に施設長，保育士，その他の職員の人的組織を通じて保育についての指導能力が充実している施設のうちから選定するように努めるものとする。
　　特に，保育所の選定に当たっては，乳児保育，障害児保育及び一時保育等の多様な保育サービスを実施しているところで総合的な実習を行うことが望ましいことから，この点に留意すること。
　　また，居住型の実習施設を希望する実習生に対しては，実習施設の選定に際して，配慮を行うこと。
2　指定保育士養成施設の所長は，児童福祉施設以外の施設を実習施設として選定する場合に当たっては，保育士が実習生の指導を行う施設を選定するものとする。なお，その施設の設備に比較的余裕があること，実習生の交通条件等についても配慮するものとする。
3　指定保育士養成施設の所長は，教員のうちから実習指導者を定め，実習に関する全般的な事項を担当させることとし，また，実習施設においては，その長及び保育士のうちから実習指導者を定めるものとする。これらの実習指導者は，保育実習の目的を達成するため，指定保育士養成施設の実習指導者が中心となって相互に緊密な連絡をとるように努めるものとする。

4 指定保育士養成施設の実習指導者は，実習期間中に少なくとも1回以上実習施設を訪問して学生を指導すること。なお，これにより難い場合は，それと同等の体制を確保すること。
 5 指定保育士養成施設の実習指導者は，実習期間中に，学生に指導した内容をその都度，記録すること。また，実習施設の実習指導者に対しては，毎日，実習の記録の確認及び指導内容を記述するよう依頼する等，実習を効果的に進められるよう配慮すること。

※「指定保育士養成施設の指定及び運営の基準について」（厚生労働省雇用均等・児童家庭局長通知，2012年より

第 2 章

現場と養成校のコラボレーション

■第2章 現場と養成校のコラボレーション

　実習には，現場も養成校も「未来の保育者を育てる」という共通の目的があることを第1章では述べました。ですが，バラバラに取り組んでいても効果は上がりません。その目的を達成するためには，現場と養成校のコラボレーション（協働）が欠かせないのです。

　現場と養成校では，本来の役割において違いがあります。現場はいちばんに子ども・利用者・保護者・地域の最善の利益のために資するという役割があります。それに対して，養成校は，いちばんに学生の教育（保育者を養成する）があります。このように担う役割がまず違うからこそ，立場を超えてコラボレーションが必要になってくるのです。

　よりよい実習を行うため，保育実習実施基準では，「毎学年度の始めに実習施設その他の関係者と協議を行い，その学年度の保育実習計画を策定する」としており，現場でも養成校でも「実習指導者」を定めることを求めています。さらに，指定保育士養成施設の「実習指導者」が中心となって相互に緊密な連絡をとることとされています。

　文部科学省初等中等教育局教職員課による教員免許課程の認定でも，実習委員会を設置し，学内，学外（教育委員会等）と実習に関する連絡調整を行うことを求めています。

　本章では，具体的なコラボレーションのしかたについて考えてみたいと思いますが，まずは，現場，養成校の実習実施に関する状況について理解を進めてみましょう。

第1節　現場の現状と課題の理解

1　幼稚園教諭免許に関する実習

　幼稚園実習は，幼稚園と認定こども園（幼保連携型認定こども園か幼稚園型認定こども園において幼稚園機能を果たしている部分）において実施が可能です。以下では，国公立幼稚園と私立幼稚園，認定こども園での実習の受け入れの特徴を述べます。

(1)　国立幼稚園

　国立幼稚園は，大学の付属幼稚園が多いため，園の出身者でない限り，他大学の実習生は受け入れないことがほとんどでしょう。付属する大学の実習生はほぼ100パーセント受け入れ，独自の実習指導を大学と連携して行っています。

　実習をすることが，付属設置の理由でもあることから，比較的実習の受け入れはス

ムーズに行われます。大学と連携して実習計画を実施できること，毎年決まった時期に実習が行われることから，実習指導体制も整えやすいと思います。

その一方で，付属幼稚園の教員人事の課題があります。付属幼稚園としての採用で，長年にわたり実習指導を担う教員がいる場合は，私立幼稚園のベテラン教員と同様に実習指導がスムーズに行われる可能性が高いでしょう。また，公立幼稚園からの人事異動であれば，幼稚園教諭としてキャリアを積み指導にあたることができます。しかし，小学校や特別支援学校からの人事異動しかない場合，数年で異動がくり返され，実習担当者自身が幼稚園教諭としてのキャリアを積まないまま，実習指導を行わなければならないケースがあります。

(2) **公立幼稚園**

公立幼稚園の場合は，公の施設ということで，基本的に実習生の出身園ではなくても可能な限り受け入れをしている場合が多いと思います。実習を行う場合は，実習園への依頼と同時に，管轄している市町村にも依頼を行う必要があります。

公立幼稚園の課題は，少子化の影響や，共働き家庭の増加による保育所入所児の増加などにより，年々園児数が減少傾向にあるということです。規模的な問題としては1クラスの園児が数名しかいないといった場合もあり，実習効果が薄れるといったことも考えられます。

一方，近年において，公立幼稚園の採用が行われていない地域などでは，ベテランの幼稚園教諭が多くなり，実習生受け入れの経験を何度も経ているので，指導には慣れていることから安心して任せることができるといった考え方もあります。

(3) **私立幼稚園**

私立幼稚園では，幼稚園に直接実習を依頼します。幅広く受け入れている園がほとんどかと思いますが，実習生の出身園であるか，養成校の実習協力園であることが受け入れの条件になっている場合があります。また，地元のつながりが深い養成校や養成校団体からの受け入れを優先させる場合もあります。私立大学の付属幼稚園では，人事異動の課題以外は，国立幼稚園の付属同様の傾向にあります。

私立幼稚園では，建学の精神に基づいた保育を行うため，基本的な実習内容にプラスαが求められることもあるようです。

園長・主任等，勤務歴が長い教諭が実習担当者となり，受け入れ態勢が整っているところも多いと思いますが，若手の教員が多い場合は実習指導に慣れていないといったことが考えられます。短大・専門学校を卒業してすぐの教員が実習担当者になると，

実習生と年齢が近くなり親しみをもちやすい反面，同年齢や実習生のほうが年上（社会人入学などもあります）だと指導がやりにくい面があります。若手の教諭が実習担当になる可能性は，複数担任が多い保育所より，クラス担任制の幼稚園のほうが高いでしょう。

　実習生にとっては，卒業年度における実習では，実習がきっかけになり就職につながるといったこともあります。実習生自身がその園に就職を希望したり，逆に実習園から就職の声がかかるといったケースもあります。たしかに，一度きりの就職試験でははかれない，実際の子どもとのかかわり，職員との連携などの勤務に対する姿勢や人となりがわかるので安心という面があるでしょう。ですが，互いの気持ちがズレている場合は，就職を無理に進めるのは考えものです。

　また，他の園に就職が決まった後に行われる実習で問題が生じる場合があります。たしかに就職先の園で実習をしたほうが効果的という考え方もありますが，本来は，教員免許授与のための単位としての実習は，就職とは別のものであると考える必要があるでしょう。就職後の研修としての実習は，単位のための実習とは別に行う必要があります。養成校から依頼を受け承諾していたのに，就職先の決定によって約束を反古にするのは，現場と養成校の信頼関係を損ね，実習生にとっても心の傷を残すことになりかねません。

2　保育士資格に関する実習

　保育士資格の実習は，保育所（必修，選択必修），施設（必修，選択必修）において行われます。保育所の実習は，認定こども園（幼保連携型認定こども園か保育所型認定こども園において保育所機能を果たしている部分）でも可能です。施設は実習可能施設が保育実習実施基準で定められています。

(1) 保育所

　保育所にも，公立保育所と私立保育所があります。全国的な保育士不足から，市町村が実習先の確保にかかわっている自治体もあるようです。以前（2001年まで）の保育実習基準では，都道府県，指定都市，市町村および児童福祉施設等に協力義務があったことが背景にあります。それ以降の保育実習基準では，その項目は削除されていますが，慣習的に継続されているところもあります。

　市町村の担当課が配属する場合は，その市町村内で管轄する公私立保育所へ実習生の住所をもとに配属を行います。市町村の関与がない場合は，前述した幼稚園と同様のかたちになります。

また、養成校の数が多い都市部などでは、市町村関与はなくても、養成校団体と保育所の団体で取り決めをし、配属先を調整していくところもあります。各養成校がバラバラに直接保育所に実習を申し込むと、早い者勝ちということになり、ある保育所に実習生が集中する一方で、その逆もあるためです。養成校間で、地域ごとに実習生の数をとりまとめ、配属先を調整した後、依頼を行っていくことで、各保育所への配属がある程度均等に配分されていくのです。

保育実習実施基準によると、「特に、保育所の選定に当たっては、乳児保育、障害児保育及び一時保育等の多様な保育サービスを実施しているところで総合的な実習を行うことが望ましいことから、この点に留意すること」とあります。努力義務として、できるだけ留意することが求められています。

(2) 福祉施設

福祉施設には、さまざまな種類があります。たとえば、乳児院・児童養護施設、障害児入所施設、障害者支援施設等です。それぞれ保育士資格の実習とはいっても、求められる実習内容は大きく異なります。このことが、実習指導をむずかしくする原因にもなっています。また、施設数にかたよりがあり、ある施設種別に実習生の希望が集中することがあり、必ずしも希望の施設に行けないことが多いでしょう。

養成校団体で実習時期や実習生数を調整したり、各施設の受け入れ可能枠を聞いたりすることもあります。その受け入れ可能枠の中で、実習生の希望や住所、交通手段などをもとに配属していきます。

保育実習実施基準によると、「居住型の実習施設を希望する実習生に対しては、実習施設の選定に際して、配慮を行うこと」とあります。また、「児童福祉施設以外の施設を実習施設として選定する場合に当たっては、保育士が実習生の指導を行う施設を選定するものとする。なお、その施設の設備に比較的余裕があること、実習生の交通条件等についても配慮するものとする」とあります。

このような条件を満たす実習施設での実習が求められています。

3 認定こども園での実習（幼稚園教諭免許・保育士資格）

保育士資格の実習であれば、0～2歳児クラスについては、なんの迷いもなく配属することができます。では、3歳以上児、異年齢クラスではどうでしょうか。幼稚園部と保育所部とに分けて実習するのでしょうか。

実際には、幼稚園部の子どもと保育所部の子どもが同じクラスで生活していると思います。実習の違いにより、かかわる子どもを変えるといったことは現実にはあり得

ないでしょう。柔軟に実習種別に合わせて対応していく必要があります。

4　現場の実習指導体制の共通課題
(1) 実習担当者の免許資格の課題

幼稚園実習では幼稚園へ，保育所実習では保育所へ行きます。この場合は，実習の対象となる免許資格の保有者が実習指導を行うことになり，何の問題も生じません。

しかし，施設実習を行う場合，実習担当者は保育士資格を保有していたとしても，その他の職員全員が保育士資格保有者とは限りません。ですから，保育士資格保有者以外が実習指導を行う可能性があります。さらに，認定こども園で，保育士資格のみの保有者が幼稚園実習の指導を行う，幼稚園教諭免許のみの保有者が保育所実習の指導を行う場合もあり得るでしょう。

保育実習実施基準では，「指定保育士養成施設の所長は，児童福祉施設以外の施設を実習施設として選定する場合に当たっては，保育士が実習生の指導を行う施設を選定するものとする」となっています。また，認定こども園では，今後幼稚園教諭免許と保育士資格の併有がさらに進んでいくと思いますし，3歳以上児のクラス担任は，幼稚園教諭免許保有者が望ましいことになっています。

できるだけ，実習種別に対応した資格免許保有者を実習担当者にあてる配慮が必要になります。

また，保育実習実施基準によると，「実習施設の選定に当たっては，実習の効果が指導者の能力に負うところが大きいことから，特に施設長，保育士，その他の職員の人的組織を通じて保育についての指導能力が充実している施設のうちから選定するように努めるものとする」とあります。努力義務ではありますが，指導能力が充実している施設を選ぶことは，実習を何回も実施し，養成校と現場の気心が知れていなくては不可能です。日ごろから連携をとっていくことがたいせつです。逆に言えば，実習を受け入れることは指導能力があると認められたともいえるので，それを誇りにしてもよいと思います。

外国では，実習指導ができることが，主任や園長になるための条件になるところもあるのです。また，実習を受け入れている施設には，行政などから補助が出るようなしくみがあるところもあります。日本は，残念ながらまだそのレベルに達していませんが，今後，保育者養成の質向上のためにも，そのような体制づくりが求められていくことでしょう。

(2) 実習担当者のための研修の有無

　実習生の受け入れ・指導に関しては，基本的に各施設が独自に行っているのが実情です。現場の保育者は自分自身が実習をした経験があっても，実習生を教えるための研修は受けたことがないため，経験やカンで教えていることがほとんどであり，一定の基準がないといってよい状態です。保育分野の資格以外（たとえば社会福祉士等）では，実習生を受け入れる条件として資格免許の保有とともに研修が必要となっていることから考えると，実習生を指導するための体制が整っているとは必ずしもいえません。

　時々，保育士資格における施設実習において，初めて実習の受け入れをお願いした施設では，「保育士資格でなぜ施設に実習に来るのか意味不明です」「何をどこまでやらせるのかさっぱりわからない」「うちは，受け入れたことがないので断ります」などといった声が聞かれる場合もあるようです。また，他施設ではどのように実習を行っているか交流がないため，独自のやり方で実習を行わざるを得ない状態にあるようです。

　そのような場合には，実習を受け入れる態勢，雰囲気に温度差ができ，実習生指導に熱心なところから，放任，厳格なところまで出てくるといった可能性があるので，事前に実習の意味を共通理解してから実施していくといったていねいな連携が必要になってきます。

(3) 実習指導の手引き

　実習の受け入れを何度も経験している施設では，実習の手引きを独自でつくっているところも多いと思います。実習担当者がそれを見ながら指導をしたり，実習生に配って指導したりします。

　このように各現場レベルでは実習の手引きがあるのですが，実習指導を行う担当者向けの統一した手引きはないといってよいと思います。

　保育士資格においては，「指定保育士養成施設の指定及び運営の基準について」（厚生労働省雇用均等・児童家庭局長通知）において，保育実習のシラバスが出されています（第5章参照）。ここでは，目標と内容が示されていますが，どのように行うかという方法，評価までは示されていません。

　また，参考として『保育実習指導のミニマムスタンダード』や『保育所実習指導ガイドライン』などがありますが，その存在を知らない現場もまだあるようです。

　また，幼稚園教諭免許に関しては，幼稚園教員養成を行っている養成校団体としてのものは，今のところ出されていないのが現状です。

各施設の実情等もあり、実際の実習内容・方法については、独自の手引きをつくることのほうが、実情に合っているともいえますが、現場の団体と養成校団体の話し合いの上で、実習の手引きのもとになるものが出されることも必要になってくるであろうと考えます。

第2節 養成校の現状と課題の理解

1　短期大学・専門学校

保育者の養成校として歴史のある伝統校も多いでしょう。保育・幼児教育学科・コースなどに在籍している学生は、ほぼ全員が保育者の道を選ぶため、実習指導がやりやすい傾向があります。まさに、実習をすることが就職に直結しているのです。また、保育者養成に歴史のある伝統校では、現場にも卒業生が働いており、園長・主任などの役職に就いていることが多いため、実習に対する協力も得やすいことが多いでしょう。

2　4年制大学

短期大学から4年制大学に移行したところも含め、伝統校は、短期大学・専門学校と同様の傾向があります。

しかし、保育者養成校として新設校の場合は、現場との関係構築がまだなされておらず、実習生の受け入れに困難が生じる場合があります。また、短期大学・専門学校では2年間で幼稚園教諭2種免許や保育士資格を取得するのに対して、4年制大学では4年間で幼稚園教諭1種免許や保育士資格を取得することから、短大・専門学校に比べて現場で過大な実習内容を要求されることがあるようです。実習の単位は幼稚園教諭免許1種も2種も変わらないということを現場と養成校が共通認識する必要性があります。また、今のところ保育士資格においては短期大学と4年制大学の違いも設定されていません。

さらに、複数の資格免許が取得できる学校では、保育分野への就職はしないにもかかわらず単位取得のために実習へ行く学生がいることが、実習指導に困難さをもたらしています。

3 養成校の共通課題

(1) 実習のための組織

校内に実習センターを設置している養成校では，事務・助手・助教などのスタッフが充実しており，実習をスムーズに行えるような体制が整っています。そうでないところは，実習指導教員のみでさまざまな業務を抱えていることが多い傾向にあります。また，実習指導教員とそうではない教員の間で，実習指導に対する熱意に温度差が生じている場合も少なくありません。

文部科学省によると，教育実習のための委員会を設けることが必要とされています。その委員会が中心になりながらも，教員全員で養成を行っているという意識づくりがたいせつになります。保育実習でも同様のことが求められるといえるでしょう。

(2) 実習指導教員の課題

保育者養成校にはさまざまな経歴の教員がいます。大きく分けると以下のような2タイプでしょうか。

①研究者タイプ：大学院ドクターコースを経て博士取得後，アカデミックポストに就任した教員です。研究分野についてはとても詳しいのですが，幼稚園教諭免許，保育士資格などは保有していないことが多いでしょう。現場につながりがある研究をしていれば実習に対しても熱意がある場合が多いのですが，そうでない場合は，実習指導については関心が薄い傾向があるでしょう。

②保育現場経験者タイプ：幼稚園教諭，保育士などを経験した後アカデミックポストに就任した教員です。最近は社会人入学などで，マスター・ドクターコースで修士以上を取得している場合も多いと思います。おおむね現場とのつながりが強く，実習指導についても意欲的な場合が多いでしょう。しかし，現場経験があるからといって，必ずしも実習指導がうまくできるとはいえないので，養成校教員としての研鑽が必要になってきます。

実習指導を担当する教員は後者が多いのではないかと思います。しかし，言い方は悪いのですが，他に実習指導を担当する教員がいないため，しかたなく実習指導の科目をもたざるを得ない教員もいるかもしれません。また，実習指導業務はたいへんな労力がかかるため，学科内の教員でローテーションを組んで負担軽減を図っている場合もあります。

そうなってくると，なんらかの統一されたマニュアルをもとに実習指導を行う必要があります。保育者養成に歴史のある伝統校では，すでにマニュアルが存在するため，

今までのやり方を踏襲していけばよいのですが，前任者が突然退任した場合などは引き継ぎがうまくなされない場合があります。

また，新しく保育者養成校の認可を受けた養成校では，一から始める必要があります。養成校での指導体制，現場との関係づくり，市町村等・関係団体との連携などの課題が山積みとなります。

現場の教職員も人情として，自分の出身校の実習生なら思い入れも生じるでしょうが，新設校の学生は卒業生がいないため，受け入れへの意識がどうしても低くなりがちです。そのような場合でも，養成校の実習指導教員が日ごろから現場とつながりをもっていれば，良好な関係の中で実習生を受け入れてもらえる素地を築くことができるでしょう。

新設校ができること，養成校に新しい先生が来ることは，現場にとってもチャンスなのです。保育士不足が叫ばれている中，最近は保育士養成校が増えているのですから，人材を獲得する道筋ができたということです。

どのような教員であっても，現場とつながりがなければ，地域の実情を知ることもなく，関心が薄れていってしまいます。また，現場の教職員も養成校の取り組みやどんな教員がいるかについてよく知らないと，かかわりをもとうと思わないのではないでしょうか。

互いの情報を交換し合い，積極的にかかわることで，得るものは大きいでしょう。たとえば，実習訪問のときに，現場の教職員から「先生は何の専門ですか。どのような科目の担当ですか」などと聞いたり，逆に養成校の教員から「この地域の保育にはどのような特徴がありますか」「園の方針は何ですか」などと尋ねたりして，顔が見える関係になるとよいと思います。

保育分野以外の研究をしてきた教員も，もし保育者養成校に勤務したならば，自分の研究領域を広げる絶好のチャンスがきたと思うとよいでしょう。「大人ではなく，乳幼児を対象としたらどうなるか」「音楽的な見地からみて，この表現活動はどうか」「科学的な目を幼児期に育てるためにはどうしたらよいか」などと自分の研究分野とのつながりは無限に出てくるものです。現場の保育者にもどんどん質問して，保育に結びつけたらよいと思います。養成校の教員になったら，少なくても赴任して最初の1年間は現場に通いつめてもよいくらいだと思います。養成校の教員を育てるのは現場の力も大きいといえるかもしれません。

熱心な養成校教員は，とにかくたくさんの現場を訪問し，施設の特徴をつかみ，関係をつくることに努めます。そして，実習生の性格，意欲，得意分野，苦手分野などを把握した上で，実習配属のときのマッチングに生かしているのです。

たとえば，実習先の施設が音楽に力を入れているところであれば，ピアノが得意な実習生を配属します。実習生と実習施設の相性が合致すると，充実した実習が展開され，評価も高くなるでしょう。こうなると，互いに気心が知れ，実習イコール就職活動といってもよくなり，そのまま就職に結びつく可能性も高くなります。
　その反面，そのようなマッチングは，メリットとデメリットがあります。資格免許付与のための実習という意味では，どの実習施設に行っても，ある程度統一された基準・内容のもと行われ，評価がなされるべきです。相性で実習内容や評価が決まることは，不公平ともいえるでしょう。ですが，現実的には，人と人のかかわりで実習は成り立っています。実習先の施設の特徴に合わせて，子どもたちとよりよくかかわり，充実した保育を行うことができることも重要な要素といえるのかもしれません。

(3) 実習指導教員と訪問指導教員の温度差

　実習指導の科目を担当する教員は実習指導に熱意があっても，実習指導を担当しない教員はあまり関心がないという傾向があります。自分の担当科目ではないと，どうしても実感や積極性が薄れ，実習生が何に悩み困っているか，何を学んでいるかなどが見えないため，指導のための意欲も生まれにくくなるという悪循環が生まれます。
　また，実習指導教員にばかり負担がかかったり，他の教員はどうせわからないから実習指導教員にお任せするといった雰囲気ができたりすると，その養成校はよくない方向に進みます。
　この温度差を埋めるために，毎年実習指導教員を変えているところもあります。すべての教員が実習指導を担当できるようになることをめざしているのでしょう。また，訪問指導教員や初めて実習にかかわる教員への共通理解を図るための研修会なども必要です。そのことによって，実習にかかわる当事者性が生まれます。最近の保育の動向・課題，幼稚園教育要領や保育所保育指針等の改正などをみんなで学びます。
　また，実習報告会，現場の保育者を招いての実習懇談会などは，一部の教員だけではなく，全員参加とすることで，課題となっていること，求められていることなどが共有されていきます。
　求められている内容がわかると，日々の授業の中に取り入れていく教員も増えてくることでしょう。カリキュラムやシラバスの内容の重複，不足などをチェックして，つながりのあるものにしていき，実習指導にも生かしていくという取り組みが各養成校で行われていると思います。
　けっして実習をブラックボックス状態にしないことがたいせつです。

(4) 実習生の多様性への対応

　正直な話として，養成校によって，入学者の学習面，意欲面，コミュニケーション力などさまざまな差があるという現状があります。さらに，学校間による差だけではなく，同じ学校の中でも個人差があり，実習指導をむずかしくする原因になっています。

　このような実習生の多様性にこたえるための指導の工夫に多くの養成校は取り組んでいると思います。実習の履修の可否を，GPA（Grade Point Average）などの学力，単位取得の有無，日ごろの態度（遅刻，欠席，提出物）などから実習委員会等で検討し判断しているところもあるでしょう。

　では，そのような取り組みを現場に伝えているでしょうか。あまり伝えていないことが多いのではないでしょうか。

　現場では，どのような実習生が来るのか期待もしつつ，不安もいっぱいです。事前訪問のときにどのような実習生が来るのか少し把握できますが，ふだんの学校生活などもわからないため，実習が始まって1週間ほどたってようやくその実習生の特徴がつかめてくるなどといったこともあります。

　実習施設では，どのような方針で保育を行っているかを事前訪問等で伝えていますが，実習生の特徴を理解する工夫も必要になってきます。

　そのための取り組みとしては，実習生プロフィール（写真付，趣味・特技，ボランティア・実習経験，クラブ活動），実習計画書（何をねらいとし，どんなことを学びたいか）を活用する方法があります。実習生の個性，今までの取り組み，何を学びたいかという思いや意欲が現場に伝わるように，実習生が書き，実習指導教員が添削した上で，現場に持参します。

　また，実習をする上での配慮事項を養成校と現場で共有することがたいせつです。実習生本人から伝えられる範囲のものもあれば，実習指導教員から伝えるべきものもあります。もちろん個人情報ということになりますので，実習生自身の了解を得て，または，交えての話し合いということもたいせつになってくるでしょう。

　たとえば，持病がある，生理痛が重い，病弱などといった健康面のことから，家庭内の問題，対人関係（軽度発達障害）などのコミュニケーションに関することなどは事前に話し合いをし，共通理解のもとで実習をスタートしたほうがよいでしょう。学校での姿，教職員としての対応のしかたなどを伝えると，参考になる場合も多いと思います。

　他には，文章力などの学力に関すること，手先・身体機能などの器用さ，保育技術（ピアノ，手遊び，工作等）の習熟度など上げればきりがありません。レッテルを貼

るのではなく，実習生を見ながらどこまで挑戦させるか，求めるかを見きわめていくためにも必要な作業になってきます。

　もちろん，実習に行ったら実習施設に丸投げするのではなく，現場と養成校の窓口を一本化し，何かあった場合はすぐに相談や対応ができる体制が必要です。連絡があれば，実習指導教員が現場に赴き，現場の実習担当者から事情を聴いたり，実習生のようすを見たり，直接話し合ったりすることになります。

　実習指導教員と実習生，実習指導教員と実習担当者，三者面談など，さまざまな形態での懇談もできます。悩みを聞く，課題解決のためのアドバイスをする，今後の方針を共通理解するなどの取り組みが必要です。

　しかし，実習生の課題改善に対する取り組みがなされても，改善されない場合は実習中断ということも考えられます。実習中断になる場合の条件については，事前に共通理解がなされている必要もあるでしょう。

　いずれにしても，養成校と現場が一体となって実習生の育ちを支えようという体制をつくることが求められます。

(5)　養成校間の実習指導の違い

　養成校ごとに実習指導のやり方は違います。その養成校が保育者として育成したい保育者像が違うので，独自性をもつという意味においてはよいことでしょう。画一的な人間を育てるのではなく，多様性のある保育者が育ち，卒業していくこともたいせつなことです。

　一方で，養成校ごとに子ども観，保育観に始まり，具体的には，実習日誌や指導案の形式，実習評価形式などが違うことで，少なからず現場にとまどいを生じさせています。

　現場にその養成校の卒業生がいる場合は，慣れ親しんだ実習のやりかたということで，自分の実習経験を思い出しながら実施するため，実習担当者も実習生も互いに理解が図りやすいといえるでしょう。「あの先生に教えてもらったのね」「やっぱり共感はたいせつね」などと話が盛り上がるでしょう。

　ですが，自分の出身校ではない実習生を受け入れた場合は，「私のときのやり方と違う」「指導案や日誌の形式が気に食わない」「何を習ってきたの」「何も教えてもらってないのね」「知らないことばかりね」などと，実習生を否定することがあるようです。これはいかがなものでしょうか。実習生の努力が足りない場合はもちろん指導が必要ですが，それ以外の部分では実習生には何の非もありません。

　もし，実習について不明な点があれば，養成校に電話をするなりして，共通理解を

図るように努めるべきです。養成校でも，実習現場向けに実習の手引きを送付したり，実習前の懇談会，訪問などで共通理解を図ったりする努力を怠ってはいけません。

　保育実習実施基準でも，「毎学年度の始めに実習施設その他の関係者と協議を行い，その学年度の保育実習計画を策定するものとし，この計画には，全体の方針，実習の段階，内容，施設別の期間，時間数，学生の数，実習前後の学習に対する指導方法，実習の記録，評価の方法等が明らかにされなければならないものとする」というように必須の条件として示してあります。

　さらに，「指定保育士養成施設の所長は，教員のうちから実習指導者を定め，実習に関する全般的な事項を担当させることとし，また，実習施設においては，その長及び保育士のうちから実習指導者を定めるものとする。これらの実習指導者は，保育実習の目的を達成するため，指定保育士養成施設の実習指導者が中心となって相互に緊密な連絡をとるように努めるものとする」とされています。

　最近は，保育実習のミニマムスタンダードなどをもとにしながら，地域性を生かして養成校間で実習指導のやり方を統一していこうとする動きが出てきています。その統一には，書類の形式の統一，実習評価の統一，実習の手引きの統一など，さまざまな観点が考えられます。

　実習現場としては，養成校ごとにバラバラの書類形式，評価基準が来るよりも，統一してあるほうがわかりやすく，指導もしやすいでしょう。

　しかし，統一すると，各養成校の独自性が失われるといった批判もあります。育てたい保育者像が違うので，一概には評価できないといった声も聞こえます。これには，正直なところ，統一基準で評価すると養成校間の実習生の力の差が見えすぎるので困るといった気持ちも働いていると考えられます。学力，偏差値，性格，意欲といったこともさまざまで多様な学生が入学してくる現実では，理解できるところもあるのですが，保育士資格も幼稚園教諭免許も国家資格であることから，ある程度の統一が図られ，基準が示されることが求められます。

　少なくとも，各養成校が求める実習の内容については，受け入れる現場と共通理解がなされる必要があります。毎年その学校から受け入れているなら，やり方にも慣れ，担当者間で気心も知れてきます。養成校間の違いについても，理解の許容範囲ととらえることもできるでしょう。

　このようなことが可能かどうかについては，養成校の数が少ない地域と，多い地域で実情が違う面があると考えます。養成校の数が少ない地域ではよいのですが，数十校も養成校がある場所では，一つひとつの養成校の違いを理解しながら実習を受け入れ指導することは不可能に近いでしょう。このように養成校が多数存在する地域では，

養成校間で，できるだけ書類形式や評価基準が統一されていたほうが，現場の混乱も少なくなるのではないかと思います。

第3節 現場と養成校の共通課題の理解

1 実習時期による課題

(1) 実習時期による内容の制約

実習時期によって，実習内容が制約を受ける場合があります。年度当初や年度末などの節目の時期は，子どもたちが安定せず，実習生を受け入れ指導するどころではないといった声がよく聞かれます。また，運動会や生活発表会などの行事があるときは，日々の生活が行事に向けての練習を中心として展開されることが多く，実習生のために時間を割くことができにくいといったこともあります。

(2) 実習時期の重なり

地域の養成校間で，実習時期を調整して実習生が重なり合わないように配慮しているところも多いと思いますが，学校の夏季・春季休暇中を実習時期にしているところが多いと，どうしても実習時期が重なります。また，文部科学省や厚生労働省では，授業回数の15回厳格実施化を打ち出しており，実習期間を公欠扱い（授業に出席したものとして配慮）にすることなどできません。すると，どうしても授業回数確保のため，夏はお盆近くまで，冬も年末まで授業を行うなどといったように休暇を短くすることになります。実習前に自主的なボランティアを行おうと思っても，平日には授業があるため，抜けられないといったことが起きています。

そのため，学年歴を工夫して休暇をずらして実習時期を確保したり，実習時期は授業を休講にするなどの措置をとらなくてはなりません。

短期大学・専門学校では，学科の全員が基本的に幼稚園教諭免許や保育士資格を取得するためよいのですが，複数の資格免許が取得可能な4年制大学では実情が違います。保育関係の資格免許を取得しない学生は実習期間中休むだけということになります。もし，仮に授業を行っていれば，実習で休んだ実習生に対して個別に補講することが必要になります。これでは，非常勤講師などへの負担がどうしても大きくなってしまいます。

また，他地域に進学した学生が地元にもどり実習をしにくる場合など，実習時期の調整がなされないまま配属される場合があります。

2　実習生はマンパワー

　このような現状の中、保育現場の中には逆転の発想で実習生を受け入れているところもあります。年度当初は、「不安定な子どもが多いので1対1でかかわりたいのに、人手が足りません。手があるだけでも助かります」といった場合に、実習生にかかわってもらうという考え方です。具体的には、年度当初の掲示物、教材の準備、名前貼りなど、さまざまな準備の手伝いをする、行事のときには大道具やグッズの作成をするなどです。実習生が来て指導するのはたいへん（大きな子ども（＝実習生）が来ると、「子守り」がたいへんだという方もいます）と考えるのではなく、貴重な人手が来たと考えると、実習生が来るのが楽しみになります。

　もし、口頭でやることを一つひとつ伝えることが時間的にも労力的にもむずかしければ、「やることリスト」を文書化しておき、毎回それにそって、実習生が自分でチェックしながら動く流れをつくっておくという手法が有効だと思われます。

　忙しい現場、それにプラスαで実習生指導と考えるのではなく、0.5人分でもよいから人手が増え、保育に携わってくれると考えたほうが建設的です。子育て支援が叫ばれている現代、同じような考え方で、夏季の預かり保育などを体験することも、たいせつな経験になるでしょう。

　子どもたちの保育だけが実習（それも保育者主導の部分実習など）と考えるのではなく、子育て支援、そして、保育環境を整える雑務（＝本務）を経験することは、今後保育者になったときにこそ生きてくるでしょう。積極的にかかわる機会をつくりたいものです。

3　継続・くり返しの実習

　また、実習を連続して行うという発想から何回かに分けて実施するといった考え方で柔軟に運用するとスムーズな場合もあります。1年間のうち、実習生にとっても施設にとっても都合がよい時期に実習を行うことができるという発想もあります。時期を分けて、同じ施設、クラス、子どもたちを見ることで、成長がわかるといったメリットがあります。たとえば、4月に5日間、8月に5日間、10月に10日間同じクラスに通うなどの方法です。評価はすべて終わってからつけることにすると、一度ですみますし、実習生の成長を考えて評価することができます。

　しかし、1つの科目の単位が年度をまたがると評価上むずかしい場合もあるかもしれません。そのときは、科目を分けて実施するという手もあります。幼稚園実習Ⅰを1年次の後期に、幼稚園実習Ⅱを2年の前期になどといったことです。1回目も2回目も同じ園で行えば、施設の理解はすでに1回目である程度終え、2回目は子どもた

ちの成長もわかった上で実習を行えるというメリットがあります。

4　実習時間の課題
(1) 実習時間の数え方
　「おおむね10日間，2単位」などとなっている実習時間ですが，実際の数え方はどうすればよいのでしょうか。大学設置基準上は，大学において各科目の単位数を決めますが，1単位の授業科目を45時間の学修を必要とする内容をもって構成されています。

　講義および演習では15時間から30時間で1単位，実習では30時間から45時間で1単位となっています。

　大学では，講義・演習では45分をもって1時間とみなしてカウントしていることも多いかと思いますが，実習では60分をもって1時間とする「実時間（実際の時間）」で行うことが求められるようです。

　教育実習では，実習指導はあくまでも実習という区分に入るかと思いますが，保育実習の実習指導は，大きくは「実習」，小項目としては「演習」という区分に入っています。保育実習の実習指導では，これでいくと，「演習」の単位認定でよいかと思います。

　では，実習2単位を取得するためには，どれだけ実習に行けばよいのでしょうか。ケースごとに以下にまとめました。実習を勤務と考えると，1日の実習時間は8時間労働が限度と考えますが，④の場合は，施設などで当直等を含むとして，12時間労働の場合です。

　①30時間で1単位：30時間×2単位で60時間必要
　　1日8時間実習で，7.5日間・60時間
　②40時間で1単位：40時間×2単位で80時間必要
　　1日8時間実習で，10日間・80時間
　③45時間で1単位：45時間×2単位で90時間必要
　　1日8時間実習で，11.25日間
　④45時間で1単位（施設の当直等）：45時間×2単位で90時間必要
　　1日12時間実習で，7.5日間

　養成校の設定しだいで，必要な実習時間が変わってきますので，養成校と現場で互いに確認が必要です。

(2) 実習時間の確保・証明

指定保育士養成施設として，厚生局から監査が入った場合など，以下のようなところがチェックされます。

①出勤簿・実習日誌の勤務時間の記載：いつからいつまでが実習時間かを明確にするということです。休憩時間，出勤・退勤時間をはっきりと示し，実習生の印鑑，施設長の印鑑をもって，正式書類とします。

②食事の時間・休憩の時間の区別：実習で，食事の時間を介助，給食指導の時間とするかどうかを明確にします。

③宿泊・宿直・夜勤をともなう実習の場合の区別：入所型などの施設で，実習生が宿泊して実習を行っている場合，休憩と実習時間の区別をする必要があります。

(3) 欠勤の補充

1日8時間分休んだら，1日8時間分補充するのが原則です。土曜日勤務で1日分を半日でカウントするなどといったことはできません。

(4) 実習時間は長すぎず短すぎず

保育実習実施基準ではおおむね10日間となっていますが，10日間にこだわる地区と，実時間にこだわる地区があります。自分の地区がどのような地区なのか管轄の厚生局等に確認する必要があります。

短すぎると，単位認定で不足ということになりますし，長すぎると，実習生も現場も負担が大きくなります。最近は，保護者からのクレーム（夜遅くまでの実習に対して）も増えてきています。たしかに，夜の一人歩きや疲れからの自動車事故などの危険性も考えられるので，そういったリスク回避のためにも，実習時間については厳密に現場と養成校で共通確認する必要があります。

【大学設置基準】

(単位)
第二十一条　各授業科目の単位数は，大学において定めるものとする。
　2　前項の単位数を定めるに当たつては，一単位の授業科目を四十五時間の学修を必要とする内容をもつて構成することを標準とし，授業の方法に応じ，当該授業による教育効果，授業時間外に必要な学修等を考慮して，次の基準により単位数を計算するものとする。
　一　講義及び演習については，十五時間から三十時間までの範囲で大学が定める時間の授業をもつて一単位とする。
　二　実験，実習及び実技については，三十時間から四十五時間までの範囲で大学が定める時間の授業をもつて一単位とする。ただし，芸術等の分野における個人指導による実技の授業については，大

学が定める時間の授業をもって一単位とすることができる。
三　一の授業科目について，講義，演習，実験，実習又は実技のうち二以上の方法の併用により行う場合については，その組み合わせに応じ，前二号に規定する基準を考慮して大学が定める時間の授業をもって一単位とする。
3　前項の規定にかかわらず，卒業論文，卒業研究，卒業制作等の授業科目については，これらの学修の成果を評価して単位を授与することが適切と認められる場合には，これらに必要な学修等を考慮して，単位数を定めることができる。

※文部科学省令第13号（2013年より）

5　教材の取り扱いの課題

　実習中に使用する教材について，現場にあるものを使用できるか，現場と養成校で共通理解しておくことは，とても重要です。
　参加実習の場合は実習担当者の指示に従い補助的な立場であるため，現場のものを使用するのが筋と考えられますが，指導実習で使用する教材の場合には，施設側の使用の許可が必要になります。たとえば，絵を描くときの画用紙，工作の材料などです。基本的に子どもの活動のためのものですから，現場の許可が得られれば，現場のものを使用することで問題ないといえるでしょう。
　ですが，現場で使用許可が得られず，実習生が用意することになる場合があります。その時には，実習生が自前で探して用意するか，購入することになります。現場が養成校と近い実習生であれば，実習指導教員と相談もしやすく，養成校にある実習用の教材を使用することも可能でしょう。一方，現場が養成校から遠い実習生は，そのような方法をとることができません。園児の人数が多かったり，単価が高い教材を用意しなければならなかったりすると，実習生の負担が多大なものになります。
　これは，絵本や紙芝居，パネルシアター，エプロンシアターなどの実践を求められる場合も同様です。現場では，普段実践していない目新しいものを実習生に求める傾向があるようです。たしかに，実習生が新しいことをやってくれることで，現場も刺激を受け，「学びがある」と考えるとメリットがありそうです。
　しかし，実習生にしてみると，自前で絵本や紙芝居等を購入するか，毎日の実習終了後に図書館等で借りてくることになり，過大な請求となります。最近は，社会の経済的状況や家庭の事情等で学費の捻出にも苦労している実習生が増えてきています。そのような状態で，「実習生だから学びのためには自分で用意して当然」という態度では，いかがなものでしょうか。中には「大型絵本持っていないの？」などと何千円もするものを簡単に実習生に求める例も聞かれます。
　実習生が過大な負担を負うことなく実りある実習にするために，できるだけ現場に

あるもの，安価な教材などを使用することを現場と養成校で共通理解したいものです。

6　実習懇談会の設定

　実習懇談会は，現場と養成校が実習に関して連携する有効な手立てとなります。この懇談会には，実習前に行うものと，実習後に行うものがあります。実習前に行うものは，養成校から実習のねらい・内容，時期などの計画を伝え，共通理解を図ります。実習後に行うものは，実際に実習を実施した後のふり返りとして成果と課題を明らかにして，今後の実習に生かすことを目的とします。

　実習懇談会のもち方としては，①養成校で懇談の場を設けて開催する場合と，②現場の集まり（所長会，園長会等）に養成校が出向き，簡単に説明等を行う方法などがあります。①の方法では，時期の設定により参加する実習施設が限られたり，連携に熱心な施設のみの意見しか聞けなかったりする可能性もあります。②の方法では，現場の集まりに参加するので，全体に説明することはできますが，時間も限られ，深い話までには発展しないといった問題があります。

　また，各養成校と実習協力園だけで実習懇談会をもつ場合もあれば，養成校団体と現場の団体どうしで，実習について話し合う場合もあります。実習生個々の問題を話し合うのか，実習のあり方そのもの，システムについて話し合うのかによって，実習懇談会のもち方も違ってくるといえるでしょう。

　実習懇談会に参加できない施設の意見も反映するためには，養成校から施設へ実習についてのアンケート等を行う方法もあります。実習生全員にアンケート用紙を配り，実習終了後評価票とともに，返送してもらう方法が簡単で確実でしょう。公的な資料として残る評価票の所見欄に書けないような現場の本音もアンケートであれば書きやすい面もあるため，この方法の導入をお勧めします。

本章で取り上げた参考図書

『保育実習指導のミニマムスタンダード――現場と養成校が協働して保育士を育てる』全国保育士養成協議会（編）　北大路書房　2007年
「保育所実習指導ガイドライン『理論編』」増田まゆみ　2010年度児童関連サービス調査研究等事業報告書　2010年
「保育所実習指導ガイドライン『実践編』」増田まゆみ　2010年度児童関連サービス調査研究等事業報告書　2010年

第 3 章

養成校の実習指導の流れ

第1節 実習指導教員としてのライフステージ

　もし，養成校の実習指導教員になったら，どのようなことがたいせつになってくるのでしょうか。養成校によって，実習指導教員の決定にはさまざまな方法があると思いますが，ここでは理想的なかたちを，初任（副担当・主担当），中堅・ベテラン（主担当，副担当，アドバイザー）に分けて説明していきます。

　　1年目　　　主担当（前任者）＋副担当（初任者）
　　　　　　　※1年目で主担当となる場合は，2年目以降と同様
　　2年目以降　主担当（初任者）＋副担当（前任者）アドバイザー

1　初任（初めて実習指導にかかわる教員）

(1) 副担当として

　実習指導教員はチーム（実習委員会等）を組み，初任者は副担当として徐々に経験を積んでから，主担当になると理想的です。実習指導の流れがある程度わかり，業務の役割の一部を担うことで，実習指導教員としての自覚や見通しをもつことができます。次は自分が主担当となるかもしれないことを考え，諸手続きのやり方の把握や書類のファイリングなど，自分なりに業務をまとめておくことがたいせつです。疑問点があれば積極的に質問し，現時点での課題や来年へ向けての改善点をメモしておくことで，今後に生かすことができます。手引きを読むだけではわからない実践知を学ぶことができるといえます。

　そしてできれば，初任者が次に主担当となる場合，1年くらいはアドバイザーとして前任者に副担当を務めてもらうと，抜けもなく安心できます。これは，初任者が1年目からいきなり主担当として実習を担当する場合も同様です。

　体制が整った養成校では，実習指導センターがあり，実習を担当する職員が配置されている場合もあるでしょう。その場合も同様に，助言・協力を得ながら実習指導教員としての力量を高めていきます。

(2) 主担当として

■**前任者からの協力が得られる場合**　初任からいきなり実習の主担当を任せられる場合もあります。小規模な養成校，実習現場からの異動で養成校の教員になった場合などに多いことでしょう。

　もし，幸いなことに前の実習指導教員が養成校に残っていれば，業務の引き継ぎを

行ってもらうとよいでしょう。これがなされているか，なされていないかで，その後の仕事の進み具合がまったく違います。

できれば，前年度中，遅くとも実習指導が始まる前に引き継ぎの時間を設けてもらい，業務内容を把握し，書類データを譲り受けます。そうすると，年度の違いによる微調整（実習生人数，実習配属先，年号等）を行うことで，比較的スムーズに流れに沿って進めることが可能となります。わからないことが出てきたら，前任者に適宜質問できるような関係を築いておくことで，実習指導の抜けがなくなります。

■**前任者からの協力が得られない場合**　前任者の異動などにともない，協力が得られない場合は，なんらかの方法で自分なりに情報を得て実習指導を進めていくことになります。前任者が異動になった場合でも，以前から実習にかかわっていた教員や職員に謙虚にアドバイスをお願いし，協力体制を整えることがたいせつです。

情報源として必ず押さえるものは，以下のようなものです。

※公的なもの
- 文部科学省，厚生労働省HP
- 教員職員免許法，同法施行規則
- 児童福祉法，同法施行規則
- 厚生労働省雇用均等・児童家庭局局長通知「指定保育士養成施設の指定及び運営の基準について」

※養成校独自のもの
- 学則，規定，便覧，実習の手引き（実習時期，単位算出方法，指導方法等）
- 各種手続き書類（実習配属先，依頼状，個人情報保護，各種検査等）
- 実習指導としての資料綴り（実習日誌，保育指導案等）

※出版物
- 『保育実習指導のミニマムスタンダード――現場と養成校が協働して保育士を育てる』等，実習関係書籍

(3) ファーストステージクライシス（初任者の危機）

初任者時代をどう過ごすかで，その後の実習指導教員としての力量が変わってくるといっても過言ではないと思います。以下，起こりうる危機と対処法について説明します。

■**実習現場から実習担当教員になった場合**　実習現場から養成校の実習指導教員になった場合，保育者養成に対し，「よい保育者を育てたい」「実習現場で感じていた実習生の力量不足をなんとか解消したい」といった大きな期待と意欲をもっていることが多いで

しょう。

　しかし，養成校に赴任してみると，「理想と現実のギャップ」に悩む場合もあると思います。よく聞く話としては，理論ばかりで現場とのつながりが感じられない授業，保育専門以外の教員との実習指導に対する意識の差，学生の意欲や力量と現場で求める力の差などがあげられます。

　そのときに，やりがちなのが，「1人でなんとかしよう」と抱え込んでしまうことです。「私しか保育者養成のことをわかっている人間はいない」などといった考えになり，まわりの共通理解を得ないまま進むと，浮いた存在になり協力を得られなくなる可能性があります。「やりたい教員，できる教員だけで実習にかかわればよい」という雰囲気になると，実習生にとってもよい結果にはなりません。まずは，「今のやり方からも学ぶ点はないか」を探す姿勢と，「できるところから少しずつ変えていく」という根気強い姿勢が求められます。

　1年目の副担当では，養成校の今までの実習指導のやり方を一通り把握し，なぜこのような実習指導のあり方なのか，よい点と改善する点を明確にすることを中心に過ごすとよいでしょう。改善点にばかり目がいきがちですが，今までのやり方にも必ずよい点があるものです。今の実習のあり方になるまでには，その養成校の歴史があるのです。法令等への対応，現場からの要望への対処等，前任者の実習指導に対する思いなど，歴史的経緯をふまえることで，次の実習指導のあり方に生かすことができます。この歴史的経緯については，前任者を含め，勤務経験が長い教員，付属幼稚園・保育所の実習担当者などに聞くことをお勧めします。

　そして，課題が明確になったところで，対処方法を考えます。課題だけをあげ，批判ばかりすることはいちばん避けるべきことです。「課題と対処方法は必ずセット」にして，前任者に相談し理解を得ます。このときには，前任者を批判することを避け，今の学生のようす，実習現場の実態などへの対応策としての改善点であることを伝えることです。前任者が苦労して実習指導のあり方を整えてきた養成校であるならばなおさらです。けっして今までのやり方をすべて否定するのではなく，よいところをふまえ，発展するために改善することを伝えます。そうすると，今後の支援のあり方も違ってくることでしょう。

　実習指導センター長や学部・学科長などにも相談し，実習指導体制そのものを変えていくことも必要になってくるでしょう。他の先生方も，実習生が充実した実習をしてほしいという思いはいっしょです。ですが，やり方がわからないということが多いのではないかと思います。目に見えて改善されていくと，やりがいを感じる部分も多いと思います。実習指導教員が変わることは，まちがいなくやり方を変えるチャ

ンスとなります。

■**保育が専門分野外，研究志向の教員の場合**　最近では，実習現場を経験したことがある教員に実習指導教員を任せるところも増えてきたのではないかと思います。ですが，実習指導教員には現場経験がなく，保育が専門分野ではないという場合もまだまだ多いのではないでしょうか。

　もちろん，ほとんどの教員は意欲的に保育者養成にかかわり，実習生のために粉骨砕身働いておられると思います。しかし，正直なところ，中には，実習指導教員になることを重荷に思っている教員もおられるということは想像に難くありません。そのような教員が副担当になると，主担当ではないという理由から人任せにすることもあるでしょう。また，主担当になっても，「僕（私），専門外だから」と自分より若手の教員にすべて任せて自分は何もしないという例もあるのではないでしょうか。

　保育が専門外，研究志向の教員は，「実習指導教員としての自覚」をもつことができるかがファーストステージにおける重要な発達課題といえるでしょう。

　養成校としては，けっして「実習は雑務」ではなく，「実習は保育者養成の核」となるものであることを根本理念に据えることがたいせつです。そのような研修もさることながら，実習現場とつながるような研究の推進，実習指導教員の負担軽減や，実習を指導することがより評価されるような体制づくりが求められます。

2　中堅・ベテラン（実習指導の経験を積んだ教員）

(1)　主担当（主務として）

　副担当を経て主担当となり，1年以上実習指導を担当すると，どの時期に何をすればよいのかということが明確になり，実習指導を行う流れに沿ってスムーズに進めることができるでしょう。

　ここで，気をつけなければならないことは，前年通りで行ってはいけない場合があることです。惰性で行うやっつけ仕事としての実習指導ではなく，実習指導教員としての責任と自覚，楽しさとやりがいをもって仕事がしたいものです。

　PLAN（計画）→ DO（実践）→ CHECK（評価）→ ACTION（改善）のくり返しが行われ，徐々に実習指導体制が整い，充実した指導が行えるようになってくると，主担当としてやりがいを感じ，大きく飛躍していけるでしょう。

　では，PDCAサイクルを回すために必要なことは何か，以下にあげてみます。

　①法令・通知の変化への対応：保育者養成の動向については，いつも確認する必要があります。全国保育士養成協議会等の研修への参加などを常に心がけましょう。

　②実習現場からの要望への対応：前年度実習現場からの要望があった場合，どのよ

うに対応するのかについて話し合い，改善していく必要があります。いつも同じやり方で改善がみられないのでは，実習現場からの信頼は得られません。

③実習生の変化への対応：去年と今年の実習生は違います。したがって，去年と同じ実習指導をしていてもうまくいかない場合があります。全体的にまじめな学年，少し指導が必要な学年，男女比，資格免許を取りたいだけの学生の意欲向上問題，個々のさまざまな問題など，課題に合わせて対応を変えていかなくてはいけません。

(2) **主担当（育成）と副担当として**

もうすぐ主担当を降りて副担当にまわる，もしくは，すでに主担当を降りて他の教員の補佐にまわったという場合です。この場合には，次の実習指導教員を育てるという「育成」と「役割分担」のバランスをどう保つかが課題です。

まず，実習指導教員としての心構え，どの時期にどのようなことをすればよいのか，学内での協力体制づくり，把握しておかなければいけない法令や通知の確認，書類データの引き渡し，役割分担の明確化などがおもな内容となります。

役割を分担し，責任を明確にすることはとてもたいせつです。「できるだけ任せる」「実際にやり方を伝え，やってもらう」ということが，今後に生きてきます。慣れていて早いからということで自分だけですべてやってしまうと，他の教員の参加意識が薄まり，いつまでもやるべき業務内容が身につかない場合があります。自分が主担当のときから，副担当（次の主担当候補者）に役割を分担し，育てておくといった種まきが，後に実を結ぶのです。

来年度予算は，前年度の担当者が作成することもあると思いますので，どのような予算が組まれているかなども伝える必要があります。事前にまとまった時間がとれない場合は，その都度タイミングを見て伝えていくことが必要になってきます。一度言っただけで伝わっているとは限りません。できるだけ，業務マニュアル，書類データなどを渡し，適宜確認をとっていくことになります。

チームとしての共通認識，意欲を高めるためには，一人ひとりが意見を対等に言える雰囲気づくりもたいせつです。もちろん最後はリーダー（主担当，センター長，学部長，実習委員会，教授会等）の決済が必要になってくる場面も必要でしょうが，まずは，事実認識をふまえ，自由に意見を出し合ったなかで，決定していくことが結束を固めます。

話し合いの場で決まったことを議事録として残しておくと，「言った，言わない」「聞いてない，決まってない」などといった話にならず，前に進むようになるでしょう。

第2節 実習指導教員の業務内容の流れ

　ここでは，実習指導教員になった場合，どのような流れで業務内容が進むのかを具体的に示したいと思います。市町村や実習協議会等の関与のしかたによって流れが違うので，おもに考えられる3つのパターンを例に説明します。

1　養成校団体，市町村関与パターン

《実習前》
①実習希望学生へのオリエンテーション
②実習希望学生による申込書の提出。実習指導教員による実習希望学生名簿の作成
③実習履修の可否を決める会議。実習履修学生（実習生）の確定
④実習指導教員による実習生名簿の作成
⑤事前指導
　・養成校団体事務局に実習生名簿を提出。事務局にて各養成校の実習生名簿を市町村ごとにとりまとめ，各市町村に実習を依頼
　・各市町村担当課にて実習生の割り振りの決定。該当施設に通知後，事務局に配属先名簿を送付
　・事務局は，各養成校に実習生配属先名簿を送付
⑥養成校より，各施設に依頼状を送付
⑦実習生の細菌検査，抗体価検査
⑧実習生による事前打ち合わせ，事前打ち合わせの報告とりまとめ

《実習中》
⑨訪問指導教員による実習訪問，実習訪問報告書のとりまとめ
⑩帰校日の開催

《実習後》
⑪事後指導
⑫実習生による実習報告
⑬評価

　このパターンは，実習に関する養成校団体が結成されており，加盟校間で実習時期などの調整がなされている場合です。保育士不足の解消をめざして市町村担当課が協力してくれる面ではとてもメリットがあり，実習先が決定しないということがありま

せん。これは,厚生労働省雇用均等・児童家庭局長通知「保育実習実施基準」に「都道府県及び児童福祉施設等の協力義務」が記載されていたことから実施されていると考えられます。2001年にはこの協力義務は削除されていますが,慣習として残っているのでしょう。

しかし,実習に関する養成校団体のある都道府県の配属に限られます。したがって他地域から入学した実習生が地元に帰り実習を行う場合は,養成校より直接依頼をする必要が出てきます。また,実習生は住所が配慮されて配属されるのですが(徒歩〇分以内,〇km以内などの基準),必ずしも交通の便がよいとは限らないこと,実習生と施設の相性などを考えたマッチングを養成校で調整できないことなどがデメリットとなります。

2 協力施設と養成校の連携パターン

《実習前》
①実習指導教員による協力施設への実習生受け入れ可能枠の打診
②実習希望学生へのオリエンテーション
③実習希望学生による申込書の提出。実習指導教員による実習希望学生名簿の作成
④実習履修の可否を決める会議。実習履修学生(実習生)の確定
⑤実習指導教員による実習生名簿の作成。実習生の仮配属
⑥養成校より協力施設への実習依頼。内諾後,正式に配属決定
⑦養成校より,各施設に依頼状を送付
⑧実習生の細菌検査,抗体価検査
⑨実習生による事前打ち合わせ,事前打ち合わせの報告とりまとめ
《実習中》
⑩訪問指導教員による実習訪問,実習訪問報告書のとりまとめ
⑪帰校日の開催
《実習後》
⑫事後指導
⑬実習生による実習報告
⑭評価

このパターンは,養成校と施設が実習に関する協力協定を結んで,実習を進める方法です。メリットとしては,施設が他の養成校との実習生の重なりなども考慮して,実習受け入れ可能人数を調整できることがあります。また協力施設と養成校で実習指

導のあり方を話し合うことで，信頼関係を築き，よりよい実習になるように改善につなげやすいメリットがあります。

デメリットは，新設校ほど協力施設を見つけにくいこと，国公立養成校と公立幼稚園・保育所・施設では協力を得やすいが，それ以外の組み合わせでは，協力施設となるまでにハードルが高い可能性があることです。

3　実習生による内諾取得後，養成校より正式依頼するパターン

《実習前》
　①実習希望学生へのオリエンテーション
　②実習希望学生による申込書の提出。実習指導教員による実習希望学生名簿の作成
　③実習履修の可否を決める会議。実習履修学生（実習生）の確定
　④実習指導教員による実習生名簿の作成
　⑤実習生より出身施設等への実習依頼。内諾後，正式に配属決定
　⑥養成校より，各施設に依頼状を送付
　⑦実習生の細菌検査，抗体価検査
　⑧実習生による事前打ち合わせ，事前打ち合わせの報告とりまとめ

《実習中》
　⑨訪問指導教員による実習訪問，実習訪問報告書のとりまとめ
　⑩帰校日の開催

《実習後》
　⑪事後指導
　⑫実習生による実習報告
　⑬評価

このパターンは，実習生が自宅やアパートから通える範囲で実習施設を探し，内諾を得る方法です。実習生自身が実習施設に依頼するため，実習をさせていただくという謙虚な気持ちや社会人としての自覚などを育成することにつながります。したがって積極性や意欲の面で効果があるといえるでしょう。

ですが，実習に不安を抱えて，消極的な学生ほど，内諾を得ることができず，実習自体を取りやめるという場合もあります。実習生の出身園でないといっさいお断りという施設もあり，実習先の確保の面では不確実な面が大きいでしょう。実習生を育てるという意味では効果がありますが，養成校の実習先確保の責任の面からは，問題を抱えています。

第3節 実習指導教員の具体的な業務内容

1 実習履修者の確定

　短期大学や専門学校などでは，保育に関する学科やコースに在籍すると，全員が幼稚園教諭免許と保育士資格を取得することが大前提となっているところが多いのではないかと思います。この場合は，よほどの理由がない限り，在籍学生数イコール実習履修者となります（免許資格取得が卒業要件となっている場合もあります）。

　一方，4年制大学などで複数資格免許取得可能な場合は，取得する免許資格を確定する必要があります。確定する時期は実習依頼をする前になりますので，実習をする前年度にオリエンテーションを行い，実習の申し込みをさせます。

　希望を聞いた後，実際に養成校として実習履修を認めるかどうかの判定を行います。判定の結果，①条件なしで履修可能な者，②条件つき（指導等）で履修可能な者，③履修延期もしくは不可能な者などに分けて，適宜指導をした後，実習履修者を確定します。

　履修可能者の条件については，各養成校の規定によって違いがあると思いますが，以下がおもな内容でしょう。

①学力（GPA，SA比率，不可の割合）
②取得単位（卒業要件必修，資格免許必修単位の取得の有無）
③日ごろの学生生活態度（出席率，遅刻，授業態度等）
④心身の状態（実習に耐えうる状態か）
⑤実習への意欲（保育へ就職希望しているか）

　このうち，①②については，はっきりと数値化されるため履修できないことが明確になりやすいのですが，③④⑤については，面接，作文などで判定することになり，判断がむずかしいといえるでしょう。また，日ごろの授業態度は消極的だが，実習に行って生き生きと変化する実習生もいるため，いちがいに判定するのはなかなかむずかしいといえます。

　面接では，「どの分野への就職を考えているのか」「本当にその資格免許をとる意志があるのか」「何が課題となっているかを自覚しているか」「課題克服のために，どのような努力をしようと考えているか」などを明らかにしていくことになります。その上で，履修可能な者については，成長への可能性を信じていることを伝え，課題克服のためにできることをいっしょに考え，学生が乗り越えていけるように見守っていくことがたいせつです。

もし，実習履修不可という判定がなされた場合は，資格免許取得の有無にかかわりますので，今後の進路指導も含め，学生へのていねいな指導が必要です。場合によっては，保護者も交えて面談する必要があります。この場合も，今のままでは実習の履修はむずかしいが，今後改善がみられれば実習履修の可能性が出ることを伝え，成長のための指導であることを基本理念に据えることがたいせつです。

2　実習予算の確定

　実習履修者が確定すると，予算の作成をします。1年生の実習であれば，入学予定数（定員＋予備（指導教員数含む）），2年生以降の実習であれば，履修者の実人数＋予備（指導教員数含む）の人数で予算をとります。
　予算としてあげるおもなものを以下にあげます。
・消耗品費（実習ファイル，宛名シール，封筒，保育教材）
・印刷製本費（実習の手引き，実習日誌，指導案，出勤簿，実習生プロフィール）
・通信運搬費（依頼状送付，実習の手引き送付，評価票返送，礼状送付）
・旅費（実習訪問指導「県内」「県外」）
・支払手数料（検便等検査代等の補助，実習委託費等）
・雑費

3　実習生名簿

　実習履修者が確定すれば，実習指導教員は実習生名簿を作成します。基本情報として，①学生の住所（実習配属先決定のため），②実習希望施設（保育士資格の施設種別や，選択実習における保育所，施設の別），③ゼミ担任・訪問指導教員，④他資格履修の有無（小学校，社会福祉士等），⑤就職希望先（保育者かそれ以外か等）⑥近親者の保育関係従事者の有無（配属が重ならないように）などが入っているとよいでしょう。

4　実習履修者の配属先一覧表

　次に，実習履修確定者の実習生名簿をもとに配属先を決定していきます。市町村に送付して配属してもらう場合には，市町村ごとに提出する実習生名簿が必要です。市町村配属の場合は，どこに配属されるかは基本的にお任せすることになります。市町村では，実習生が通える範囲で実習先を決定し，施設の内諾を得て実習先を決定後，養成校に通知が出されます。
　市町村配属以外では，各施設の実習生受け入れ人数可能枠の範囲で，養成校が配属

先を決めます。実習生の希望，住所，施設の求める実習内容と実習生の性格や能力のマッチングなどを考慮して配属先を判断します。施設実習において，事前に簡単なテストを行い施設の役割の理解度をみて種別を判断してもよいでしょう。複数名が実習に行くときは，実習生どうしの相性なども考える場合があります。以前に実習を行ったことのある施設かどうかも判断材料になります。実習生に対してさまざまな施設を経験してほしいと願えば，別の施設を探すことになります。一方，以前の実習で一定の評価を得ていれば，同じ施設のほうが実習生自身の伸びも受け止めてもらいつつ，次の段階の実習に入りやすい面もあります。

　配属先が決定すれば，実習生名簿に，⑦実習施設名，施設長名，実習担当者名，⑧実習施設住所，郵便番号，電話番号を付け加えます。

　さらに，実習委託費の有無など実習訪問時に持参する物を備考欄に付け加えておくと，実習訪問時に忘れることがありません。

　なお，この実習生名簿は実習生等の個人情報が含まれるため，絶対に失くさないように注意して管理する必要があります。

5　実習関係書類起案

　実習履修者，実習配属先等が確定した時点で，学内の起案をします。形式上は決済が下りた時点から実際の業務内容が始まるのですが，今まで見てきたとおり，事前の準備は進んでいます。

　実習委託費については，現金持参のところと，振り込みのところがあります。事前に確認が必要です。また，都道府県や市町村など公的な機関によっては受け取らないところがあります。その場合は，お菓子の持参などに代える場合もありますが，それもいっさい受け取らないところもあります。

6　実習配属先への依頼状送付

　実習配属先への依頼状を送付します。①依頼状とともに，②実習現場向けのお願い（実習現場の実習指導用），③実習の手引き（学生に配布したもの），④実習評価票，⑤実習についてのアンケート，⑥実習評価票返信用封筒等を同封します。

　③の実習の手引きは学生がどのような指導を受けているかを示しますが，頁が厚くなればなるほど，忙しい現場ではさっと確認するだけになる場合が多いようです。この場合は，養成校と実習現場の間で思いや指導内容にズレが生じる可能性が非常に高まります。そこで，②の実習現場向けのお願いについては，できるだけシンプルでわかりやすいものになるように工夫することが必要になります。また，⑤実習について

のアンケートは，当該実習生のみならず，養成校の実習のあり方全般についても書いてもらえるようにすると，今後の指導に生かすことができます。

7　現場との共通理解

　実習生が実際に実習に行く前に，養成校と現場の共通理解を図ることができれば理想的です。実習前に現場と懇談会を設ける，実習指導教員が現場に出向き打ち合わせをするなどで，互いの共通理解のもと実習を進めることができるでしょう。

　しかし，現場はもちろん，養成校の実習指導教員も忙しいのが現状です。なかなか時間がとれない場合がほとんどだと思います。そのような場合は，①一般的な共通理解，②個別の共通理解と分けて進めるとよいと思います。

　①の一般的な共通理解では，依頼状に同封する実習先のお願いをもとに，電話連絡等で要点を押さえておくことです。②の個別の共通理解では，実習生個人の性格や実習における指導の要点の伝達などをできれば現場に訪問して行うことです。

　①はできるだけすべての実習先に行い，②は必要に応じて行うようにすれば負担が少なく，かつ，必要性に合わせて共通理解ができるのではないかと思います。

8　学内の指導体制の確立

(1)　実習委員会

　実習委員会で話し合ったことは，教授会の議をもって決定していくというプロセスを確立することが重要です。実際の細かいことは，実習委員会のメンバーが進めつつも，学内の共通理解を図ることで，実習委員会任せではなく養成校全体として実習を進める雰囲気ができていきます。

(2)　訪問指導教員の共通理解

　訪問指導教員をだれが担うかは，たいへん重要な問題です。小規模な学校では，実習指導教員が複数いれば，すべての実習先をまわることも可能かもしれません。実習指導教員であれば，実習生の直接の指導にあたっており，実習生も心強く，実習先としても窓口が一定である安心感があります。

　しかしこの場合，逆に実習指導教員のみが実習に携わっているという雰囲気ができてしまいがちになります。養成校全体で実習を行っているという雰囲気づくりのためには，学部や学科の教員すべてが訪問指導を担うというかたちが望ましいといえるでしょう。

　とはいえ，自分の専門分野以外の施設に訪問することに抵抗を感じる教員もいると

思います。いきなり専門外の先生に「訪問をしてください」と言っても，やらされているという感じがぬぐえません。そこで，以下のようなことを心がけるといいでしょう。

■**実習についての理解の場をもつ**　どの資格免許について，どのような実習を行わなければいけないのかについて，学内で共通理解を図るような研修の場をもつとよいでしょう。そのことで，実習を通して学生がどのように伸びるのか，その資格免許取得が就職にどうつながっていくのかなどの共通理解が図られると思います。

　また，自分の担当科目がどのように実習につながっているのかを自覚することがとてもたいせつになってきます。そのことで，実習までに授業で伝えておきたいこと，各授業間での内容の重なりや不足などへの理解が進みます。中には，実習指導にプラスαして，実習直前対策としての授業や，授業以外でのピアノ・工作など教材研究への教員の関与が生まれてくる可能性もあります。

■**実習訪問の意義を伝える**　実習訪問はなぜ行わなければいけないのか，訪問指導教員向けにガイドブックを作成し，研修を行います。実習訪問をしても何をすればよいのかわからないという声をよく聞きます。何をすればよいのかを明確にすることで，訪問指導教員の不安感を取り除くこと，責任と自覚をもてるようにすることがたいせつです。

　アポイントメントもとらず，実習生の顔も見ずに，実習委託費だけを置いて数分の訪問で帰った教員の例などは，何をすればよいのかがわかっていない代表的な例ともいえるでしょう。

　具体的には，以下のようなことを伝えます。

・アポイントをとること
・駐車場の有無，交通機関を事前に確認すること
・実習委託費のこと
・服装・マナーなどのこと
・実習訪問でやるべきポイント（あいさつ，施設長・実習担当者との懇談，実習生のようすの観察，実習生との懇談）
・実習訪問報告書の書き方（施設からの意見・要望，実習生のようすの確認・課題の把握・指導，訪問者の指導内容・感想）
・実習訪問報告書提出のしかた（メール，文書等）
・緊急時の対応・報告

■**訪問指導教員としての役割とやりがいを感じられるようにする**　保育が専門分野ではない教員にとっては，実習訪問はどうしても敷居が高くなってしまいます。そこで，現場の

実習担当者からのメッセージを伝えます。訪問指導教員が来ると，実習生の顔が笑顔になり安心感が増すこと，実習生は来てくれることを楽しみにしていることなどです。とくにゼミ担任などかかわりのある教員だと一層その感じが増します。また，現場では，他分野の大学教員とかかわりができることはたいへんありがたいと思っていること，違った目で現場を見てもらうことで，新たな発見が生まれる可能性があると感じていることなども強調するとよいでしょう。

理科，情報，英語，歴史，どのような分野の教員でも，保育とコラボレーションして研究が行える可能性をもっています。その教員の研究を広げるチャンスだととらえて訪問に行くことを勧めてみましょう。

9　実習生への指導
(1)　実習指導のための準備物

実習指導を進めるにあたり，最低限，実習業務マニュアル（実習指導教員どうしの共通理解のためのもの），実習の手引き（実習生が実習内容を理解するためのもの），各種書類（指導案，実習日誌等が綴られたもの）を用意する必要があります。

実習業務マニュアルがあることで，どの教員が何を担当するのかが明確になります。実習の手引きを養成校で独自に作成することで，実習生に伝えなければいけないことを的確に押さえることができます。各種書類は，バラバラに渡すよりも，冊子としてまとまっていたほうが紛失を防ぐことにつながります。

その他には，適宜，教科書，別途配布資料などを用意し，実習指導に生かしていきます。

配布資料等は，ファイルに綴じるように指導するとよいでしょう。ファイルへの綴じ方については，順番を示すことで資料を整理する習慣が身につきます。

また，資料等の保管用のファイルと，実習施設への提出用ファイルを分けることで，実習施設で実習日誌や指導案へのコメントを書くなどの指導がしやすくなります。資料と実習日誌が混じっていると，探すのに手間がかかるためです。

(2)　事前指導

事前指導においては，実習の流れを説明したり心構えを伝えたりするオリエンテーション，諸手続き，実習生の事前訪問および報告，実習へ向けて最低限必要な知識・技能の習得，目標や自己課題の明確化などをめざすことが必要になります。

■**事前指導のポイント**　最大のポイントは，「学生」の「実習生」への変身をサポートすることです。実習指導教員は実習生として求められるものは何かを明確にし，自覚を

もって臨めるように援助することが必要になります。その指導には，めりはりがポイントになります。提出物の体裁や締め切りの厳守，生活態度の改善，実習に耐えうる技能を身につけることなど厳しさをもって指導しつつ，一方では実習に対する不安を受け止め，期待感をもてるように助言をしたり励ましたりして進めていきます。

■**特別講義**　事前指導の中には，実習現場の教職員を特別講師として招き，実習に対する心構えや準備しておくことを話してもらうことも有効でしょう。この特別講師にどのような年代の人を呼ぶかは，実習段階によって効果が違います。初めての実習では，できるだけ実習生に近い年代で，実際に実習指導にあたっているような教職員だと，親しみを感じ，実習に対する不安感が軽減しやすいのではないかと思います。養成校の卒業生だと，一層身近に感じられるでしょう。2回目以降の実習や事後指導においては，園長クラスの特別講師を招き，求められる資質能力や課題を明確にすることもよいでしょう。

■**実習日誌の指導**　まずは，文章を書くルールを知り，書くことに慣れることが大前提になります。これには，実習指導だけではなく，日々の授業の中で身につける取り組みを継続して行うことが必要になります。現場でいちばん指摘されるのが，主語・述語，誤字脱字，てにをは，保育用語の使い方などだからです。書いたものについては，ゼミの担任などの助けも借りながら，添削して必ず直す習慣をつけるとよいでしょう。フィードバックがたいせつで，伸びを学生自身が感じるとやる気が出てきます。

　そして，養成校では，実習日誌の書き方のルールを教えることが役割となります。書いたことがない，書き方のルールも習っていないということだけは避けなくてはいけません。この書き方のルールについては，拙著『実習日誌の書き方』がありますので，参考にしていただければと思います。子どもの見方，記録のとり方など，詳しくは第7章「実習内容別指導」の第6節「実習日誌・記録について」を参照してください。

■**指導案の指導**　指導案も，養成校としては，基本的な書き方のルールを押さえることが役割となります。指導案の書き方については，拙著『これで安心！　保育指導案の書き方』を参照していただければと思います。書き方を身につけた後，どのような内容で書けばよいかは，拙著『保育指導案大百科事典』に現場の実習担当者が書いた指導案43例が載っていますので，参考にしていただければと思います。

　いずれにしても，まずは見本を見ながら書いてみることです。詳しくは，第7章を参照してください。

■**保育技術の指導**　保育技術については，他の科目の中でも身につけていくことでしょう。実習指導以外の授業の内容と連携し，身につけた技術を，実際に子どもといっ

しょに行う術について実習前に押さえる作業になります。そのためには，試行錯誤しながら教材研究を行い，模擬保育などを通してさまざまなシチュエーションへの対応力を養う経験が必要です。詳しくは，第7章を参照してください。

■**実習施設理解の指導**　最近は，実習施設でHPを開設しているところも増えました。事前学習として，HPを見るように指導することも必要です。自分がどのような施設で実習するのかを知ることで，具体的なイメージがわいたり，意欲が出てきたりします。事前訪問，その他，実習施設でのボランティア等で実習施設の雰囲気をつかんだり，求められる実習内容を把握したりして準備するように伝えることも有効でしょう。

　事前訪問時には，施設の要覧，指導計画，施設独自の実習の手引きなどをもらってよく読むように指導すると，スムーズに実習に入れます。指導実習の有無などもつかんでおくと，準備ができます。その他には，通勤手段，駐車場の有無，通勤時の服装，給食の有無等さまざまなことについて聞き漏らしがないようにするためには，実習生に事前訪問の確認シートなどを渡してチェックさせることが必要になります。

(3)　実習中の指導

　実習訪問日が決まれば，学科全体で情報を共有します。いつだれがどの施設に訪問しているかを事務職員などを介して把握することで，連携がとりやすくなります。そして，実習訪問後には，訪問指導教員は，実習指導教員に報告するようにします。緊急対応すべきことは早急に対応します。その後，実習訪問記録を提出し，実習指導教員に集約して養成校教員間で共有できるようにします。訪問指導教員の役割と実習指導教員の役割を明確にすることが必要です。

　また，可能であれば，帰校日を設けることもよいでしょう。帰校日は実習生が来やすいように土日に設定します。ですが，遠方での実習であったり実習先の都合で帰校日に来られなかったりする実習生もいるので，必ずしも全員参加ではなく，希望者の参加でよいと思います。帰校日に来られない実習生とは電話やメールなどで連絡をとって確認してもよいかもしれません。

　そこでは，実習の進行具合を確認し，悩みや課題を明らかにし，指導していきます。実習生にとっても，養成校に帰り，教員から指導を受け，実習生仲間と会って悩みを共有したり情報交換したりすることで，安心感や指導実習に向けてのネタやヒントを得ることができます。

(4)　事後指導

　事後指導では，実習のふり返りを行い，総括します。このときに，実習生にどのよ

うな実習内容であったかについて簡単に書かせると，今後の指導に生きてきます。書く内容は，以下のようなものです。

・実習評価票をもとに自己評価：実習評価票をもとに自己評価し，その理由も記述することで，成果と課題を自覚します。
・指導実習の有無：部分実習，半日実習，全日実習の実施日時，回数と内容について。いつ指導案を書いて提出し，実施したかを書きます。
・クラス配属：毎日どこのクラスに配属されたかを記録します。
・実習日誌・指導案での課題：実習日誌や指導案の形式の違いの有無や指導されたポイントを書きます。
・反省会の有無，指導された内容：反省会の行い方，とくに指導されたことなどを書きます。
・実習までにやっておけばよかったこと，指導してほしかったこと：実習までにやっておけばよかったことや，実習指導等で行ってほしかったことなどを書きます。
・その他：その他，成果や課題について。感想，要望などを書きます。

その後，実習現場からの評価が帰ってきたとき，実習生の自己評価とも照らし合わせ，評価のズレの理由などを考えるとともに，今後の課題を明確にします。

さらに，実習で学んだことを共有するために，実習報告会を設け，来年，実習に行く後輩に先輩として助言やアドバイスを行うとよいでしょう。実習生は，他者に伝えることで，自分なりの学びや課題を明確にすることができます。地域別にグループをつくると，来年行くかもしれない実習施設のようすを聞くことができます。

ですが，実習で失敗した思いが強く，厳しく指導されるなどして悩んだ学生ほど，実習からの学びを伝えることができず，辛かったこと，苦しかったことのみを伝えて愚痴のような報告になってしまうことがあります。そうなると，後輩は実習に対する不安感ばかりを増すことになります。ですから，実習生には，報告会の前に，何を後輩に伝えるのかを明確にし，自分の実習をふり返った学びについて発表できるかたちになるまで指導しておく必要があります。辛かった気持ちは受け止めつつ，次につながるように指導するのです。

報告会当日では，実習指導教員や訪問指導教員が適宜中に入り，厳しく感じた実習の中にも学びや楽しさややりがいがあること，次の課題に向けて努力するたいせつさなどを実習生や後輩の学生に伝えていくことが必要です。

他には，施設種別などで代表者を決めて，パワーポイントなどにまとめて発表させるという方法もあります。この場合は，指導を十分にした後，後輩に伝えるポイント

をしぼって発表することができます。
　最後に，実習のまとめの提出，実習現場へのお礼状の指導などを終えて，実習指導が一区切りとなります。

第4節　保育に関する実習指導の通知内容

1　保育士資格に関する実習指導

　保育士資格に関する実習指導における内容としては，「指定保育士養成施設の指定及び運営の基準について」(2010) に別添されたシラバス例があります。
　保育実習指導Ⅰ（2単位）は，保育実習Ⅰ（4単位）（保育所実習2単位および施設実習2単位）に対応しています。保育所実習向けと施設実習向けに対応するため，1単位ずつに分けて実施するという方法も考えられるでしょう。
　また，保育実習指導Ⅱ（1単位）は保育実習Ⅱ（2単位）（保育所実習），保育実習指導Ⅲ（1単位）は保育実習Ⅲ（2単位）（保育所以外の施設実習）に対応しています。
　養成校では，このシラバスをもとにしながらも，独自のシラバスを作成していくことになります。

2　幼稚園教諭免許に関する実習指導

　教員免許法施行規則によると，幼稚園教諭免許取得のためには，教育実習5単位が必要となり，その中には事前事後指導1単位を含むものとすることになっています。とくにシラバス例が示されているわけではなく，養成校が工夫することが求められているといえるでしょう。
　以下に，「指定保育士養成施設の指定及び運営の基準について」の「教科目の教授内容」における「保育実習指導Ⅰ」「保育実習指導Ⅱ又はⅢ」を示します。シラバスづくりの参考にしてください。

■第3章　養成校の実習指導の流れ

保育実習指導のシラバス例
【保育実習】

〈科目名〉
保育実習指導Ⅰ（演習・2単位）

〈目標〉
1．保育実習の意義・目的を理解する。
2．実習の内容を理解し，自らの課題を明確にする。
3．実習施設における子どもの人権と最善の利益の考慮，プライバシーの保護と守秘義務等について理解する。
4．実習の計画，実践，観察，記録，評価の方法や内容について具体的に理解する。
5．実習の事後指導を通して，実習の総括と自己評価を行い，新たな課題や学習目標を明確にする。

〈内容〉
1．保育実習の意義
　（1）実習の目的
　（2）実習の概要
2．実習の内容と課題の明確化
　（1）実習の内容
　（2）実習の課題
3．実習に際しての留意事項
　（1）子どもの人権と最善の利益の考慮
　（2）プライバシーの保護と守秘義務
　（3）実習生としての心構え
4．実習の計画と記録
　（1）実習における計画と実践
　（2）実習における観察，記録及び評価
5．事後指導における実習の総括と課題の明確化
　（1）実習の総括と自己評価
　（2）課題の明確化

※「指定保育士養成施設の指定及び運営の基準について」（厚生労働省雇用均等・児童家庭局長，2012年より）

【保育実習】

〈科目名〉
保育実習指導Ⅱ又はⅢ（演習・1単位）

〈目標〉
1．保育実習の意義と目的を理解し，保育について総合的に学ぶ。
2．実習や既習の教科の内容やその関連性を踏まえ，保育実践力を培う。
3．保育の観察，記録及び自己評価等を踏まえた保育の改善について実践や事例を通して学ぶ。
4．保育士の専門性と職業倫理について理解する。
5．実習の事後指導を通して，実習の総括と自己評価を行い，保育に対する課題や認識を明確にする。

〈内容〉
1．保育実習による総合的な学び
　（1）子どもの最善の利益を考慮した保育の具体的理解
　（2）子どもの保育と保護者支援
2．保育実践力の育成
　（1）子どもの状態に応じた適切なかかわり
　（2）保育の表現技術を生かした保育実践
3．計画と観察，記録，自己評価
　（1）保育の全体計画に基づく具体的な計画と実践
　（2）保育の観察，記録，自己評価に基づく保育の改善
4．保育士の専門性と職業倫理
5．事後指導における実習の総括と評価
　（1）実習の総括と自己評価
　（2）課題の明確化

※「指定保育士養成施設の指定及び運営の基準について」（厚生労働省雇用均等・児童家庭局長通知，2012年より）

　以上，本章では，養成校の実習指導の基本的な流れを記しました。次の第4章では，全国の養成校の実習指導実践事例が紹介されていますので，養成校のよりよい実習指導の参考になれば幸いです。

本章で取り上げた参考図書

『保育実習指導のミニマムスタンダード——現場と養成校が協働して保育士を育てる』全国保育士養成協議会（編）　北大路書房　2007年
『実習日誌の書き方——幼稚園・保育所・施設実習完全対応』開　仁志（編著）　一藝社　2012年
『これで安心！　保育指導案の書き方——実習生・初任者からベテランまで』開　仁志（編著）　北大路書房　2008年
『保育指導案大百科事典』開　仁志（編著）　一藝社　2012年

第4章

養成校の実習指導実践例

第1節 福島県の事例（私立大学短期大学部）

1　実習計画

1年次は大学附属幼稚園にて，2年次は学外の実習施設で実習を行います。

【実習計画表】（福島県）

学年	実習種別	実習生配属のしかた
1年	附属幼稚園基本実習（1単位） 5日（40時間） (幼稚園教諭二種免許，保育士資格必修)	①大学が附属幼稚園と協議して，各クラスに配属。 ※6月から翌年3月にかけて10名ずつ配属。
2年	保育実習（児童福祉施設）（2単位） 10日（80時間） (保育士資格必修)	①実習指導教員が施設側と連絡・調整を図り，実習先に配属。 ②児童福祉施設（保育所以外）への就職を志望している学生に関しては，施設の種別について希望があれば可能な限り優先して配属。 ③通勤実習に関しては，地域的に通勤可能な学生を配属。
	保育実習（保育所）（2単位） 10日（80時間） (保育士資格必修)	①福島市外：学生自身が内諾を得てきた保育所に配属。 ②福島市内：学生の希望に基づき，実習指導教員が保育所と連絡・調整を図り，実習先に配属。
	保育実習Ⅱ（2単位） 10日（80時間） (保育士資格選択必修)	①福島市外：学生自身が内諾を得てきた保育所に配属。 ②福島市内：学生の希望に基づき，実習指導教員が保育所と連絡・調整を図り，実習先に配属。
	保育実習Ⅲ（2単位） 10日（80時間） (保育士資格選択必修)	①実習指導教員が施設側と連絡・調整を図り，実習先に配属。 ②施設の種別については，学生の希望があれば可能な限り考慮して配属。 ③通勤実習に関しては，地域的に通勤可能な学生を配属。
	幼稚園実習（4単位） 15日（120時間） (幼稚園教諭免許二種免許必修)	①福島市外：学生自身が内諾を得てきた幼稚園に配属。 ②福島市内：学生の希望に基づき，実習指導教員が福島市教育委員会（公立幼稚園の場合），および私立幼稚園と連絡・調整を図り，実習先に配属。

2　実習指導の内容

(1) 事前指導

■実習種別ごとの事前指導の内容（シラバスの概要）
  ・附属幼稚園基本実習では，実習の心構え，技術演習，レポート作成等
  ・保育実習（児童福祉施設）では，日誌の記入のしかた，各施設の特質と機能等
  ・保育実習（保育所）では，日誌の記入のしかた，指導計画案の作成，ロールプレイング等
  ・保育実習Ⅱでは，事例研究，保育方法，指導計画案の作成等
  ・保育実習Ⅲでは，事例研究，指導計画案の実際，各施設の特質と機能等
  ・幼稚園実習では，指導計画案の作成，日誌の記入のしかた，ロールプレイング等
  ※大学発行「基本実習の手引き」，福島県保育者養成校連絡会発行「保育実習の手引き」「福島県保育実習施設」を使用しています。

■**特別講義等**　実習の心構えや意欲を高めるため，保育現場等で活躍する外部講師（児童福祉施設・保育所・幼稚園の施設長や主任）に依頼し，実習特別講義を開催しています。

■**事前訪問**　実習開始約1か月前に，学生が実習施設を訪問し，実習担当者との打ち合わせや施設見学を行います。

(2) 事後指導

■**事後報告**　学生は，実習終了後に訪問指導教員へ実習の報告をし，事後指導を受けます。

■**実習報告会**　学外における全実習終了後に「保育科実習反省会」を開催しています。2年生は実習の反省と保育者としての自覚の深化を図り，1年生は実習の理解と実習に対する意欲高揚を目的とします。

■**実習指導の評価**　規程回数以上の授業出席が必要であり，授業の受講態度が悪い場合は評価から減点されます。また，実習終了後には実習報告書を提出します。それらを総合的に判断し，実習授業担当者が単位認定または不認定を行います。

3　実習訪問指導の内容

■**訪問指導教員の割り振り**　学科所属の教員で訪問を行っています。実習主任が実習訪問の配属案を作成し，学科会議で協議し決定します。

■**訪問指導教員の役割**　学生の実習状況を把握し，実習先での学生指導にあたります。実習先でトラブルが生じている場合には，実習主任に報告し，学科内で協議の上，迅

速に実習先へ対応します。
■**訪問時の指導内容**　訪問の際には，原則として実習生と面会し，指導・助言等を行います。また，激励と健康の維持管理，事故防止等を喚起します。
■**訪問記録について**　所定の様式に，①実習生のようす・実習の状況，②子ども（対象者）との関係・職員との関係，③実習施設の実習担当者と協議した事項，を記録し提出します。

4　実習評価

　実習先からの評価点により，大学が総合的に評価します。実習評価は60点以上（100点満点）で合格。教員から学生へ口頭で実習評価を伝えています。

5　実習履修要件

　GPA，必修科目の単位取得，附属幼稚園基本実習の合格，事前指導の出席状況等において，実習の履修制限を適用しています。なお，学生の努力しだいで履修制限が解除される場合もあります。

6　実習園・施設との連携

■**福島県保育者養成校連絡会の役割**（福島県内の保育士養成校で構成）
　①児童福祉施設実習の時期の調整を行う
　②「保育実習の手引き」「福島県保育実習施設」の発行
　③保育実習，保育実習Ⅱ，保育実習Ⅲの評価票を統一（2013（平成25）年度入学生から統一予定）
■**実習園・施設・行政等との連携**　学外実習終了後に，実習先との意見交換会を開催しています。実習状況や実習課題等について意見を交換し，次年度に向けての実習計画や事前・事後指導の改善を図るために実施しています。
■**行政関係との連携**　公立幼稚園や保育所での実習は，教育委員会や福祉事務所等と連絡調整を図っています。

7　実習期間の確保について

■**実習期間**　保育所と幼稚園での実習は，原則として学生夏期休業の期間に行います。
■**実習欠席日の補充・延期**　学生が実習を欠席した場合は，定められた実習日数を満たすよう，実習先と日程を調整します。

8　実習生指導の実際（全体の流れ）

■**資格・免許取得へのオリエンテーション**　1年次4月から実習指導を開始。保育士資格・幼稚園教諭二種免許状を取得するための実習の概要を説明しています。
■**実習申請**　1年次の9月に実習先希望調書を提出。履修登録は1年次3月に行います。
■**実習取り下げ・中断について**　実習の取り下げや実習開始後の中断等が発生した場合，実習主任が迅速に実習先へ連絡をとり対応します。

9　実習生指導の実際（個別指導）

■**心身不調者への対応**　メンタル面などで悩みを抱えている学生が増加している現状から，大学の心理臨床相談センターの利用も含め，クラスアドバイザーと連携を図りながら早めに対応しています。
■**文章が苦手な者（誤字，脱字，文章表現，実習日誌，指導案，礼状の書き方）**　全学生を対象として，国語力の向上を図ることを目的に，保育科国語表現授業担当者による特別講座（保育専門用語の表現・表記について，保育専門用語の小テスト）を開催しています。
■**態度が悪い者（提出物，遅刻，欠席，姿勢，あいさつ，言葉づかい等）**　授業の連続欠席者がいた場合，授業担当者は速やかに所定の用紙で学科へ報告し，クラスアドバイザーは学生に出席を督励します。
■**保育技術向上のための取り組み**　ピアノ演奏の実践力向上を目的とし，実習授業の時間を利用して，実習先から指定された課題曲の奏法についての指導を行っています。

10　実習指導体制

　実習主任は，学科の方針に基づき，実習に関する学生指導と一般的な業務を統括し，学科長を補佐します。実習主任の総括のもとに，実習授業担当者が，実習に関する学生指導と一般的な業務を遂行します。学科所属の教員は，訪問指導を分担するほか，円滑な実習実施のために協力を行います。

11　独自の工夫・取り組みについて

　実習開始前に，訪問指導教員と実習生との食事会を実施しています。実習生は実習の目標を明確にし，教員から事前指導を受けます。食事会の経費は，教員個人経費の一部を充当しています。この食事会は，実習指導をする上で効果的であるので，今後も継続して行う予定です。

第2節 埼玉県の事例（私立4年制大学）

1 実習計画

　資格・免許は，卒業必修ではありませんが，ほとんどの学生が履修を希望します。本節では2010年の事例を示します。

【実習計画表】（埼玉県）

学年	実習種別	実習生配属のしかた
1年	教育実習Ⅰ（1単位） 5日（40時間） （幼稚園教諭免許必修）	大学が依頼をしている幼稚園約40施設に学生1〜6名ほどを実習指導教員が配属。通園時間が，居住地から平均1時間前後に配属。
2年	保育実習Ⅰ（保育所）（2単位） 10日（80時間） （保育士資格必修）	大学が，履修学生の居住地（帰省先が1都6県外の学生は通学時に使用している住所地）を確認し，居住地付近にある認可保育所を調べ，実習指導教員が依頼。
	保育実習Ⅰ（施設）（2単位） 10日（80時間） （保育士資格必修）	大学が各施設に依頼をし，学生からは種別に対する希望アンケートをとって，それらをもとに配属。実習先は埼玉県内のみならず，関東圏の1都6県すべてに及ぶ。
3年	保育実習Ⅱ（2単位） 12日（96時間） （保育士資格選択必修）	履修前年度よりガイダンス（事前指導）。学生みずからがテーマをもって実習先を選択し，選択した施設名を大学に提出。実習指導教員の承諾後，実習生が実習先から内諾を得，大学が正式に依頼。観察，指導案作成，参加・責任実習，自己研究テーマレポート課題。
	保育実習Ⅲ（2単位） 10日（80時間） （保育士資格選択必修）	履修前年度よりガイダンス（事前指導）。実習目標・実習計画書を学生が作成し，個別指導。大学が依頼した施設から実習希望施設を学生が選択。実習指導教員が依頼をした施設以外も目標によっては選択可能。学生が内諾を得た後に，大学が正式に依頼。保育実習Ⅰ（施設）と同じ種別に行く者と（同じ施設での実習は原則不可）と保育実習Ⅰ（施設）での実習と別の種別に行く者がいる。
4年	教育実習Ⅱ（4単位） 15日（120時間） （幼稚園教諭免許必修）	履修前年度よりガイダンス（事前指導）。学生が実習先を選択し，実習指導教員の承諾後，実習先から学生が内諾を得，大学が正式に依頼。指導案を作成しての責任実習は必須の課題。

2 実習指導の内容

(1) 事前指導

■実習種別ごとの事前指導の内容（シラバスの概要）　「教育実習Ⅰ」「保育実習Ⅰ」を「実習1」として，「教育実習Ⅱ」「保育実習Ⅱ」「保育実習Ⅲ」を「実習2」として分けて

います。そして,「実習1」を終えて履修する「実習2」には,保育士資格取得のための実習と幼稚園教諭免許状取得のための実習のどちらの実習にも共通する目標が設定されています。
・「実習1」の目標：
　①幼稚園・保育所・施設での保育・生活を体験し,その社会的役割を知る
　②子ども・入所者を知り,ともに生活する
　③保育者の職務や専門性を知る
　④保育・生活の環境構成のたいせつさを知る
・「実習2」の目標：
　①実習1の目標をさらに深める
　②保育者としての専門性を習得する
　③計画から実施・評価反省までを体験する

　上記の共通目標をもとに,各実習において具体的な目標が立てられます。教育実習Ⅰでは,「実習1」の目標①に基づき「幼稚園の全体像を知る」,教育実習Ⅱでは「実習2」の目標③に基づき「保育内容を把握した上で,部分あるいは1日の指導案を立案し,実践する」,保育実習Ⅱでは,「指導案を書き実践する」に加え,「自己研究テーマを作成し,ふり返りながら保育の実践へ参加する」といった目標になります。

■**特別講義等**　すべての実習において1～2回,実施します。教育実習ⅠおよびⅡでは,事前指導では学生と比較的年代も近く,日々学級を担当している保育者に講師を依頼し,実際の保育を再現するような内容での講義等を行ってもらいます。実習の事後指導には,園長先生等の専門家としてのキャリアをもち,保育のエキスパートである方に講義を依頼することが多いです。

■**事前訪問**　実習園への事前訪問は,実習施設によって異なります。とくに施設実習においては,施設側からオリエンテーションの日時と持ち物などの詳細が大学に伝えられることが多く,個別に指導を行い準備にあたります。

(2) 事後指導

■**事後報告**　事後指導授業日に事後報告を行います。訪問指導教員には学生がそれぞれ教員を訪ねて報告しますが,すぐに会えないような場合には,自己評価票内（自己評価票は実習園に依頼している評価票と同じ項目で,それに訪問指導教員宛の報告欄を足してつくった大学独自のワークシート）の訪問指導教員宛ての報告欄に報告事項を記入し,報告の代わりとしています。またその報告書は,助教がそれを1部複写して指導室が管理し,各学生のポートフォリオにします。

■**先輩の実習体験** 先輩の実習体験に報告会はありませんが，実習終了後のアンケートを実習指導室に設置されたパソコンからいつでも閲覧できるようにしたり，「実習1」の授業内に実習施設ごとにグループとなり，そこに前年度において同施設で実習を行った先輩を呼んでの情報交流・学習会を行うことをしたりしてつないでいます。
■**実習指導の評価** 基本的には「実習目標」「実習計画」「実習のふり返り」に関するレポートをもとに評価が行われます。なんらかの理由で実習が不可であった場合は，事後指導が受けられないため実習指導も不可となります。しかし，実習の評価が事前事後の実習指導の評価に反映されることは基本的にはありません。

3　実習訪問指導の内容

■**訪問指導教員の割り振り** 学科の教員は「幼稚園」「保育所」「施設」実習のどこかを担当するという部会制です。部会を担当する教員に対して全訪問施設を割り振り，多いようであれば他の部会を担当する教員の協力を得ることもあります。実習指導教員が教員の専門と履修生，実習施設との関係，教員の居住地などを考慮して割り振り案を作成し，部会担当教員との打ち合わせ会議において決定します。
■**訪問指導教員の役割** 訪問前に担当の学生と面談を行い，訪問時の指導内容等を確認します。訪問終了後には，所定の報告書に状況を記入，提出します。
■**訪問時の指導内容** 主としては実習施設と実習生とのつなぎ役をします。短期間実習の場合は，実習担当者はその限られた時間の中で実習生の目標から個性までを理解して実習生を指導していただくことになるため，それに有効な情報を提供します。長期間実習の場合は，就職など学生の将来の希望を把握した上で訪問に臨みます。訪問時の学生への指導については，事前指導時に作成した実習計画の見直しと新たな目標設定のために時間を費やします。その他に，学生の事後指導に必要と思われる施設に関する情報や，施設を取り巻く地域のニーズなどの情報を施設側から得ます。
■**訪問記録について** 訪問記録は，全国保育士養成協議会で提案された記録用紙を参考に作成された所定の用紙で，訪問後に教員がそれぞれ作成し，実習事務室にて保管します。

4　実習評価

評価は実習施設からの評価を50点満点で計算し，残り50点は大学での提出物（記録ノートや終了後のレポートなど）から算出し，その合計得点を実習の評価とします。上記評価方法については，施設側にあらかじめ伝えます。なお，実習先からの評価については，実習のふり返りと今後の課題設定のためとして閲覧を希望する学生には，

実習指導教員の立会いのもとで開示します。施設側への最終成績の報告は，施設側からの求めがあれば応じます。

5　実習履修要件
　実習履修要件の設定は必要条件というものではなく「望ましい」としています。「保育実習Ⅰ」（保育）であれば，「保育原理」などの科目が履修し終えていることが望ましい等です。他職への就職を希望する者の履修も認めています。

6　実習園・施設との連携
■養成校団体の役割（養成校間で実習について話し合う会）（有無）　埼玉県内には，実習のための組織はなく（2012年度現在），実習時期については各学校がそれぞれ独自に設定を行っています。その他，実習の手引きや日誌，指導案の形式，実習委託費などについても独自に設定しています。
■実習園・施設・行政等との連携　実習前には各実習科目主催の「実習打ち合わせ会」，実習後には全実習を対象とした「実習懇談会」を開催します。「実習打ち合わせ会」は，その年度の実習依頼施設の実習担当者に，実施要項の説明，履修者の取り組み（事前指導のようす）を伝え，実習施設からの質問や要望を伺います。打ち合わせ中に教室を見学してもらい，実習予定学生の簡単な紹介や実習生への励ましの言葉をいただくこともあります。「実習懇談会」は，3つの実習の施設長を対象に開催し，実習や養成に関する話題を主にし，種別を超えてのさまざまな情報交換をします。

7　実習期間の確保について
　実習の事前指導については，履修者の実習時期が異なる場合も休講にはせず，実習前の学生には事前学習や準備をさせたり，実習後の学生には事後課題をさせたりするなどの時間として設定し，それぞれの取り組みを指導します。欠席日の補充については，実習施設側が可能な限り，速やかに実習を再開します。

8　実習生指導の実際（全体の流れ）
■資格・免許取得へのオリエンテーション　全体へは各年度初めのガイダンスにおいて行われ，履修相談会を通して個別に行われます。実習のガイダンスについては，各実習科目において，実習の約1年前の実習ガイダンスで行います。
■実習申請　実習希望の申請はおよそ1年前です。履修希望者向けのガイダンスを実習予定時期の約1年半前に開催し，講義（実習）目標や内容，単位取得までの流れと

単位取得条件などを伝えた上で，それを受講した履修希望者が履修希望申請書を実習指導教員に提出します。

■実習取り下げ・中断について　原則として，履修希望申請書を提出してからの実習辞退は認めていません。しかし，実習指導教員の判断によって事前指導の段階でそれ以後の履修を認めないときもあります。事前指導への度重なる無断欠席やレポートや必要書類の未提出などは個別指導の上，実習開始までのどの時期でも履修の停止をします。

9　実習生指導の実際（個別指導）

心身の健康状態については，はじめにアンケートをします。そして，必要に応じ実習指導室で個別に面談をくり返します。実習に影響する恐れが予想される場合，該当の学生と話し合いの上で，実習先に状況を伝え，改めて3者で実習計画を見直し，実習目標が達成されるよう学生を支援していくこともあります。

積極性が足りない学生に対しては，その学生のよさを見つけ，励まし，時に実習施設側の担当者にも伝え，その個性が活きるような指導をします。

学生が技術の向上を課題とした際に，その指導を行う窓口として実習指導室があります。また，同窓会主催の，現役保育者（卒業生）による手遊びやゲームを伝える会が開催されることもあります。

施設実習の事前指導では，実習生調書への記入と実習計画書の作成が課題となり，各実習施設種別でグループをつくり，それぞれに必要な情報と課題を得る時間を設ける等して，各種別に合った指導に努めています。

実習中の学生指導については，実習を担当する事務室が窓口となって，欠席や遅刻，早退などの連絡報告を受け，次に事務室からの伝達を助教が受け，助教から事例に応じて対応に当たる教員に情報が伝えられます。提出物などのやりとりは，履修者の状態を知る情報を得ることも多く，助教が行います。

10　実習指導体制

実習の科目は計6科目あり，5名の教員が担当します。学科に属する2名の助教が3科目ずつを担当，各科目計2名の教員が事前から事後までを担当します。その他の教員は，「幼稚園」「保育所」「施設」のいずれかの分野の実習訪問と一部評価を行う「部会制」に属するかたちで実習にかかわります。全実習は「連絡会」において，適宜連携をとり合います。

実習事務室と実習指導室とがあり，実習事務室には実習事務を担当する事務員，実習指導室には助教，実習生と施設との窓口となる実習指導室には室長がいます。

「実習指導室」では，おもに以下のような業務を行っています。
・実習に関する書類や図書の整理・保管，学生の資料検索の補助
　・学生の実習に関する書類の提出窓口
　・実習施設に関するデータや過去の実習実績に関するデータの管理
　・学生相談の窓口または相談援助
「実習事務室」では，おもに「実習指導室」の補助を行っています。
　・実習依頼書や実習評価票，出勤簿等の作成と送付
　・回答書や実習評価票，出勤簿等返送書類の整理・保管
　・電話やFAXによる施設からの問い合わせに対する受付
　・実習生からの連絡窓口
　・実習費の請求，実習委託費の支払い等実習にかかわるすべての経理業務

11　独自の工夫・取り組みについて

(1) **実習事務管理システムの構築と導入**

　実習は，外部の施設と連携するため多くの事務作業が発生し，一つひとつの経緯が実習指導の先を考える際の貴重な資源となります。実習がくり返されることにより，データが厚くなります。学生の多様性に応じて幅のあるデータになります。実習施設の所在地や実習生数，実習生の固有名詞は，依頼書や評価票，出勤表の作成時に使用されます。実習事務の大半はそうした情報の打ち込みと帳票への差し込み業務ですが，これまで実習ごとにくり返し行われ，同じ情報が打ち込まれては消されていました。また，個人情報を含む情報が複数のソフトで管理されたりもしていました。そこで，情報の集結による実習データベース化と管理の徹底を図ることを目的として，1台のPC上で終結するシステムデザインを専門業者に依頼・導入して，事務作業のスリム化を図りました。そして，そこで蓄積された実習実績を実習指導に役立てています。

(2) **実習生専用ホームページ**

　実習を重ねるごとに積み上がる学びと課題を，いつでもどこでも確認することができるツールを開発し，実習にかかわるICT環境の充実を図るべく作成を試みました。現在は，学内掲示板と同様の掲示板をホームページ内にある認証ページに設定しています。これを利用し，長期休暇中の学生や，宿泊実習，帰省先での実習で学内掲示板を見ることができない学生も，携帯端末においていつでも掲示板を見ることができます。掲示板の管理は教員と事務員が行います。学生は閲覧のみです。施設からの重要な伝達事項などは直接伝達し指導を行いますが，見ると得をするような，日常の学生

生活の中で「実習」との接点を少しでも増やし，実習に対する意欲が高まるような内容の掲載も行っています。

第3節 愛知県の事例（私立4年生大学）
――ゼミナールの取り組みを中心に

　実習は，教育・保育の現場で子どものようすや職務について，体験的に学ぶ機会であるとともに，大学で学んだ知識・技能を生かしてみずからの保育実践力を試す場でもあります。本学では，ゼミナール（以降，ゼミ）が1年次から4年次まで行われており，実習に関する取り組みや指導についても，教員の専門性を生かしたさまざまな活動を展開しています。教員は，1年もしくは2年のどちらか1つと，3・4年ゼミの，合計3つのゼミを担当しています。2～4年を担当するゼミの中で，Aゼミは子どもの造形活動をテーマとして活動を行っています。

1　実習計画

　本学では，1年次の幼稚園実習に始まり，4年間で5回の実習（小学校および施設実習を含む）が行われています。小学校教員をめざす学生もいることから，3年次には幼稚園実習か，小学校教育実習のいずれかを選択することができます（次の表の※印を参照）。

【実習計画表】

学年	実習種別	実習の概要
1年 （9～ 12月）	教育実習Ⅰ（1単位） 1週間（30時間） （小学校教諭免許必修）	観察・参加型の実習。幼稚園教諭の職務についての理解や園における子どもの活動についての理解を深める。
2年 （10月）	保育実習Ⅰ（保育所） （2単位） 10日間 （保育士資格必修）	自宅から通える範囲の公立保育所で実習を行う。乳児から幼児を対象として，観察・参加・援助について学ぶ。また保育者の保護者支援，地域とのかかわりについても学ぶ。
（11～ 12月）	保育実習Ⅰ（入所施設）（2単位） 10日間 （保育士資格必修）	宿泊形式（一部，通所形式）で，施設実習を行う。居住型児童福祉施設の役割や機能について学ぶ。
3年 （11月）	※教育実習Ⅱ（1単位） 30時間 （幼稚園教諭免許必修）	自宅から通える範囲の幼稚園において実習を行う。2年次の観察・参加実習に加え，部分・指導実習を通してみずからの課題を深める。

	※教育実習Ⅲ（3単位） 90時間 （幼稚園教諭免許・小学校教諭免許必修）	
4年 （5月）	保育実習Ⅱ（保育所） （2単位） 10日間 （保育士資格必修） 保育実習Ⅲ（通所施設）（2単位） 10日間 （保育士資格必修）	私立保育所，または保育所以外の通園型施設のいずれかにおいて実習を行う。
（6月）	※小学校教育実習 （4単位） 4週間（120時間） （小学校教諭免許必修）	自宅から通える範囲の小学校で，参加・部分実習，研究授業などを行う。

※小学校は，教育実習Ⅰと教育実習Ⅲを履修，もしくは，小学校教育実習を履修し，4単位を取得。

2　実習指導の内容

　実習における学生の造形実践指導を想定し，乳幼児期の造形表現活動の意義やねらいの理解，子どもの育ちについての理解，素材・道具に関する知識，造形活動における環境設定等について指導を行っています。2年次以降のゼミでは，1年次の「図画工作」で学んだ，素材の特徴や扱い方・道具の使い方に関する知識・技能をベースにして，模擬保育を行っています。

(1)　**保育実習Ⅰに向けての事前活動：模擬保育の取り組み（2年）**

　2年の保育実習Ⅰは，これまでの観察・参加実習に加えて，指導計画に基づいた実践（部分または責任実習）が課題となります。この実習は，1年次の幼稚園実習Ⅰよりも実習期間が長いことから，保育に対する学生の不安も大きいようです。保育現場の雰囲気に馴染むことができるかどうか，あるいは緊張しないで実践ができるか，保育職務をきちんとこなせるかなど，学生の声をよく耳にします。

　実習中に予定している部分実習では，幼児の遊びや製作を計画している学生も比較的多いようです。この実習が10月に行われることから，「秋」をテーマにした造形活動の実践（どんぐりなどの自然物を使った製作や，芋掘り・運動会を意識した活動）をイメージして，小グループによる模擬保育をAゼミでは行っています。模擬保育は，この時期の子どもであれば「このくらいはできそう」という発達の目安を，保育雑誌や文献などからおおまかにつかんだ上で，2，3人の学生が1グループになって，対象年齢別に取り組んでいます。

模擬保育の反省では、指導手順の確認や材料の置き方、事前に準備することについて話し合いをし、細かく確認していきます。また、難易を変えることで他の年齢の子どもや、秋以外の時期でも応用ができるようにも検討しています。

■**自主実習（保育の職務体験学習）** 保育実習Ⅰの事前学習という位置づけで、夏休み期間中に保育所や幼稚園での自主学習にも取り組んでいます。多くのゼミ生が、自宅や将来の就職希望地域で、2〜5日の現場体験に出かけていき、体験的に学んでいます。実習園は、学生が卒園した保育所・幼稚園であるケースのほか、保育実習Ⅰの実習園が決まっている学生は、その園で指導を受けるケースもあります。将来的に学生が就職を希望する地域の園で、体験学習を行うように指導をしています。

■**子育てセンターや子育てサークルでの玩具ワークショップ** 本学が行う子育て支援活動には、乳児とその親を対象とした、赤ちゃん交流会の企画があります。この企画の開催は、ゼミの時間と重なっているため、活動に参加することができます。また、地域の子育て支援センターや子育てサークルから依頼を受けて、乳児向けの簡単な玩具製作やワークショップ、玩具での遊びを通して親子と交流を図る活動なども行っています。こうした活動で用いる玩具は、NPO法人が行う親子参加企画で人気が高く、かつ安全基準を満たした市販の玩具を使っています。

(2) 幼稚園実習Ⅱに向けたゼミ活動（3年）

実習の事前指導は、主として実習委員会によって行われていますが、卒業研究や就職指導上、3・4年生の2年間はゼミがもち上がりになっていることから、ゼミでも実習の事前指導に関連する活動をしています。

3年生のゼミ選択は、学生が取り組んでみたい研究テーマを提出し、それをもとに編成していますが、編成時に研究の方向性が絞ることができていなかったり、目標自体がはっきりしなかったりする学生もいます。このような学生に対しては、保育現場における気づきや実践を通してテーマを考えることや、保育者としての職務意識を高めていくことを目的として、保育ボランティアへの参加をうながしています。

保育ボランティアの取り組みの中に、就職した学生の園から依頼を受けて行事（夏祭り）に参加する活動があります。この行事では、手づくり玩具コーナーで子どもといっしょに玩具をつくることがねらいです。子どもとのかかわりを重視する活動なので、手づくり玩具は構造が単純で、つくることにあまり高い技術を必要としないものを用意します。そして、子どもが工夫することでデザインに変化が生まれるものを事前に選びながら、何度も試作をくり返します。製作手順を学生がしっかりと理解し、つくったもので遊ぶ際にはどうしたら遊びが展開できるかということも考えることを

重視しています。

⑶　保育実習Ⅱに向けた活動（４年）

保育実習Ⅱは，３年次の幼稚園実習Ⅱをふり返り自己課題に向き合う，学生生活最後の実習の機会です。４年次のゼミでは，２・３年次に取り組んできた，比較的短い期間の自主学習を基盤にして学習を進めています。２・３年次の自主実習が，できるだけ多くの公私立園に出かけ，園の特色や保育の職務についての理解を目的としていることに対して，４年次の自主自習は，自宅から通える特定の地域の園で月に２回程度，保育に参加することを勧めています。園の協力依頼は，これまでの自主実習の園に再度お願いすることもあります。

卒業研究論文の執筆に関連し，観察や実践の対象・期間を定めることで，子どもの育ちの違いについて学んでいます。保育に参加した日の記録は，ゼミ固有のレポート（職務体験学習事後レポート；図４−１）にまとめることとしています。

平成＿＿年＿＿月＿＿日

職務体験学習事後レポート

学生情報	学年（ゼミ名）	
	学籍番号	
	氏名	
職場の名称		
学習期間	平成＿＿年＿＿月＿＿日　から　平成＿＿年＿＿月＿＿日まで（合計＿＿日間，＿＿時間程度）	
実施内容（職場体験を通して自分が学んだことを記載すること）		

図４−１　職務体験学習事後レポート

(4) 事後指導

実習の事後指導は，実習反省会という形で，ゼミ単位で行われています。実習のねらいに応じた設問に対して，学生一人ひとりが発表した後にレポートにまとめていきます。次の実習に向けた課題や，訪問指導の際に指摘を受けた事項について学生に指導するようにしています。

3　実習訪問指導の内容

■訪問指導教員の役割　学生の実習態度や，実習指導教員との間で協議すべき事項などについて話し合います。実習の関連事項だけではなく，新卒者の指導のあり方や園での課題，実践に関する相談などを受ける場合があります。卒業生がいる園では，園での職務の状況について話をすることもあります。

■訪問時の指導内容　訪問時は，園長または主任の先生から実習生の状況（配属されたクラスでの態度や，日誌の書き方，子どもとの接し方など）について報告を受けた後に，実習生が配属されたクラスを訪ねるようにしています。訪問時間が午前中で責任実習に重なる場合は見学し，事後に気づいた点について指導を行っています。

4　独自の工夫・取り組みについて

3年次の責任実習で学生が行った製作実践については，何歳児を対象としているか，具体的にどういった取り組みをしているのか，その実践に向けてどのようなことを準備したのかという点について，2011年度はアンケートを実施しました。アンケートの項目は，PDCA理論に基づいて作成し，養成段階においてどのような課題があるか調査を行いました。

第4節 京都府の事例（私立短期大学）

1　実習計画

2年間の短期大学在学中，5回の実習を行います。

実習前に，1年次6月に，幼稚園・養護施設・障害児通級施設において見学実習，1年次7月・10月に，地域保育所にて交流実習を実施しています。

【実習計画表】(京都府)

学年	実習種別	実習生配属のしかた
1年次 (1月) (2月)	保育実習Ⅰ (4単位) ・施設実習 (児童福祉施設) 　12日間 ・保育所 (園) 　12日間 (保育士資格必修)	大学が各園に依頼し，学生を配属。 ※実習内容はお任せしている。
2年次 (8月)	保育実習ⅡまたはⅢ (2単位) ・施設 (児童福祉施設)，保育所 (園) 　どちらか一方を選択 　12日間 (保育士資格選択必修)	大学が各園に依頼し，学生を配属。 ※実習内容はお任せしている。
(6月) (9月)	幼稚園教育実習 (4単位) 前期・2週間 後期・2週間 (幼稚園教諭二種免許必修)	大学が各園に依頼し，学生を配属。 ※実習内容はお任せしている。

2 実習指導の内容

(1) 事前指導

■実習種別ごとの事前指導の内容（シラバスの概要）

・幼稚園・保育所・施設で実習種別は異なっても，実習の基本は変わらないので，共通して実習指導を行っています。保育実習指導Ⅰ（1年次春学期）・保育実習指導ⅡまたはⅢ（1年次秋学期）・教育実習指導（2年次通年）の授業があります。

・施設実習（保育実習Ⅰ）は，基本的に宿泊実習で，児童養護施設・乳児院での実習となります。

・2年次の6月の実習期間中，1年次は幼稚園・児童養護施設・乳児院・障害児通園施設で見学実習を行います。

※使用している教科書は，『これで安心！ 保育指導案の書き方』です。その他，教材等の紹介（日誌，指導案，保育技術等）および教員の保育者時代の実践記録を事例にして，実習前に書き方のレクチャーを行っています。

■特別講義等 同一法人の幼稚園教諭が，保育内容および就職までの経緯や，保育者の仕事内容等を講義後，1年次，2年次合同でグループディスカッションを行います。また，マナー講師を招聘し，実習前と就職活動前に，社会人としてのマナー講座を受講します。

■事前訪問 実習1か月ほど前に，実習園への事前訪問（オリエンテーション）を行

います。実際の電話機を使用して実習園への電話のしかたを練習し，落ち着いて用件を述べる練習をしています。学生は事前訪問終了後，大学所定の用紙にオリエンテーションで得た情報や留意点等を記入し，1週間以内に大学に提出します。

(2) **事後指導**
■**事後報告** 実習終了後の実習指導の授業において，学生は各自ふり返りシートを記入し，その後学友の前で発表したり，グループディスカッションを行います。
■**実習報告会** ふり返りシートとは別に，実習のテーマ・実習課題・感想反省，エピソードをお便り風にイラストを入れてレイアウトした実習報告書を作成します。実習報告会は，実習で覚えた手遊びや，印象に残った絵本，体操等を盛り込み，1人10分間の報告をします。他学年の学生も参加してディスカッションを行います。
■**実習指導の評価** 授業態度（遅刻・出欠受講姿勢）・レポート（見学実習・交流実習ふり返り）・提出物・実技等を総合的に評価しています。

3　実習訪問指導の内容

■**訪問指導教員の割り振り**　保育専攻専任教員全員を，実習園に割り振り実習期間後半に巡回します。
■**訪問指導教員の役割**　実習中の欠席連絡等，実習生の病状や指示内容を実習園に伝えています。指導案立案や実習記録作成等の実習中のフォローや問題発生時の対応は，実習指導教員が行います。
■**訪問時の指導内容**　実習園の先生から，学生の実習状況を伺い，その後学生との面談を行います。訪問時の対応としては，訪問指導教員と現場の実習担当者との二者面談後，実習生と訪問指導教員とで面談を行います（1時間程度の訪問で，実習簿や指導案を見ながら，実習テーマの進捗状況と実習生の現況を聞きます）。
■**訪問記録について**　訪問指導教員は，実習生の実習状況・実習施設からの意見・要請等を記録し，その後の実習の参考にするため紙媒体およびデータとして保管します。

4　実習評価

　実習園との評価の共通理解・最終評価の実習園へのお知らせ，他養成校との共通理解・調整はとくに行っていません。また，実習園と養成校の評価割合は，実習園が50％，養成校が50％です。
　評価票は，態度（積極性・責任感・探究心・協調性）と技術内容（保育現場の理解・子どもの発達の理解・保育技術の習得・子どもとのかかわり・保育者の職業倫

理・実習記録の作成）の10項目をそれぞれ5段階で評価し，態度と技術内容に対しての所見を記入していただきます。そして，学生の今後の指標として閲覧させることを了承いただいた上で，概評を記入していただいています。

5 実習履修要件
　幼稚園教諭免許および保育士資格取得希望者の履修状況を鑑み，原則としてすべての単位を取得した就学姿勢の良好な者としています。

6 実習園・施設との連携
■実習連絡協議会の役割（養成校間で実習について話し合う会）　本学は，実習連絡協議会に参加していません。京都市内の養成校間では実習連絡協議会を行っているようですが，京都府内に位置する本学は参加する機会を得ていないのが現状です。しかし，今後は参加を検討していきたいと考えています。
■実習園・施設・行政等との連携　毎年3月初旬に実習園の先生方を本学にお招きして，実習懇談会を実施しています。実習報告はもちろんのこと，本学独自の取り組み（キッズルームや，卒業生支援システム等）を紹介し，学生が創作オペレッタを披露しています。また，事前に「実習に関するアンケート調査」を送付し，回答を返送してもらい，その分析結果を開示しています。また，幼稚園・保育所・施設の分科会にて，実習園からの要望を伺ったり情報交換を行っています。
■行政関係との連携　公立保育所には，年度当初に出向きあいさつしています。この際に，交流実習を含む保育実習を依頼します。クリスマス会や節分等学生ボランティアが必要な場合は，各保育所より直接依頼を受けます。また，保育所ごとに実施される園外保育で園児たちが本学に立ち寄る場合は，昼食場所を提供しています。

7 実習期間の確保について
■実習期間　実習期間中は，保育コースは休講になります。ただし，秋学期においては1年次と2年次の開講期間をずらして実習期間を設け，授業時間を確保します。
■実習欠席日の補充・延期　欠席日に応じて実習の補充を依頼しています。
■細菌・抗体価検査・保険等　すべての実習前に検便（腸管出血性大腸菌・サルモネラ菌・赤痢菌・ビブリオ）を実施し，結果は実習当日学生が持参します。また，全学生が，学校保健に加入し，実習中の災害・事故・けがに備えています。

8　実習生指導の実際（全体の流れ）

■**資格・免許取得へのオリエンテーション**　本学は短期大学で，基本的に学生は幼稚園教諭免許・保育士資格取得を志し入学しています。資格・免許取得については，入学時より折にふれガイダンスします。進路に関しては，ゼミと学生支援センターで就職の指導を行います。保育分野に向いていない者あるいは適性に欠ける者に関しては，実習評価を示し具体的に指摘した上で，本人の能力が発揮できる就職先や新しい進路を学生相談室とも連携しいっしょに考えます。

■**実習申請**　基本的に年度末に次年度の実習依頼を行います。実績園に電話にて実習受け入れ可能かどうかを打診し，許諾を得た場合は，実習依頼書を送付し，その後園から承諾書をもらいます。

■**実習取り下げ・中断について**　履修要件を満たしていない者に関しては，個人面談の上，実習できない旨を伝え，今後の方向性を相談します。本人の意思により直前に取り下げられることはありますが，本学としては実習による大きな学びを得てほしいと願うことから，取り下げ・中断を行っていません。

9　実習生指導の実際（個別指導）

　資格・免許を取得しない学生への意識づけとしては，履修状況や就学姿勢を見直し，その学生に今何が必要かをともに考え，個人指導しています。心身不調者への対応は，学生の悩みや問題を解決できるよう，学生相談室と連携して対応しています。文章が苦手な学生には，キーワードをあげて事例を書いたり，学友どうしで文章を見せ合い長所短所を互いに指摘し合うよううながします。実習簿は，保育専任教員全員で閲覧・添削し，誤字脱字をチェックし，その後，学生に書き直しをさせ，まちがいに気づかせ，正しい文字を書けるよう指導しています。受講態度が悪い者には，ゼミ担当教員が個人面談し対応しています。消極的でおとなしい学生には，その学生のよいところを認め，自信がもてるような経験を増やしています。たとえば，発声のしかたはボイストレーニングをくり返し，習得できるようにしています。保育技術の未熟さへの対応として，本学は実技に力を入れているので，ピアノや手遊び，絵本の読み聞かせ等を何度も練習することで習得し，自信をもてるようにしています。施設種別ごとの個別指導としては，障害児保育の授業や，施設の見学実習においてそのようすを観察し，感じたことを書き出して，その子どもの制約について考えています。実習意欲が低い者には，面談をし，何が原因かを探り，その解決法をいっしょに考えています。男子学生への対応としては，ピアノ初心者もしくは苦手な学生が多いので，それぞれのレベルに合わせて個人指導をします。実習中のフォローのしかたとしては，心配や

不安があっても1人で悩まず，実習指導教員に連絡していっしょに考えるよううながしています。

10 実習指導体制
本学では，実習指導室に3名の保育専任教員を配属し，実習園の対応や学生指導を行っています。実習委員会はなく，毎週行われる専攻会議において，学生の現状や実習園との折衝状況を報告し，情報を共有しています。実習専属の事務職員はおらず，実習簿の作成や，実習報告書の冊子の印刷等は，学内の一般事務職員に依頼していますが，基本的には実習指導教員2名で行っています。その内訳は，実習園との連絡，学生指導，検便依頼・回収，実習費の納付用紙・領収書作成（納入は経理課が担当），巡回指導手土産手配等です。

11 独自の工夫・取り組みについて
■子どもとのふれあい体験の活用（実習園以外）　2012（平成24）年度よりキッズルーム"スメーラ"を開設し，地域の親子を対象に学生との交流を図っています。
■模擬保育の活用　1年次に，2年次の模擬保育を見学し，2年次の幼稚園教育実習前に学生自身が指導案を立案し，学友・教員の前で実際に模擬保育を行います。指導案は個人指導で，実習指導教員がチェックしたり保育内容を提案したり，個々に対応します。終了後は全員でふり返り，指導案に反省・感想を書いて提出し，実習指導教員が添削して返却します。
■保育技術向上のための取り組み　1年次の7月と10月に保育所にて，子どもたちにパネルシアター・紙芝居等を披露する交流実習を実施しています。子どもたちとふれ合うことで，保育者の仕事を身近に感じ，自己の目標が明確になる好機会となっています。
■文章表現向上のための取り組み　実習指導教員による実習簿のチェックを実施し，誤字脱字および文章表現の個人指導を行っています。
■実習中のフォローのしかた　欠席連絡等は訪問指導教員が行いますが，それ以外の実習中の相談（指導案作成・設定保育の内容等）は実習指導教員が行います。実習生の不安軽減のため，実習指導教員の携帯電話番号やメールアドレスを公開し，24時間体制でサポートしています。

［注記］
　筆者は京都西山短期大学仏教学科仏教保育専攻に2013年3月まで在任していた。本稿を作成するにあたり，同校に協力・内容紹介の許可をいただいたことを，感謝申し上げる。

第5節 石川県の事例（私立4年制大学）——幼稚園教育実習について

1 実習計画

1886（明治19）年創立の私立英和幼稚園（現存する日本で最も古いキリスト教幼稚園）が本学の源流の1つであるため，幼稚園を軸に保育をとらえ，幼稚園を軸に教育をとらえる実習計画となっています。

幼稚園教育実習終了後に，保育実習あるいは小学校教育実習に進みます。幼稚園教諭免許取得を希望しない場合も，幼稚園教育実習Ⅰは保育士資格・小学校教諭免許取得の必須要件です。現在（2013年時点），プレ実習を織り込んだ段階的幼稚園教育実習プランを実践的に整備中です。

【実習計画表】（石川県）

学年	実習種別	実習生配属のしかた
1年（1月）	幼稚園教育実習Ⅰ（1単位） 5日（40時間） （幼稚園教諭免許・小学校教諭免許・保育士資格必修）	北陸3県のキリスト教幼稚園に大学が配属（1園には同時に3名以内，可能な限り1名か2名） 遊びのプラン・教材準備
3年（6月） ⇩ 終了後に保育実習あるいは小学校実習	幼稚園教育実習Ⅱ（3単位） 15日（120時間） （幼稚園教諭免許必修）	大学が配属（1園には同時に3名以内を配属。可能な限り1名か2名とする） 連続した指導計画
	保育実習Ⅰ（4単位） （保育士資格必修）	
（8月） （9月）	施設実習10日（80時間） 保育所実習10日（80時間））	
（12月）	保育所実習Ⅱ（保育所）または保育実習Ⅲ（施設）（2単位）10日（80時間） （保育士資格選択必修）	
（9月）	小学校教育実習（4単位） （小学校教諭免許必修）	

2 実習指導の内容

(1) 事前指導

実習指導Ⅰ・実習指導Ⅱは実習のある期間の半期開催なので，それぞれに先行して半期のガイダンスを実施し，授業に準ずる内容でプレ実習を含めて通年の継続的な実

習指導となるようにします。

■**実習種別ごとの事前指導の内容（シラバスの概要）**　学生の前でのプラン・指導計画の実践や，グループ協議（環境や保育のスタイルなど似た実習園に行く学生がグループになるように編成）を中心に行います。

・幼稚園教育実習Ⅰ：プレ実習のふり返り・実習記録・絵本の読み聞かせ・プランの実践（例：オリジナル指人形）・キリスト教保育をみる視点・クリスマス（お話・子ども讃美歌・環境構成）・実習概要・遊びのプランの検討・事後レポート課題

・幼稚園教育実習Ⅱ：プレ実習のふり返り・遊びのプラン・遊びのプランから指導計画へ・材料から遊びをイメージする・実習園に応じた指導計画

※教科書としては，『遊びづくりの達人になろう！——子どもが夢中になってグーンと成長できる3歳児の遊び55』，『遊びづくりの達人になろう！——子どもが夢中になってグーンと成長できる4歳児の遊び55』，『遊びづくりの達人になろう！——子どもが夢中になってグーンと成長できる5歳児の遊び55』を使用しています。

■**特別講義等**　大学地域教育開発センターのセミナーに参加し，地域の保育・教育現場からの話題提供による討議に現場保育者や保護者等とともに参加します。
例：「園庭：子どもの動線が紡ぐ物語の場」「『発達障害』ゆえの豊かさの模索」

■**事前訪問**　事前のアポイントは，学生が行います。訪問して作成した園内・園近郊の環境図など「事前園調べレポート」は実習ファイルの内容の1つです。

(2) 事後指導

■**ふり返り**　15日間の実習Ⅱでは1週間目・2週間目の土曜日に実習中のふり返りを行い，翌週の実習準備につなげます。実習終了時に事後レポートを作成し，実習後のふり返りは事後レポートに基づいてグループ協議を中心に行い，実習報告会の内容準備につなげます。

■**実習報告会**　グループ単位で90分の報告会を行います。すでに配属済の次年度実習予定者が，自分の実習園のグループに参加します。実習Ⅱでは，実習のために作成した教材とその指導計画の展示も行います。

■**実習指導の評価**　評価の割合は，受講態度が20％，ワーク課題の提出状況と内容が80％となります。

3　実習訪問指導の内容

■訪問指導教員の割り振り　学科教員全員が，ゼミ生の1人以上の実習を訪問します。また，実習間の連携や，保育実習担当者・小学校実習担当者が特徴ある幼稚園を順次見学できるように訪問園を割り振ります。

■訪問指導教員の役割　実習生の表情や動き，とくに学内での姿との違いを見るとともに，実習生についての印象やエピソードを園の先生から聞きます。学生に対する指導について園からの相談を受けて対応し，養成校に対する質問や意見，要望を直接の声として聞きます。

■訪問時の指導内容　可能な場合には気になった点を，その場で学生に伝えます。他には，電話やメールで伝える，あるいは週末の帰校日に，訪問指導教員からの報告に基づいて実習指導教員から伝えるなどの方法をとります。

■訪問記録について　記録項目は，評価①子どもとのかかわりのようす（4段階），②幼稚園の一員としてのふるまい・動き（4段階）・訪問指導教員が見た実習生のよい点・実習生について気になった点・実習生についての幼稚園からの指摘・その他（実習についての幼稚園からの指摘・要望など）です。

4　実習評価

　実習Ⅰでは「十分な事前準備」3項目・「園の一員としての自覚」2項目・「子ども理解の深まり」3項目の計8項目について，実習Ⅱでは「準備・研究」3項目・「協働」3項目・「子ども理解の深まり」2項目・「保育の営みに対する実践的理解」4項目の計12項目についてS・A・B・Fの4段階の評価を求め，項目の半数以上の評価を基準点とし，S・Fの内容によって加点・減点します。学生が実習のために作成したオリジナル教材について，現物あるいは写真によって加点，最終提出実習ファイルの欠落によって減点します。

5　実習履修要件

　GPA（2年前期時点で2.0以上。50単位以上を取得済。検討中），学生生活態度（遅刻，欠席，提出物等），基礎学力（漢字・日本語・英語のうちいずれか1つで準2級以上。検討中），プレ実習（幼稚園での保育補助・幼稚園外での子どもや親子とのかかわり・人前でのパフォーマンス），実習指導の授業で課される課題（教材制作・指導計画作成）を満たすことが要件となります。

6　実習園・施設との連携

　県私立幼稚園協会が養成校との懇談会を開催しています。

■実習懇談会の開催　年度末にプレ実習・実習Ⅰ・実習Ⅱの実習園を対象に行われます。園長等の管理的立場の人だけでなく，実習生を担当したクラス担任など，直接に実習生とかかわりのあった教諭の出席を依頼します。

■実習園からの要望，アンケート調査　訪問指導での聞き取りと実習後アンケートを実施します。

■実習内容の園への説明　電話での実習依頼の際や，プレ実習も含めた訪問の際，もしくは実習懇談会にて幼稚園実習指導教員より園への説明を行います。

■実習担当者への実習内容の説明　「評価をお願いする先生方へ」（評価票記入のための説明書）を作成します。

　幼稚園間・教諭間で評価基準を整合性あるものにすることと同時に，評価票記入を通じて現場の先生一人ひとりが本学の実習がめざすものを理解してもらうこともねらいとしています。例えば，「連続した指導計画」では，次の4段階のうちどれに該当するかを評価していただきます。

　　S：部分実習のために提出した指導計画は，他の時間のために実習生自身が考えた
　　　　遊びのプランや指導計画と連続するものとなっていた。
　　A：園児の遊びや園の教師の保育との連続性のある指導計画が部分実習のために立
　　　　てられ，提出された。
　　B：園児の遊びや生活，園行事などをヒントにして部分実習指導計画を立てようと
　　　　連続性を考える努力が認められた。
　　F：園から提出された時間をこなす単発的な遊びを部分実習指導計画として提出し，
　　　　実習を終えた。

7　実習期間の確保について

　学科単独科目の実習年次の科目は実習中は休講となる特別時間割となります。他学科との合同授業は学生が「公認欠席理由書」を提出することで，成績等への配慮がなされるように各科目担当者に依頼します。

　また，実習欠席日は実習園と相談して補充します。実習日程の3分の1以上の欠席では，中断とする場合もあります。

8　実習生指導の実際（全体の流れ）

■資格・免許取得へのオリエンテーション　「免許取得希望者必携　教育者・保育者を目指

すあなたへ」を作成し，ガイダンスを実施します。
■**実習申請**　入学直後に免許・資格取得希望調査をし，幼稚園教育実習Ⅰに進みます。1年次終了時にコース選択し（幼稚園保育士・幼稚園小学校教諭・免許資格なし），実習Ⅱに進みます。
■**実習取り下げ・中断について**　実習取り下げのタイムリミットは，開始直前までです。履修要件抵触者への対応は，個別呼び出しとなります。場合によれば，保護者にもその旨を伝えます。実習開始後の中断は，実習園に対する迷惑が露呈した場合，所定日数を実習しても実習の目的を達成できないと判断された場合などです（このような事態を避けるために，実習に準じたプレ実習を設け，プレ実習の段階で保育者としてのあるいは社会人としての対応能力をチェックします）。

9　実習生指導の実際（個別指導）

　免許状取得希望者の全員を実習に向かわせ免許状を取得させてよいのかが問われる学生の状況があると認識しています。また，公立幼稚園が少なく，私立幼稚園がほとんどであるという地域の特性にかんがみ，実習に関するプログラムを通じて，学生が自分自身をとらえ直すこと，すなわち「自分は保育者をめざすべきなのか？」「自分はどのような保育現場で力を発揮できるのだろうか？」を考えることになるように支援しています。
　多くのプレ実習をはさみ込んだ実習ステップによって現場における学生の特性を指導教員が把握することができますから，学生それぞれの特性に合った（学生が自分の課題に直面できる）園に配属するように，プログラムを通じて見えてくる学生の問題は，学生のゼミ担当教員に伝え，ゼミでの進路相談・指導につなげていきます。
　力不足が心配される学生については，情報交換の可能な園に配属し，懸念されることがらをあらかじめ園に伝え，問題が発覚した場合には指導教員が園と協議して対応します。

10　実習指導体制

　本学科で取得できる資格・免許状それぞれについて，幼稚園3名，保育士4名（保育所2名，施設2名），小学校3名の専任教員が担当し，実習担当者会を構成しています。それぞれの実習での学生の状況等を担当者界で交換し，学科への実習に関する報告，提案を行います。幼稚園教育実習については本学科の基幹実習で履修者も多いため，訪問指導は学科全教員に協力依頼します。
　実習専任ではありませんが，教材室に事務職員1名が常駐し，依頼状の発送や評価

票の管理など，実習に関する事務手続きを担当しています。

11 独自の工夫・取り組みについて

■**実習園以外での活動**　実習園以外の園での夏季預かり保育体験を含む段階的プレ実習（表4-1参照）などがあります。

■**関連授業間での連携**　実習で用いる記録の様式・遊びのプランの様式を，他教科での現場訪問や模擬保育（保育内容科目他）においても使用します。

■**実習生の配属**　卒業した園，住居に近い園には可能な限り配属しません（卒園生あるいは近親者等の関係者に対しては，園からの評価が甘くなり，学生も緊張感を欠きやすいことがあります。また，近所の学生の場合，保護者の思いや近隣の噂などへの配慮から，園が厳しい評価をしにくいことがあります）。男子学生は可能な限り男性教諭のいる園に配属します。学生の行動のテンポや特技，あるいは遊びの発想が活かせる園への配属に努めています。

■**実習ファイルの充実（帰校日の設定）**　実習期間中の土曜日に，実習指導の授業を実施します。記録や指導計画，作成した教材を持ち寄ってグループで検討し，実習指導教員が質問を受けるかたちで行います。

表4-1　幼稚園教育実習Ⅰに向かうステップ

	プレ実習		実習Ⅰ
	プレ実習1	プレ実習2	
	8月（5日間）	9月（5日間）	1月（5日間）
	実習Ⅰ実習園以外の幼稚園	実習Ⅰ実習幼稚園	キリスト教幼稚園
具体的な内容	・子どもとかかわる。 ・かかわりの方法を考える。 ・実習園にふさわしい態度，ふるまいに気づく。 ・異なる記録のしかた（時系列・環境図・エピソード記録）を通じて俯瞰の方法をつかむ。	・子どもとかかわる。 ・実習園の文化にみずからの態度，ふるまいを馴染ませる。 ・時系列・環境図・エピソード記録と異なる記録のしかたを通じて俯瞰の方法をつかむ。 （・園行事に参加する）	・準備した教材で子どもとかかわる。 ・日々の実習の記録をていねいに書く。 ・教師の役割を考える。

第4章 養成校の実習指導実践例

表4-2 幼稚園教育実習Ⅱに向かうステップ

	プレ実習		実習Ⅱ
	プレ実習3	プレ実習4	
	2年次8月（5日間）	2年次2・3月（5日以上）	3年次6月（15日間）
	プレ実習Ⅰ幼稚園	実習Ⅱ実習幼稚園	
具体的な内容	・教師の動きと状況から，教師として判断する。 ・必要な事柄を，教師等に確認，報告する。 ・自分なりの明確な視点をもつ。	・実習園の特性に応じた指導計画の立案を試みる。 ・保育の連続性を読み取る。 （・園でピアノを弾いてみる）	・学んできた知識や技術を総合して子どもとかかわる。 ・実習中の連続した指導計画を作成する。 ・記録と実習協議を通じて，担当する子ども一人ひとりと集団に対する理解を深める。

本章で取り上げた参考図書

『これで安心！保育指導案の書き方――実習生・初任者からベテランまで』開　仁志（編著）　北大路書房　2008年
『遊びづくりの達人になろう！――子供が夢中になってグーンと成長できる3歳児の遊び55』竹井　史（編著）　明治図書　2011年
『遊びづくりの達人になろう！――子供が夢中になってグーンと成長できる4歳児の遊び55』竹井　史（編著）　明治図書　2011年
『遊びづくりの達人になろう！――子供が夢中になってグーンと成長できる5歳児の遊び55』竹井　史（編著）　明治図書　2011年

第 5 章

現場の実習指導の流れ

第1節 実習生受け入れの内諾

1　市町村経由での受け入れ

　2001年まで，保育実習実施基準により，保育士資格に関する実習に対して協力義務があったことから，保育所については，市町村が養成校の実習先の確保や調整を行っている場合があります。

　この場合の流れとしては，養成校団体で実習時期や人数の調整が図られた上で，市町村に実習生名簿を提出します。それを受けて市町村の担当課で割り振り案を作成し，実習施設に実習生受け入れの打診をすることになります。

　基本的に実習生が通える範囲で実習施設が選ばれていることから，実習生は地元の学生ということになり，特別な理由がない限り受け入れることが多いでしょう。

　基本的に受け入れることが前提なため，実習生にとっては実習先が安定的に確保される点でメリットとなります。しかしその反面，実習施設と実習生の相性などの配慮はなされないため，実習開始後にミスマッチを感じ，実習効果が上がらない場合もあります。現場としても，実習生が実際に来るまではどのような人物かわからない面があります。

2　養成校との受け入れ可能枠の調整

　まず，養成校から現場の実習施設へ事前に受け入れ可能枠の打診があります。後日その受け入れ可能枠の範囲で養成校から現場へ正式に実習生の受け入れを依頼される方法です。実際は受け入れ可能枠を設定しても実習生が来ない場合もあります。受け入れ可能枠の範囲内であれば，養成校間で実習時期が重なっても受け入れをするところが多いでしょう。

　同じ時期に複数の養成校から実習生が来ると，求められる実習内容が異なる部分があり困難と感じる施設もあれば，実習生どうしがよい刺激を受け，向上心の高まりが認められることから，積極的に受け入れをしているところもあります。

　養成校が実習生の希望もふまえつつ，実習施設と実習生の相性等も配慮して配属先を決めるので，比較的ミスマッチが起きにくく，実習開始後の対応もスムーズな面があります。

3　実習生からの直接的な依頼

　実習生から直接実習受け入れ依頼がある場合です。公立であれば，他の養成校との

重なりや行事等で特別な理由がない限り受け入れているところが多いでしょう。私立では，実習生の出身施設であれば，基本的に受け入れるという条件のところもあります。養成校との今までのつながり（卒業生の有無，養成校教員との研究等での連携）があるから受け入れるという部分もあります。

デメリットは，実習施設の受け入れが早い者勝ちになることです。地元以外に進学した学生が帰郷して実習を行う場合もあり，年々実習生の数が増えるにもかかわらず，少子化の影響で実習施設が減少するといった場合は，実習先の安定確保の面からして，リスクが大きい方法です。依頼が年度をまたがることもあり，引き継ぎが十分になされないまま施設長が交代するなどして，実習生の受け入れについて聞いていないなどと問題になる場合もあります。また，内諾をしたにもかかわらず，後からつながりの強い養成校の実習依頼があったので，先に内諾をした実習生との約束を破棄するといった事例もあるようです。こうならないためには，口約束ではなく，「内諾書」というかたちで文書を残しておくことが必要になります。実習施設としても，引き継ぎのために，内諾書のコピーを保管しておくとよいでしょう。後から，養成校からは正式な実習依頼状が届くはずです。

先に，リスクが大きい方法だと述べましたが，実習生が自分で実習先を見つけて依頼し承諾を得なくてはいけないので，主体性を育むチャンスとなります。就職活動にもつながる積極性が身につき，実習先を勝ち取る意欲と同時に，実習をさせていただくという謙虚さという2つのたいせつな意識が芽ばえる契機になるとの評価もあります。ですが，いくつも断られ，実習に行く前に心が折れてしまったり，実習そのものをあきらめたりする学生も出てくる可能性があるので，ていねいなサポートが欠かせません。

第2節 実習生受け入れの正式依頼受諾，実習内容の確認

実習施設の内諾後，養成校から正式な実習依頼が送られてきます。実習時期，実習の内容などを確認し保管します。

依頼状といっしょに実習の手引きや，実習に関するお願い等が送付されてくることもあります。必要な部分については，必ず読んでおくことが必要です。実習生が毎年来る場合などは例年通りと思い省きがちになりますが，法令・通知変更等への対応などで実習内容が違う例があるので必ず読みましょう。また，養成校が違えば，基本的に実習内容も違うことが多いので確認がたいせつです。不明な点があれば，養成校に

問い合わせて確認します。実習が始まってからまちがいに気づくと修正がたいへんになります。必ず確認するポイントは以下の通りです。

1 実習時期

1日何時間ずつの実習を何日間行うのか確認しましょう。土曜日など半日の場合のカウントのしかたなどに注意しながら実時間を数え，総時間数が実習の必要時間をきちんと満たしているかを確認します。

2 実習経験

初めての実習か，2回目以降の実習かを確認します。最近は短期大学や専門学校だけではなく，4年制大学の実習生も多くなってきました。2年生で実習に来たとしても，短期大学や専門学校と違い初めての実習の場合が多いものです。どのレベルの実習内容が求められているかを知ることが必要です。

3 実習対象年齢

配属クラスを決める前に，3歳未満児中心か3歳以上児中心かなどを確認します。とくに決まっていない場合は，毎日違った年齢のクラスで実習を行うのか，指導実習に向けて同じクラスで実習を行うのかなどをポイントにして確認します。

4 指導実習の有無

指導案を書くのか，部分実習，半日実習，全日実習の回数などの確認が必要です。初めての実習では，指導案を書かないことも多いと思います。実習施設として求める実習内容と養成校が求める実習内容が違うと，実習生が板挟みになり，混乱します。事前に共通理解が必要になってきます。

5 評価票

実習のねらいや目標，実習段階・実習内容をふまえ，最終的にどのような評価を行うのかを確認する必要があります。評価項目は養成校によって違うことがほとんどです。保育士資格については，『保育実習指導のミニマムスタンダード』が全国保育士養成協議会から参考として出されており，各養成校での評価の土台としているところもありますが，強制力があるものではありません。あくまでも養成校としての独自の評価票が作成されています。

ですが，どのように評価をつけるかについて，実習施設と養成校が共通理解を図っ

ておくことはとてもたいせつなことになります。そのことで、実習内容や指導方法も違ってくるからです。養成校と実習施設の評価の比重、評価項目の具体的な内容、不可の最低ラインの引き方等は必ず押さえるべき点です。

第3節 配属先・実習担当者の決定

1 実習担当者の状態

　実習担当者は、臨時やパートではなく、正規職員が担当することが基本となります。さらに、初任者ではなく、少なくとも経験のある2年目以降の職員を担当にします。短期大学や専門学校を出てすぐに職員になった人を4年制大学生や社会人入学した実習生の担当にすると、年上を指導することになり、やりにくい面が多くなるので、避けたほうが無難でしょう。

　また、経験年数だけではなく、職員の体調、心身の疾患、妊娠の有無などの状況を把握し、実習生の指導が負担になったり、保育に支障をきたすことがないような配慮が人選には必要です。

　一方、実習生を受け入れることは、職員にとっても大きな学びにつながるため、職員を育てる観点から実習担当者にする視点もたいせつになってきます。

2 配属クラスの状態

　配属クラスの状態も実習生配属の際には考慮するべき点となります。実習生が来ることで人手が増え、準備もしやすく、子どもたちを見る目も確保できるという面がある一方で、実習生指導が負担になり、肝心の保育がおろそかになる面もあることは事実です。どのような実習生が来るかによっても違ってくることでしょう。できるだけ実習生が来ることがプラスになるような配属をしたいものです。

第4節 職員会議での共通理解

　実習生が配属されるクラスだけで実習が行われるわけではありません。実習施設全体として実習生を受け入れるという雰囲気と体制づくりがとても重要になります。そうしないと、実習担当者ばかりが負担になり、他の職員の協力が得られず孤立してしまうことになります。実習担当者が実習指導に悩んだときに助言する役割として、施

設長，副施設長，主任等を配置し，他の職員にも実習生を指導する心構えと自覚をうながします。実習生を受け入れることで，新人や若手を育てることができる組織をつくることにつなげることを職員で共通理解します。若手が育つ職場は活気があり，向上心がみられ，雰囲気もよくなっていきます。実習生を受け入れることは，実習施設の職員自身の子ども観，保育観が問い直され，自分たちの保育を見つめ直し，課題を明らかにしつつ向上していくたいせつな機会なのです。

　また，実習生を育てることは，未来の仲間を育てることです。子どもの気持ちに寄り添って，一人ひとりをたいせつにすることを基本にする保育者が，大人である実習生に対しては，まったく態度を変え，心にもない言葉をかけることなどはあってはならないことです。育ちを支え，伸びる力を信じて指導に当たることを共通理解とすることがたいせつです。

第5節　子ども・保護者へのお知らせ

　子どもたちには，いつから実習生が来るか事前に知らせておくと，期待をもって迎えることができます。保護者にも口頭，掲示，お便り等で知らせておくことで，温かく実習生を受け入れる雰囲気ができます。知らない人がいつのまにか来ていつのまにかいなくなっていたというのではなく，さまざまな人がかかわりながら保育が行われているということを伝えることで，子どもの育ちにはいろいろな人の支えがあることが共通理解されていきます。

第6節　事前訪問

1　事前訪問の日時設定

　事前訪問で何を伝えたいか明確にすることがたいせつです。配属クラスが決まっていれば，その配属クラスの子どもたちの活動を見ることができるような日時を設定します。施設長，実習担当者との事前の打ち合わせが必要であれば，打ち合わせが可能な時間，午睡，夕方の時間等を設定します。

　基本的には，実習施設が対応可能な時間帯を設定して実習生に伝えることになります。事前訪問の日時が，養成校の授業と重なっている場合がありますが，基本的には事前訪問を優先させるように指導されているところがほとんどです。アルバイトなど

個人的な理由で日時を設定してはいけないことも指導してあるはずです。

　事前訪問の日時は，実習開始日から数えて早すぎても遅すぎても都合が悪い点があります。早すぎると，クラスの実態がまだはっきりせず配属先が決められない状態で打ち合わせすることになる場合もあります。遅すぎると，実習間近になってしまい，事前に伝えても実習生の準備が間に合わないまま実習開始になる可能性があります。早くて1か月前，遅くて2週間くらい前までに実習訪問を実施するとよいのではないでしょうか。

2　準備物

　実習前までに理解しておいてほしいものについては，事前訪問時に渡して説明できるように準備します。
　①施設の要覧
　②保育・教育課程
　③期案，月案
　④日課表（デイリープログラム）
　⑤園舎の配置図
　⑥園歌の楽譜（その他弾いてほしいもの）
　⑦園独自の実習手引き
　⑧実習生の日程表（シフト）
　⑨園で求める実習日誌や指導案の見本

3　事前訪問当日の対応

　実習生への対応者を決めておきます。施設長，主任，実習担当者などが対応することになると思います。まず，あいさつのあと，養成校からの持参物などの確認（養成校の実習の手引き，実習に関するお願い，評価票等）をします。実習生プロフィールや実習計画書を持参していれば，それをもとに，どのような実習生なのか把握するように努めながら，配属希望クラスを聞いたり，どんな実習をしたいのかなどを話し合います。

　そして，準備物をもとに，施設の概要や，実習を迎えるまでにやってきてほしいことを伝えます。できるだけ事前に伝えておくと実習がスムーズになります。実習生がピアノが得意だとは限りませんし，指導案を書くことに慣れていないことも多いので，以下のことは事前に決めておいてはっきりと伝えておいたほうが無難です。

(1) ピアノを使った保育

実習生に弾いてほしい曲があれば，事前に楽譜やCD等を渡しておき，練習してきてもらいましょう。実習でいきなりピアノを弾くことを求められても，弾ける実習生と弾けない実習生がいるものです。事前訪問時にどれだけピアノが弾けるか聞いておくのもよいでしょう。

(2) 指導実習の有無

指導案を書いて保育を行う指導実習がどれだけあるかを伝えておくとよいでしょう。そのことで，実習生が教材研究を行い，指導案の素案作成などを進めることができます。いきなり指導案の提出を求めても，実習生の準備が間に合いません。指導実習の期日をあらかじめきちんと伝えることで準備ができるのです。

また，実習日誌や指導案の形式を確認することがとても重要です。養成校の形式と施設で使っている形式が違うまま実習が始まると，修正がとてもたいへんになります。違っていてもよいので，どの形式でどのような内容を書いてほしいのか，施設で求めるものを見本として例示することが必要です。共通理解されれば，それに合わせて実習生は書くことができます。

また，初期段階の実習では指導実習が求められていない場合もあるので，養成校からの依頼や実習の手引き等をよく読んで事前の打ち合わせを行うことも必要です。指導実習が求められていないのに，指導実習を実習生にさせても，十分な効果が得られることは少ないでしょう。

(3) 初日に行うこと

初日，どのように過ごしてほしいか伝えておくと，よいスタートが切れます。実習が始まれば，毎日声をかけることもできますが，始まる前の実習生は期待と不安が入り混じった状態なので，初日の見通しだけは伝えておくとよいでしょう。

(4) 配属クラスの見学

配属クラスが決まっていれば，そのクラスを事前に見学し，実習担当者との顔合わせもすませておくほうが実習にスムーズに入れます。もちろん，施設全体を見学する機会を設ければなおよいでしょう。見学する中で，施設がたいせつにしているものを伝えることもできます。

(5) 事前訪問が終わった後

　事前訪問が終わった後，実習生と直接会った印象をもとに，今後の対応を考えておきます。個性や態度などをふまえて，もし気になる点があれば，養成校と連絡をとることも必要かもしれません。

第7節　具体的な実習指導内容

1　1週目

(1) 初日

　初日は，まず施設の1日に慣れることを実習指導のポイントにします。できれば，配属先の子どもたちに実習生から自己紹介をする時間を設けるとよいと思います。自己紹介をすることについては，事前訪問のときに伝えて準備させます。子どもたちにとってもせっかくの実習生との出会いです。いつのまにか見知らぬ人が来ていつのまにかいなくなっていたというような状態は避けたいものです。保護者にも実習生がいることを伝えていくとよいでしょう。

　初めは細かいことは言わず，大事なポイントのみ具体的にわかりやすく伝えていきます。安全面など，必ず守ってほしいことについては，朝の打ち合わせなどで，しっかり伝えましょう。

　ですが，すべてを網羅できるわけではないので，わからないことがあったらすぐに聞くように指導します。ここで，実習担当者が忙しそうだとしても，積極的に聞いてほしいことを伝えておかないと，実習生は遠慮してまったく質問できない状態が続く場合があります。また，何がわからないかがわからないのが実習生です。自分なりに考える時間もたいせつですが，初めは的確に具体的に指示し，なんとか1日を終えることをめざしましょう。1日を終えたら，感想を聞きます。ここでの感想や1日の動きを見て，どんな実習生か個性をつかみ，今後どのような実習内容にするか調整していきます。

　実習日誌も，初めての実習であれば初体験です。時間があれば，書く内容についてポイントを押さえながらヒントを与えたほうがよいでしょう。2回目以降の実習であれば，とりあえず書いてきたものを見てから考えてもよいと思います。

　明日はどのように過ごすか，見通しを伝えてから帰宅させます。退勤のときのあいさつのルールなどもしっかりと教示するとよいでしょう。初日に実習生としてのマナーをきちんと押さえておくと，実習全体がしまります。

(2) 2日目以降

　2日目以降は，経験してほしい内容をふまえて，日々の保育のルーティンの中に取り入れていきます。つかんでほしいところは，まず「よく見る」「真似をする」「自分なりに工夫する」の3点セットで伝えます。自分で気づいてほしいということで「待つこと」もたいせつですが，多くの実習は10日間程度なので，待っている間に終わります。実習日誌には1日ごとの実習のめあても書いていると思います。そのめあてに沿って，その日の指導ポイントを決めていきます。

　また，実習評価票に書いてある項目も参考にして，実習内容を決めます。たとえば，「施設の理解」という評価項目があれば，口頭で施設としてたいせつにしていることを伝えていき，実際にはどのように実践されているか理解できるようにします。また，「家庭・地域との連携」「保育士の倫理観」などの評価項目もあると思います。実習生に保護者対応を任せることはないと思いますが，実習担当者が対応している姿を見せることはできます。そこから学んだことを実習日誌等に記録させ，気づいていない部分は説明することです。保育士の倫理観についても，日々の子どもとのかかわりの根底に流れているものを説明することで，伝えることができます。

(3) 1週目の終わり（中間評価）

　1週目が終わるときには，中間のふり返りとして，成果と課題を明らかにし，次週につなげます。次週に指導実習があるとすれば，週明けには指導案の提出をするように伝えましょう。指導案は，実習生がこの1週目でとらえた子どもたちの姿を自分でまとめ，育てたいものを明らかにし，内容を決めていくことになります。実習生の得意なもの，やりたいものから出発するとスムーズですが，子どもたちの実態をとらえ，育ちの視点を忘れないように指導します。その観点から，内容のヒントを与えたりアドバイスしたりするとよいでしょう。

2　2週目

(1) 実習生の状態に合わせて調整

　2週目以降は，実習生も少し慣れてくると思います。1週目の経験をもとに，少しずつ実習生自身が考えて動くことを求めてもいいでしょう。部分実習や半日実習，全日実習などが入ってくるのも2週目です。実習生の状態に合わせて実施回数や内容を調整していくことになります。

(2) 指導実習

　指導実習では，実施後に，数分程度など短くてもよいので反省会を行うとよいでしょう。うまくいかなくてもあたり前であること，失敗を次につなげることがたいせつであることを伝えます。このときには，よかったところも忘れずに伝えるとよいでしょう。その上で，どうすればよかったか，次はどうすればよいかを具体的に伝えることがたいせつです。一を聞いて十を知ることができるようなタイプなら，自分で気づけるようにヒントを与えるにとどめるなど，見きわめが必要です。

　とくに3歳未満児では，全日実習を実習生に課すのは考えものです。よほど実習生の能力が高いなら別ですが，考えてもみてください，新人の保育者に主担任で任せるでしょうか。子どもがかわいそうです。3歳以上児であれば，生活にも慣れているので，少々指導がうまくいかない部分があっても，自分たちだけで乗り切っていく力があるので，全日実習も耐えうるでしょう。実習生が耐えられるかということもたいせつですが，子どもたちが耐えうるかがいちばん配慮されるべきことがらです。

(3) 公開保育

　最終日近くには，施設長や主任等にも見てもらう公開保育を行うこともよいでしょう。その後，ふり返りの全体反省会を行います。実習担当者の視点だけではなく，多用な視点から指導を受けることができる大きなチャンスになります。一度公開保育をしておくと，後の評価でも複数の目で吟味することにつながります。

(4) 最終日のふり返り

　最終日には，実習生と子どものお別れの機会を設けます。夕刻には，最後の反省会をして全体をふり返り総括し，今後の成長を期待していることを実習生に伝えて終了します。その日の実習日誌，ファイル等の提出，後日の受け取り日時などを打ち合わせて別れます。

3　3週目

(1) 課題の克服・視野の広がり

　もし，3週間以上の実習が行われるのであれば，2週目に行っていた内容のうち，半日実習や全日実習，公開保育，全体反省会などの内容を3週目にもってきます。その分2週目は余裕ができるので，実習生の中で課題となっている部分，もっと経験してほしい部分を重点的に実習内容として部分実習させます。

　たとえば，前に出て集団遊びの指導をするのが苦手であればできるだけその機会を

設けたり、まだかかわりの少ない子どもとよくかかわるように指示したり、気になる子どもと他の保育者がどのようにかかわっているかなどを重点的に観察する日を設けたりします。自分のクラス以外の保育を観察したり参加したりする機会を設けることで、配属されたクラス以外の子どもたちの姿、保育者の援助などにふれることができ、視野が広がります。

(2) くり返しの挑戦

　保育実践の質の向上という意味では、以前やってみたがうまくいかなかったことに再挑戦したり、指導したことの発展部分を続けてやる経験をさせたりします。そのことで、自分の課題を克服する力がつき自信につながるとともに、前の活動と今の活動、今後の活動への発展など長期的な見方ができるようになります。くり返し、継続的にやることで見えてくることも多いのです。

　再挑戦できる機会があるということは、失敗もたくさんできるということです。失敗から学ぶことは多くあります。よく保育に正解はないといいますが、子どもの姿の中に答えはあります。もちろん長期的に見ればどう影響するかはわかりませんが、明らかに子どもの心に響いていない、子どもの発達に即していないときには、何が原因だったのか、どうすればよかったのかを常に省察し改善していくことがたいせつです。人に言われないと気づかない部分も多いのですが、やってみて自分なりに考えることで気づくことも多くあり、長い保育者人生の中では、失敗を恐れずに挑戦する態度を身につけることがとてもたいせつです。実習の中ではおおいに失敗してもよいことを伝える必要があります。「私がついているから、安心して失敗しなさい。もちろん、改善点は後でしっかり厳しく伝えるけれど」というスタンスで指導されると、実習生もやる気がわくでしょう。失敗することがいけないのではなく、失敗を恐れて何もしない消極的な態度こそが避けるべきものなのです。

　このように長期間の実習だと、失敗する可能性が高くてもあえて挑戦させ、その体験をばねに次につなげるという指導ができるのです。

第8節　実習訪問指導

1　実習訪問の意味と日時設定

　実習訪問の日時は、養成校からアポイントをとることが多いと思いますが、中には突然訪問することもあるようです。アポイントなしで来る教員は、よっぽど養成校で

の教員歴が長く地域でも一目置かれているような教員か，あまり実習訪問に興味がなく，実習委託費（実習受け入れの謝礼）を渡すという義務を果たすために訪問する教員のどちらかが多いようです。アポイントなしで訪問されると対応が困難なことを養成校にはぜひ伝えることが必要です。後で述べますが，実習訪問にはたいせつな役割があるからです。

　実習訪問日が決まれば，施設全体で情報を共有します。実習生にも伝えておくとよいでしょう。

(1)　養成校にとって

　養成校にとっては，現場でどのように実習をしているのか学生の姿を実際に見ることができ，現場の実習担当者にようすを直接聞くことができる貴重な時間になります。実習中に訪れることで，学びの過程を知り，今後の実習指導にも生かすことができます。

　また，養成校での取り組みを伝えるチャンスです。養成校で何をやっているかは，実習生の姿だけではなかなか現場に伝わってこないのです。実習生はどんなことを学んでいるのか，重点的な指導項目などを伝えると，養成校と現場の信頼関係が築かれていきます。

　さらに，現場から求められているものを探り，養成校でできることは何か考えるよい機会です。実習生個人の問題かもしれませんし，養成校の実習指導のあり方についてのことかもしれません。もしかすると，実習に限らず保育全体の話かもしれません。そのような交流の場となるとよいでしょう。

　現場の中には，卒業生がいる場合もあり，卒業後の動向を知ることもできます。卒業生のほうもお世話になった先生と少しでも会えるとうれしいものです。

(2)　現場にとって

　現場にとっては，実習生の姿を養成校教員に伝える機会となります。後で評価についても述べますが，途中段階として，実習生の姿をどうとらえているか，現場ではどう指導しているのかなどを伝えます。

2　準備

　養成校の訪問指導教員は，実習訪問報告書を持参します。名刺も必ず持参し，実習指導の一翼を担っているという責任感を示します。

　現場では，訪問指導教員と打ち合わせをするのは，実習生が配属され直接指導を受

けているクラスの担任以外であることがほとんどであると思います。担任は，日中，保育をしているためです。ですから，事前に直接実習指導にあたっているクラス担任などに実習生のようすを聞いておき，訪問指導教員に伝える内容をまとめておくとよいでしょう。また，実習計画表（シフト），実習生の書いた実習日誌や指導案などを用意しておくと，実習生の学びのようすを伝えやすいと思います。もちろん，訪問時の対応者が実習生の姿を観察したり，悩みなどを事前に聞いたりしておくと，なおよいでしょう。

3　実習訪問当日の対応

　実習訪問の時間は，長くても30分程度を目安にすると負担がかからないかと思います。もちろん込み入った話をしなければならないときはこの限りではありませんが，その場合は，アポイント連絡のときに所要時間を決めておくとよいでしょう。養成校の教員は，1日に複数箇所の実習訪問をする予定を入れているかもしれないからです。長引かせると，次の訪問先に遅れてしまいます。

　訪問指導教員が来たら，まず職員室に通します。施設長とのあいさつ後，実習担当者（副施設長，主任，クラス担任）との懇談の場をもち，実習生の姿や成果と課題を伝えます。このときに伝える内容を事前にまとめておくとスムーズです。

　養成校では，実習訪問の内容を実習訪問報告書に記録し保管することになっています。互いに情報共有することを明確にしておくとよいでしょう。

　成果と課題を共有した後，実習生の実際の実習風景の観察に移ります。実習生の姿を見ながら，現場での実習指導について具体的に伝えます。

　その後，時間がとれれば，実習生も交えて訪問指導教員と懇談してもよいでしょう。訪問指導教員と実習生の二者だけで面談するという方法もありますし，現場の実習担当者も入り三者面談にする方法もあります。二者だと，ざっくばらんに何でも話せるようです。しかし，課題を共通認識する場ということであれば，三者面談が望ましいでしょう。互いに何でも話し合える雰囲気をつくることもたいせつです。

　実習委託費を受け取るのか，受け取らないのかは公私立などの種別や地域性によって違います。実習委託費を受け取る場合は，養成校で用意された領収書に施設長自身が署名捺印（自筆＋公印）します。氏名は署名（自筆）でなく記名（ゴム印）でもよいのですが，印鑑は，施設長の名前の印鑑（私印）ではなく，「○○施設長」などの公印での捺印にします。実習委託費は，施設長個人に払うのではなく，施設に払うということを明確にするためです。

　もし，当日施設長が不在で他の職員が応対する場合は，記名押印（施設長の名前の

ゴム印＋公印）の許可を得ておくことが必要です。不在で許可が下りなければ，後日養成校に領収書を郵送するか，実習生に持参させるかなどの方法をとります。払込であれば，払込先を事前に示しておくだけで十分です。

　余談になりますが，実習委託費は，実習受け入れに対する謝礼であり，実習生の給食費等をその中から出すというような性質のものではありません。食事は実習ではなくても日々食べるものであり，実費扱いとなるので，給食費は実費として実習生から徴収するとよいでしょう。

第9節 実習生の指導

　具体的な実習生の全体的な指導については，第7章「実習内容別指導」を，また，さまざまな実習生への個別の対応については，第8章「実習生タイプに合わせた指導」を参照してください。実習態度，子どもの見方，かかわり方，実習日誌，指導案の書き方などの具体的な指導のあり方が記してあります。

　いずれにしろ，「育てる」という視点さえあれば，必ず実習生にも伝わり，よい指導になると思います。

第10節 実習評価

1　養成校ごとの実習評価票

　養成校ごとに実習の目標やねらいが少しずつ違う場合があるので，混乱することが多いのではないかと思います。養成校間で評価を統一しようという試みもなされていますが，まだ全国的な統一にはいたっていません。全国保育士養成協議会の『保育実習のミニマムスタンダード』には，実習評価案が載っていますが，強制力があるものではありません。たいせつなのは，養成校と実習施設の間で評価のしかたに共通理解があるかどうかです。共通理解を図るためには，実習の手引きや実習に関するお願いの確認，事前打ち合わせ等が必要になります。

　確認しておくのは，以下の点です。

(1)　**実習施設の評価の割合**

　実習単位の最終評価者は，養成校の教員になります。「実習現場の評価をもとに総

合的に判断し評価する」となっている場合が多いと思います。では，何％が現場の評価になっているでしょうか（実習の手引き等に書いてあります）。以下にいくつかのパターンを紹介します。

■養成校０％＋現場100％　現場の実習指導について養成校から100％信頼されているということです。実習は現場で行われることから，現場で評価するということは理想でしょう。

ですが，評価のあり方について，互いの共通理解がなされないまま行われていれば，現場に丸投げされているともいえます。

■養成校20％＋現場80％　養成校に評価の余地を少し残したかたちです。養成校は，実習の事後指導で，実習日誌，指導案，報告会などから，学びを読み取り評価します。

ですが，養成校でのふり返りは「実習指導」という「実習」とは別の教科目で扱う内容であり，その評価に入れたほうが整合性がとれると思います。また，現場でも実習日誌，指導案等は評価に入れているので，二重評価になります。また，養成校教員は，実際に実習生のようすを日々見ているわけではなく，実習日誌や指導案だけで評価をつけることができるのかという疑問も残ります。

■養成校50％＋現場50％　養成校も現場も半々です。養成校の評価の割合を大きくするほど，現場での評価は参考程度になっていきます。

■養成校70％＋現場30％　『保育実習のミニマムスタンダード』では，この割合です。理由としては，各現場で指導や評価にばらつきがあることを是正することがあげられているようです。また，ふり返りを重視した評価配分になっています（事前指導15％，指導計画10％，実習日誌20％，実習施設による評価30％，事後指導25％）。

他分野では，現場の実習担当者の研修なども進んできています。資格免許付与のための実習という位置づけ，現場の指導力向上の面から，現場で行う実習に関しては，現場による評価が重視されていく方向も求められるのではないでしょうか。

2　実習評価のしかた

実習評価票には，各項目の部分と，総合評価部分があります。各項目は何段階かに分かれ，○をつけるタイプが主流なのではないかと思います。保育実習のミニマムスタンダードでは，「実習生として」という言葉をかんむりにつけ，あくまでも実習生の力量としての評価をしてほしいという旨を伝えています。なお，保育実習のミニマムスタンダードの評価票例については，第７章を参照してください。

(1) 評価段階と項目の数

　各項目は，3段階，4段階，5段階などさまざまです。段階が少なければ少ないほど，選ぶ余地があまりないため，つけやすく評価者によるぶれが少ない反面，どの実習生も同じような評価が並ぶ可能性もあります。最高得点や最低点数はつけにくいため，中間点（3段階評価では2，5段階評価では3）がある場合は中心にかたよる傾向にあるようです。4段階など偶数の場合は，上位評価項目（3，4），下位評価項目（1，2）に分けて分類しやすいのですが，中間点がないため，可もなく不可もなくといった付け方はできません。

　項目の数を多くしていくことで，細かくふり返りができ学びにつながるという考えもありますが，忙しい現場では評価段階が細かければ細かいほど負担になり，かえって評価がいいかげんになる危険性があります。

(2) 項目評価と総合評価の関係

　各項目の評価の合計得点が総合評価になるという場合と，各項目はあくまでも事後指導の参考となるもので，総合評価とは連動しない場合があります。

　連動する場合には，「5，4，3，2，1」などと明確に点数化されている場合と，「実習生としてよくできる」「実習生としてできる」「実習生としてやや努力が必要」「実習生として努力が必要」といった記述や，「S，A，B，C」といった記号になっている場合もあります。

　点数化されていない場合は，養成校のほうで，記号等を得点に換算して点数化している場合もありますが，どの記号がどれだけの点数になるかは実習施設には知らされていない場合が多いのではないでしょうか。これは，実習施設と養成校の評価の共通理解という面では，問題があると感じます。実習施設のほうでは，最低点数（もしくは最高点数）をつけたつもりでも，養成校のほうで，得点換算方法のしかたで，実習が合格になったり不合格になったりします。実習施設の評価をふまえて総合的に判断し評価するという方法も同様です。

　保育実習のミニマムスタンダードでは，各項目と総合評価は必ずしも連動させていません。この場合は，各項目の点数がいくら低くても，総合評価としてはよいといったことが起きる可能性（または逆）があります。

　また，実習施設では，とくにあいさつ，マナーなどの実習態度面が重視される傾向にあります。さまざまな保育技術は力不足だが，実習態度がとてもよかったので，総合評価は100点満点中90点になった例などがあります。逆に，子どもの指導に関しては力を発揮したが，実習担当者との相性が悪かったなどの理由で，実習態度を低く評

価（60点など）された例が実際にみられます。

以上のように，養成校も現場も統一的な基準で評価をするまでにはいたっていませんが，第7章では，現場での実感に近いかたちで評価をするための提案をしているので，少しでも参考になれば幸いです。

第11節 養成校との連携

1　窓口の確認

依頼状等に養成校の窓口となる実習指導センターや教職員の氏名が載っているかと思います。電話番号，ファックス，メールなどを確認し，いつでも連絡がとれるようにしておきます。

実習中に何か疑問や問題点があれば，養成校の実習指導教員と連絡をとるとよいでしょう。実習訪問指導の日まで待つ必要はありません。実習態度のこと（遅刻，無断欠勤），安全面のことなどであればすぐに連絡し，今後の指導について話し合います。実習訪問も必要に応じて複数回にすることも必要かもしれません。課題の改善が見えなければ，実習中断も考えられますが，養成校との話し合いの上，判断するとよいでしょう。

2　事前打ち合わせ・実習懇談会

実習が始まる前に養成校の実習指導教員と事前の打ち合わせを行うと，とても効果的です。打ち合わせのために実習指導教員が実習施設を直接訪ねられるとよいのですが，授業があったり，実習施設が複数にわたる場合があったりして，なかなか実現しない場合もあります。もし，事前に打ち合わせしておきたいことがあれば，電話やメール等でやりとりをすることもできるでしょう。事前訪問の実習生のようす，学校でのようす，実習前の授業等での先行経験の有無，実習内容・評価などを確認しておくことで，より充実した実習になります。

実習後には養成校で開かれる実習懇談会に出席すると，他の実習施設のようすも聞くことができたり，養成校の教職員と共通理解が図れたりすることから，とても有意義な時間になります。実際に施設に来た実習生の話に加え，実習のあり方そのものを話し，今後の改善に結びつけます。

3 アンケート

　実習評価票には書けなかったこと，書きにくかったことをアンケートのかたちで伝える方法があります。実習生のことだけではなく，実習のあり方についての意見等も伝えれば，今後の改善につながります。時間的に実習懇談会に出席できない実習施設にとっても，アンケートは養成校と連携する有効な手段となります。

　以上，本章では，現場の実習指導の一般的な流れを記しました。次の第6章では，実際の幼稚園・保育所・認定こども園，施設でどのように実習が行われているかの実践例を紹介しています。今後の実習指導の参考になれば幸いです。

保育実習指導のシラバス例
【保育実習】
〈科目名〉
　保育実習Ⅰ（実習・4単位：保育所実習2単位・施設実習2単位）
〈目標〉
　1．保育所，児童福祉施設等の役割や機能を具体的に理解する。
　2．観察や子どもとのかかわりを通して子どもへの理解を深める。
　3．既習の教科の内容を踏まえ，子どもの保育及び保護者への支援について総合的に学ぶ。
　4．保育の計画，観察，記録及び自己評価等について具体的に理解する。
　5．保育士の業務内容や職業倫理について具体的に学ぶ。
〈保育所実習の内容〉
　1．保育所の役割と機能
　　（1）保育所の生活と1日の流れ
　　（2）保育所保育指針の理解と保育の展開
　2．子ども理解
　　（1）子どもの観察とその記録による理解
　　（2）子どもの発達過程の理解
　　（3）子どもへの援助やかかわり
　3．保育内容・保育環境
　　（1）保育の計画に基づく保育内容
　　（2）子どもの発達過程に応じた保育内容
　　（3）子どもの生活や遊びと保育環境
　　（4）子どもの健康と安全
　4．保育の計画，観察，記録
　　（1）保育課程と指導計画の理解と活用
　　（2）記録に基づく省察・自己評価
　5．専門職としての保育士の役割と職業倫理
　　（1）保育士の業務内容
　　（2）職員間の役割分担や連携
　　（3）保育士の役割と職業倫理

〈居住型児童福祉施設等及び障害児通所施設等における実習の内容〉
 1．施設の役割と機能
  （1）施設の生活と1日の流れ
  （2）施設の役割と機能
 2．子ども理解
  （1）子どもの観察とその記録
  （2）個々の状態に応じた援助やかかわり
 3．養護内容・生活環境
  （1）計画に基づく活動や援助
  （2）子どもの心身の状態に応じた対応
  （3）子どもの活動と生活の環境
  （4）健康管理，安全対策の理解
 4．計画と記録
  （1）支援計画の理解と活用
  （2）記録に基づく省察・自己評価
 5．専門職としての保育士の役割と倫理
  （1）保育士の業務内容
  （2）職員間の役割分担や連携
  （3）保育士の役割と職業倫理

※「指定保育士養成施設の指定及び運営の基準について」（厚生労働省雇用均等・児童家庭局長，2012年より）

【保育実習】

〈科目名〉
　保育実習Ⅱ（実習・2単位：保育所実習）

〈目標〉
 1．保育所の役割や機能について具体的な実践を通して理解を深める。
 2．子どもの観察や関わりの視点を明確にすることを通して保育の理解を深める。
 3．既習の教科や保育実習Ⅰの経験を踏まえ，子どもの保育及び保護者支援について総合的に学ぶ。
 4．保育の計画，実践，観察，記録及び自己評価等について実際に取り組み，理解を深める。
 5．保育士の業務内容や職業倫理について具体的な実践に結びつけて理解する。
 6．保育士としての自己の課題を明確化する。

〈内容〉
 1．保育所の役割や機能の具体的展開
  （1）養護と教育が一体となって行われる保育
  （2）保育所の社会的役割と責任
 2．観察に基づく保育理解
  （1）子どもの心身の状態や活動の観察
  （2）保育士等の動きや実践の観察
  （3）保育所の生活の流れや展開の把握
 3．子どもの保育及び保護者・家庭への支援と地域社会等との連携
  （1）環境を通して行う保育，生活や遊びを通して総合的に行う保育の理解
  （2）入所している子どもの保護者支援及び地域の子育て家庭への支援

（3）地域社会との連携
　4．指導計画の作成，実践，観察，記録，評価
　　（1）保育課程に基づく指導計画の作成・実践・省察・評価と保育の過程の理解
　　（2）作成した指導計画に基づく保育実践と評価
　5．保育士の業務と職業倫理
　　（1）多様な保育の展開と保育士の業務
　　（2）多様な保育の展開と保育士の職業倫理
　6．自己の課題の明確化

※「指定保育士養成施設の指定及び運営の基準について」（厚生労働省雇用均等・児童家庭局長，2012年より）

【保育実習】

〈科目名〉
　保育実習Ⅲ（実習・2単位：保育所以外の施設実習）

〈目標〉
　1．児童福祉施設等（保育所以外）の役割や機能について実践を通して，理解を深める。
　2．家庭と地域の生活実態にふれて，児童家庭福祉及び社会的養護に対する理解をもとに，保護者支援，家庭支援のための知識，技術，判断力を養う。
　3．保育士の業務内容や職業倫理について具体的な実践に結びつけて理解する。
　4．保育士としての自己の課題を明確化する。

〈内容〉
　1．児童福祉施設等（保育所以外）の役割と機能
　2．施設における支援の実際
　　（1）受容し，共感する態度
　　（2）個人差や生活環境に伴う子どものニーズの把握と子ども理解
　　（3）個別支援計画の作成と実践
　　（4）子どもの家族への支援と対応
　　（5）多様な専門職との連携
　　（6）地域社会との連携
　3．保育士の多様な業務と職業倫理
　4．保育士としての自己課題の明確化

※「指定保育士養成施設の指定及び運営の基準について」（厚生労働省雇用均等・児童家庭局長，2012年より）

【本章で取り上げた参考図書】

『保育実習指導のミニマムスタンダード──現場と養成校が協働して保育士を育てる』全国保育士養成協議会（編）　北大路書房　2007年

第6章

現場の実習指導実践例

第6章　現場の実習指導実践例

第1節　公立幼稚園の事例

1　実習を受け入れる体制づくり

(1) 実習を受け入れるための雰囲気，実習担当者を育てる雰囲気づくり

　実習担当者は，実習生に「今日から幼稚園のたいせつなスタッフの一員であること」を伝えています。実習生が緊張しないように，いつもどおり笑顔いっぱい明るさいっぱいで受け入れるようにしています。

　園として，まずいちばんに心がけていることは，家庭から初めて幼稚園という集団に入る子どもたちに，「家は大好きだけど，幼稚園も楽しくって大好き」と思ってもらえるようにすること，そして，「家族以外にも大好きな先生や友だちがいる場所」であることが，幼稚園だということを伝えるようにしています。

　実習生を受け入れることは，職員の人数が少ない中で保育している幼稚園側にとっても，人手が増えることは，一人ひとりの幼児により目が行き届き，安全面の配慮もできるということからたいへん助かることです。

　また，保育者にとっては，日ごろの自分の保育のあり方をふり返るよいチャンスであり，幼児を客観的に理解する機会にも，伝えたことが実習生に理解されているかを把握する機会にもなります。さらに，子どもたちにとってもいろいろな人と出会うことによって視野を広げ多様な考え方や見方ができるようになるいい機会です。

　実習生に対しては，わからないことがあれば，進んで尋ねるよう指導し，保育時間や子どもたちが帰った後，掃除をしながら気軽に話せる雰囲気づくりに努めています。実習は，幼稚園の仕事内容を知る機会としてだけではなく，「人として」の自分をふり返り，人として社会生活を営む上での基礎・基本であることをていねいに伝えるようにしています。

(2) 実習を受け入れる流れ

　①大学からの依頼を受ける。
　②学生と事前打ち合わせをする（出身地，出身校，学年，年齢，今までの実習経験，出身園，交通手段，配属，得意なこと，実習に対する願い，目標など）。
　③内諾する。正式依頼をもらう。

2　実習指導体制

■園長として　将来，幼児教育の仕事に就かなくても，社会人として必要な要素がたく

さん含まれていること,「人として」たいせつなことを幼児にきちんと伝えてほしいことなどを話します。幼児一人ひとりの人格を尊重して保育すること,いろいろな職員のよいところを見つけ学ぶこと,素直に助言を受け入れることが伸びる要素となることなどを伝えます。
■**副園長(実習担当者)として** 実習でのねらい・実習期間の流れ・1日の流れ・実習の心構えなどを実習生に伝えます。
■**クラス担任として** クラスの実態や育てたいこと,日々の反省や疑問に答えるようにします。実習録の書き方や研究保育の指導案の書き方を指導するのが役割です。実習期間に,1つのテーマについて,自分で考えて自分で期日までにやり遂げるという,社会に出て必要とされる要素を取り入れた課題解決の場を意図的に取り入れていきます。実習記録には自分なりのテーマをもち,視点を絞って考察するように指導します。

3　実習生配属クラス,担当者の選定

■**園・施設の状態から** 実習生は,副園長が担当します。実習時期は,大学側の要望を受け入れて決めます。とくに実習期間は大学の依頼をふまえつつ,行事を抱えているなどいちばん人手が必要なクラスに入るように配属しています。配属クラスは,実習生の希望も取り入れますが,行事や園児の状態を考え,年間を通してバランスよく各クラスに配属するようにします。実習生受け入れの人数としては,1クラス2人までと考えています。同時期に2校以上の実習の場合,違う大学どうしで刺激し合うように組んでいます。
■**実習生の状態から** 実習経験を聞き,本人に実習対象の希望を聞きますが,実習生のタイプも考慮して決めます。ただ教員資格を取得するためだけの実習ではなく,本当に教師になりたいかどうかの気持ちを確認します。
■**園の考え方として** じっくりと1つのクラスで,幼児の見方やとらえ方などを学んでほしいと考えます。研究保育は,実習生が自分のやってみたいことを優先するように伝えます。指導案の幼児の姿や保育者の配慮の書き方については,担任の援助のもと,いろいろなことを予想するように指導します。あたり前のことをあたり前に伝えているか確認するように指導します。体全体で子どもとともに遊びを楽しむように意識してほしいと願っています。

4　実習の事前指導について

■**養成校との連携**
　①実習内容(依頼状,手引き,参加,指導案の有無,評価票)を確認する。

②養成校の実習指導教員から実習施設へ，実習内容の説明，実習生の特徴の説明。
■**実習生の事前訪問の内容**　実習生の事前訪問については，実習2週間前，子どもの降園後に実施します。事前訪問時に実習生に渡して説明する書類は，園の方針，実習日程表，指導案の見本などです。
　①実習日程の初日（子どもたちとふれ合いながら，観察，参加），その後の部分実習（絵本読み聞かせ・手遊びなど）について
　②研究保育（30分ほどテーマを決めて），1日実習（担任として）について
　③出勤簿，実習日誌，指導案について
　④諸注意（勤務時間は8：15から17：00）について
　⑤あいさつ，態度，持ち物，服装について
　⑥通勤のしかた，通勤手段（車，自転車，徒歩，公共交通機関）について
　⑦土日行事への参加，給食，弁当，経費の徴収，連絡方法について
　⑧対応者（実習担当者）面談のしかたについて
　⑨施設の見学（施設全体，全園児に紹介）について
　⑩実習生から受け取る物（実習生プロフィール等，実習計画）について
　⑪質問等，実習生の個性の把握について

5　実習生の目標・実習内容について

　初めての実習生に対しては，幼稚園の雰囲気を肌で感じ取ること，2回目の実習生に対しては，前回の経験を生かすことを目標にします。
　一人ひとりの子どもの成長に応じた配慮をし，異年齢クラスでは，年齢の上の子どもを育てる配慮をしてほしいと思います。卒業年度の実習であれば，社会人としての態度・気配りも身につけてほしいと思います。
　初日は，園や子どもたちのようすをじっくり観察し，2日目からは主体的に保育実習をしてもらいます。毎日部分実習を担当し，研究保育や全日実習に当たるようにします。生活面（登園，着脱，排泄，給食，片づけ，掃除，降園），遊び（手遊び，紙芝居，歌，ダンス，体操，ピアノ，楽器，ゲーム，工作，自然素材），全体指導，個別指導，特別支援，行事，話し合い，まとめなどの活動をバランスよく経験してほしいと思います。
　実習日誌は，視点を絞り，タイトルを書いて記入するように指導しています。指導案は，研究保育・全日保育のみをきちんと細かく指導しています。また，公開保育や保育参観はありませんが，他の実習生の研究保育を見合って協議しています。

6 実習の実際

【全体日程】

日程	実習内容		備考
	午前	午後	
6/1（月）初日	朝の打ち合わせ　8:30 紹介式　10:30 担任の保育の観察	保育室や園舎内外の掃除 反省，明日の打ち合わせ　16:30	スタッフ紹介 資料持参
6/2（火）	実習（登園～）	部分実習（手遊び）　13:00～ 保育室や園舎内外の掃除 反省，明日の打ち合わせ 実習日誌の書き方　16:30	
6/3（水）	実習（登園～）	部分実習（手遊び）　13:00～ 保育室や園舎内外の掃除 反省，明日の打ち合わせ　16:30	
6/4（木）	実習（登園～）	部分実習（紙芝居や絵本の読み聞かせ）13:00～ 保育室や園舎内外の掃除 反省，明日の打ち合わせ　16:30	
6/5（金）	実習（登園～）	部分実習（紙芝居や絵本の読み聞かせ） 保育室や園舎内外の掃除 反省，明日の打ち合わせ 1週間のふり返り　16:00 指導案について	
6/8（月）	実習（登園～）	部分実習（紙芝居や絵本の読み聞かせ） 保育室や園舎内外の掃除 反省，明日の打ち合わせ 指導案について	指導案有
6/9（火）	実習（登園～）・研究保育（ゲーム）	保育室や園舎内外の掃除 園内研修（協議会）	指導案有
6/10（水）	実習（登園～）	部分実習（紙芝居や絵本の読み聞かせ） 保育室や園舎内外の掃除 反省，明日の打ち合わせ 全日実習の指導案について	指導案有
6/11（木）	全日実習（登園～）	保育室や園舎内外の掃除 園内研修（協議会）	指導案有
6/12（金）	実習（登園～）	全体反省会　16:00～	

※実習生が，1日をどのように過ごすか，標準的な計画を示す。

【1日の流れ】

時間	子どもの活動	担任保育者の援助・配慮	実習生の動き
8:00		○昨日の遊びの続きや新しい遊びができるよう環境を設定しておく	○園舎内外の整理整頓
8:30	○登園する。	○子ども一人ひとりに元気にあいさつし視診するとともに今日1日が気持ちよくスタートできるよう配慮する	○子どもの遊びに寄り添い援助する
	○自由に遊ぶ。	○季節感をたいせつにするとともに,課題遊びへの興味づけを図る	○子どもみずからが何を楽しんでいるか,何に興味をもっているのかを把握しながらいっしょに遊ぶ
		○子どもたちの発想を引き出すように言葉かけする	
10:30	○片づけをする。	○皆で協力して片づけることのたいせつさを伝える	○準備から片づけまで,すべてが保育であることを伝えながら片づけをうながす
	○クラスごとの活動をする	○皆で考えながら遊びをつくっていくよう仕向ける	
11:30	○給食の準備をする。	○食べることが体をつくっていくことをわかりやすく伝える	○一人ひとりを知る絶好のチャンス,じっくりかかわりながら食事し幼児を把握する
13:30	○自由に遊ぶ。	○午前中の遊びを広め深めるよう配慮する	
	○降園準備をする。		
14:30	○降園する。	○ねらいに沿った発問をし,子どもたちが今日の自分をふり返ったり,友だちのよさを発見したりする場となるようにする	○明日また楽しく遊びたくなるようなコーナーを設定する
16:30	○預かり保育		
17:00			

7　実習訪問指導

　訪問指導教員には,実習のねらい(実習生に何を学んでほしいと思っているのか)や,そのためにどう事前に配慮したのかを伝えてほしいと思います。他の大学との違い,大学どうしの横の連携があるのかなども聞かせてほしいです。

8　実習評価の付け方

　評価は各担任が行い,副園長に提出し,最終的に園長が見ます。その場合絶対評価と相対評価の両方を合わせて考えるようにしています。また,項目にAがたくさんついていても,幼稚園としては保育に携わる者として,実習生の人間性を非常に重要な要素としてとらえており,その点を配慮し総合評価を行っています。

9　実習生に伝えたい，身につけてほしいと思ってとくに指導していること

　社会と切り離された幼稚園ではいけないということです。人としての基礎・基本，原点にかえって考えることや，あたり前のことをあたり前にできているかといったふり返りをたいせつにしています。技術は，後からどれだけでも身につけていくことができます。まず，人としてどうあるべきかといった人間性がたいせつであることを伝えています。あいさつのしかた，笑顔，やさしさと厳しさ，箸の持ち方，人の話を聞こうとする姿勢，嫌なことや面倒なことでもしようとする素直な態度，誠実さなどがたいせつです。

　※保育者に必要なあり方を学ぶためには，『倉橋惣三選集』は，ぜひ読んでほしい一冊です。

10　よりよい実習をするための意見，改善案

　養成校の連携，話し合い，横の連携，実習のやり方の根本的な話し合いがあればよいと思います。
　また，前年度の反省を生かしていくことがたいせつです。

第2節　私立幼稚園の事例

1　実習を受け入れる体制づくり

(1)　実習を受け入れるための雰囲気，実習担当者を育てる雰囲気づくり

　実習生は，あくまで保育をめざしている学生であるという認識のもと，技術的なものは経験を積む中で習得していけるものであり，できないことを指摘するのではなく，保育の実際にどう向き合うか，子どもの読み取りと，援助のしかたや考え方など本質的な部分を学ぶことができるように指導をしています。

　保育者にとっても，実習生を通して，子どもとの接し方，言葉掛け，動き，思いなどを客観視することで，子どもの育ちや自分の保育をふり返る機会となり，自分自身への問題意識や，確認へつながっていきます。実際，実習担当者の負担は増えますが，保育者間で共通理解し，協力しながら実習指導をするという点でも，保育者と幼稚園の質の向上にもつながっています。

(2)　実習を受け入れる流れ

　毎年実習生を受け入れている県内・近隣県の養成校については，前もって時期の打

診があるので，こちらも心づもりができます。まず学生本人から電話での依頼があり，その後，養成校から正式依頼を受け，後日オリエンテーションに来ていただきます。最近は，実習前に自主実習を希望する学生が多く，クラスの子どもたちの名前や遊び，生活のようすをつかんでから実習に臨めるので，可能な範囲で自主実習に来てもらっています。実習生に対して十分な指導がむずかしい場合（時期や人数），断ることがありますが，事情によっては，その点を理解していただいた上で受け入れることもあります。

2　実習指導体制

養成校との窓口役は，副園長が行います。日誌や指導案の指導を含めて実習生への指導は，クラス担任とともに副園長，主任が行っています。実習指導のための指導書やマニュアルはありませんが，実習日誌を通して，実習生と実習担当者（クラス担任）のコメントを点検しながら，毎日，副園長，主任が実習指導についてアドバイスしています。全体の行事や全体の仕事，預かり保育などで他の職員が指導する場合は，クラス担任に報告し，クラス担任が把握できるようにしています。

また，実習中は，反省会，実習日誌・指導案の指導など，実際，実習担当者の負担が増えるので，園バスの添乗，放課後の全体の仕事の軽減などへの配慮をしています。保育者の気づきにつながるチャンスになるとはいえ，実習担当者の負担を他の職員も理解し，配慮することは必要です。

3　実習生配属クラス，担当者の選定

■園・施設の状態から　オリエンテーションで，今までの実習経験や，今回の実習で何を学びたいかなどを聞いた上で実習生の経験，性格，意欲などを考慮しながら，ふさわしい学年と実習担当者を決めて配属します。

自園は，各学年3クラス＋満3歳児1クラスの10クラスあり，（クラスの人数や特別配慮児の人数によって変動はありますが）年少クラスは複数担任，年中・年長クラスには担任1名と学年フリーが1～2名です。新規採用教諭は2～3年間，複数担任のクラスの副担任として経験を積みます。その間，実習生の指導を間接的に経験し，主担任になり1年目は自主実習や中学生の職場体験などの指導を経験してから，実習生を受け入れ指導にあたるようにしています。

■実習生の状態から　実習段階によって，養成校からのねらい，本人の課題が異なります。たとえば「遊びの連続性や発表会までのつながり」や「子どもの遊びによって環境の構成をどのように考え援助していくか」などねらいを絞って臨む実習生には，そ

の時期，実習を受け入れる裁量があり実習生に学びを与えることができるか，それによってともに向上していけるか等，考慮して，実習担当者を選定します。実習段階と実習生の目的に応じて，実習生に指導することで自分の保育の確認につなげていってほしいといった保育者の力をつけるために選定することも大いにあります。

■園の考え方として　基本的に，希望の学年（経験したことがない学年）の１クラスに配属し，クラスの子どもたちと実習中かかわることで，子ども理解に努めてほしいと思います。さらに全体の行事，放課後の預かり保育，親子サークルなどの手伝いなどを通して他の子どもや保護者ともかかわり，幼児の発達の理解や保育者の職務内容などを総合的に学んでほしいと考えています。

4　実習の事前指導について

■養成校との連携　実習希望の電話連絡が本人からあり，承諾した場合は，養成校から依頼状，手引き，実習記録，指導案，評価票などが郵送されてくることが多く，事前に実習内容や実習生についての養成校からの説明はほとんどありません。

■実習生の事前訪問　事前訪問で実習生と話をしてから，配属を決めることも多いので，事前訪問は，説明や案内がゆっくりとできる放課後，３時以降にお願いしています。

　事前訪問では，園のパンフレット，年間計画を渡し，園の方針・特色，今年度の重点目標，園長の思い，実習中に学んでほしいこと，心がけてほしいことなどを園内の案内とともにじっくり話すようにしています。また，１日の流れ（どう動くか），実習中の流れ（部分実習，全日実習の組み立て）の説明時に，子どもと生活をし，子どもの遊びへの思い，クラス担任のねらいをつかんだ上で，全日実習の内容を実習担当者に相談しながら決めることがたいせつであることを理解してほしいと思います。クラスの子どもたちのそのときの状態とはまったくかけ離れた，取ってつけたような活動にならないように気をつけてほしいと思います。最近は実習前に数日自主実習をする学生が多いので，それまでに配属を決め，自主実習初日にクラスの園児の名前の一覧や，長期指導計画，実習中歌うと思われる歌の楽譜を配布します。自主実習に来られない場合は，事前訪問までに配属を決定し，参考資料の配布，教室・実習担当者の紹介等も事前訪問時に行います。これらに加え，以下のような実務的な連絡事項を伝えます。

・勤務時間：8:00～17:00
・持ち物：内履き，エプロン，コップ，箸，着替え（水遊び，泥遊びなどで必要）
・服装：動きやすい服装（トレパン可）
・給食・弁当：子ども・教師と同様，月曜日は弁当，火～金曜日は給食（最終日に

給食費徴収）
・心構え

5 実習生の目標・実習内容について

それまでに，保育園での実習，幼稚園でのプレ実習，観察実習などを経験している学生が多く，養成校の実習目標や本人の目標に沿うように指導をします。実習日程・内容については，学生の学年や年齢，大学による違いはありません。

全日実習を最終日の1～3日前に行い（指導案は前日までに提出），それまでに，部分実習を2度ほど（指導案提出）行い，その他，子どもたちに慣れてくる3日目あたりからは，朝の出欠調べや絵本の読み聞かせ，手遊びなど，随時挑戦してもらいます。実習担当者の保育の補助をしながら，子どもとのかかわり方・援助のしかた・保育のとらえ方・子ども理解等，日々学んでいってほしいと思います。

6 実習の実際

【全体日程】

日程	実習内容		備考
	午前	午後	
6/1（月）初日	朝の掃除・環境整備 参加実習（登園～）	参加実習（給食～降園・清掃） 反省，明日の打ち合わせ 実習生紹介（職員会議時）	
6/2（火）	参加実習（登園～）	参加実習（給食～降園・清掃） 反省会	
6/3（水）	参加実習（登園～）	〃	
6/4（木）	参加実習（登園～）	〃	指導案（部分実習）提出
6/5（金）	部分実習（出欠調べ）	〃	
6/8（月）	参加実習（登園～）	〃	指導案（部分実習）提出
6/9（火）	参加実習（登園～）	部分実習（降園時：絵本など）	指導案（全日実習）提出
6/10（水）	参加実習（登園～）	参加実習・反省会	
6/11（木）	全日実習（登園～）	全日実習　※公開保育 全日実習反省会	
6/12（金）	参加実習（登園～）	参加実習・実習生お別れ会 反省会（提出物提出・受け取り日程等確認） 実習生あいさつ（職員会議時）	

第2節　私立幼稚園の事例

【1日の流れ】

時間	子どもの活動	担任保育者の援助・配慮	実習生の動き
8:00		○出勤 ○園内清掃・園庭整備・保育室環境の整備，園バス添乗	○出勤 ○園内清掃・園庭整備・保育室環境の整備
8:20	○登園する	○迎え入れ（あいさつ・視診）	○迎え入れ（子ども一人ひとりに元気にあいさつをする） ○所持品の始末，体操服の着替え等見守り・援助
	○自由に遊ぶ ・園庭・保育室	○個々に寄り添いながら，遊びがつながり深まるよう，ねらい・目標を達成できるよう援助する	○子どもの遊びや生活に対して援助する ○子どもといっしょに遊んだり，担任の補助をしながら子ども理解に努める
10:20	○片づけをする		
10:30	○集まる		
	○クラスや学年ごとの活動をする ・園庭・遊戯室・保育室 （自由遊びで遊びを深めたい日は自由遊びを継続する日もある）		
11:40	○給食の準備をする	○活動の片づけ，排泄，給食準備，給食当番，給食，給食片づけなど子どもたちが主体的にできるよううながし援助する	
	○給食を食べる	○楽しい雰囲気の中で好き嫌いなく食べることができるよう援助する	
	○自由に遊ぶ		
13:40	○降園準備をする	○皆で今日のふり返りをして明日の登園を楽しみになるよう配慮する	○手遊び，紙芝居，絵本など
14:30	○降園する	○園バスに添乗する	○園内清掃
		○教室・園内清掃	○実習記録作成
16:00		○実習生と反省会	○反省会

7　実習訪問指導

　どの実習生も養成校教員の顔を見ると，安心した顔になります。実習訪問では，実習生が子どもたちと十分かかわっているようすがわかる午前中に観察をして，できれば実習生本人にも声をかけてほしいと思いますが，保育中，クラス担任は訪問指導教員と話す時間をとることはむずかしいと思います。基本的には毎日実習記録や指導案をチェックして実習生を把握している副園長からその時点での実習生のようすと課題

125

に対する園としての考えを伝え，養成校としての考えもお聞きしています。実習担当者が困っていること，疑問に思っていることがあれば，訪問時にお聞きし，その後の指導の参考にしたいので，実習前半の訪問が望ましいと思います。

8　実習評価の付け方

実習評価は，担任が評価票を作成→副園長に提出→添削・修正→園長の最終確認という流れで提出します。あくまでも保育者をめざしている学生の実習ですから，今後の課題として受け止め努力していってくれるだろうという期待を込めて評価し，課題点は備考に書くようにしています。

9　実習生に伝えたい，身につけてほしいと思ってとくに指導していること

- 元気で明るいあいさつ，笑顔は，自分も相手も気持ちがよいものです。園児だけでなく職員・保護者に対しても自分からあいさつをしてほしいと思います。
- 仕事についてから経験を積んで上達していく技術的なことについては，成功や完成度を求めることはありません。子どもたちとかかわる中で，子ども理解に努め，失敗を恐れず，挑戦・努力をしてほしいと思います。臆することなく意欲的に実習に取り組んでほしいと思います。
- いろいろな見方に対する気づきを通して，その活動が幼児にとってどのような意味があるのか，幼児の発達にどのような経験が必要なのか，また担任の援助やかかわりにはどのような意図があるかという視点で考えてほしいと思います。
- 園で知り得た情報は，他言してはいけません。実習後も友だちと，実習園の職員や園児の話（個人情報）を気軽にしてはいけないことを伝えます。

※実習指導のあり方，考え方には，先輩から受け継がれてきた幼稚園の精神が息づいています。

10　よりよい実習をするための意見，改善案

今，求められている最新の保育を学んできているはずの実習生ですが，理論的にわかっていても実践となかなか結びつかないと思います。できなくてあたり前なのが実習生です。園生活の中で子どもの世界を体験し，うれしい，たのしい，おもしろい，そして悔しい，悲しい，わからないなど子どもとともにさまざまな思いをしながら，子どもとつながるうれしさを感じるようになっていくものだと思います。子どものとらえ方，援助のしかた，保育技術はそれとともに，あるいはその後に指導できることであり，技術的にできないことを指摘するような指導が先に立っては，いちばん伝え

たいこと（子どものおもしろさ，すばらしさ，子どもの心の成長を実感できるこの仕事のすばらしさとやりがいなど）が伝わる前に，実習生の気持ちが萎えてしまいます。

　実習生を受け入れることが自分たちの保育の確認とふり返りとなり，保育者の資質の向上につながっているという認識をもつため，また「子どものための保育」を考え実践していける意欲的な保育者を育成するためにも，実習指導の使命の重要さを改めて感じています。

第3節　私立短期大学付属幼稚園の事例

1　実習を受け入れる体制づくり

(1)　実習を受け入れるための雰囲気，実習担当者を育てる雰囲気づくり

　養成校の付属園であるため，実習指導は全職員当然のこととして受け止め，養成校と連携して保育者養成のための大きな役割を担っているという自覚をもち，実習指導を行っています。

　しかし，一度に多くの実習生を受け入れるため，実習期間中の保育計画については十分検討し，極力園児，実習担当者自身に負担がかからないように配慮しています。また，養成校側との連絡調整を絶えずとりながら，実習園で行うべきことと養成校で行うべきことを明確にし，お互い共通理解をしながら実習指導を行うようにしています。

　毎日の反省会は，たんに実習生を指導するという立場ではなく，実習担当者や実習生の保育を振りかえる場としてとてもたいせつにしています。また，実習日誌等の記録に目を通すことは，日ごろ見落とすこともある子どものようす等に実習担当者が気づく機会を与えてくれると同時に，保育者自身が保育を省察し，実習指導を通して保育者自身の保育を再構築していく場であるということを保育者間で共通理解しています。

(2)　実習を受け入れる流れ

　毎年，養成校側との打ち合わせや反省会を，養成校の実習指導教員と園の全職員で行っており，それに基づいて，次の実習期間，受け入れ体制等を話し合いながら実習受け入れの流れを決めています。本学養成校の実習受け入れ人数が多く，そのため期間も長くなるため，他養成校からの実習については受け入れていません。

2　実習指導体制

　学生にとって，付属園が最初の実習の場となるため，学外の実習に出るための基本的なことをしっかりと身につけさせることも，付属園での実習の大きなねらいとなります。

　指導においては，園長も含め全担任が実習指導にかかわるようにしています。事前のオリエンテーション，事後の指導等については，養成校としっかりと連携しながら，それぞれ分担し指導するような体制をとっています。また，各クラスには，極力副担任（臨時職員）を配置し，実習指導による担任の負担を軽減するよう努めています。

3　実習生配属クラス，担当者の選定

■園・施設の状態から　基本的には，系列法人の大学，短大の全学生を受け入れることを前提としているため，期間，配属クラスについては，機械的に養成校の実習指導教員が割り振りして園に依頼するようになっています。園のほうでも年齢やクラスの実態に応じて，必要があれば修正等を行うというかたちをとっています。

　養成校の付属園であり，実習人数が多いということもあり，全5クラスに実習生を配属し，クラス担任が中心となり，副担任も含めて実習指導を行っています。

　大学の実習は，「幼稚園教育実習Ⅰ」として，1年生が10月に5日間，各クラスに10名程度入り，観察実習を行い，反省会等は所属クラスの担任，および，大学の実習指導教員が協力して行っています。

　短大の実習は，「幼稚園教育実習Ⅰ」として，5月6月にかけて週1回，1クラスに8～10名程度入り，4回を観察，1回を参加実習として行っています。9月に，3日間の連続した指導実習を行い，反省会等は実習日に所属クラスの担任のもとで行っています。また，教材研究，指導案の作成等について，短大の実習指導教員が園側と連携を保ちながら指導にあたっています。

■実習生の状態から　一度に実習する人数が多いため，全クラスで実習生を受け入れることとし，学生の希望もあるとは思われますが，機械的に割り振って配属を決めています。男子学生の割り振りや学生の事情により変更が必要と思われる場合は，園と養成校の実習指導教員が協議して決める場合もあります。

■園の考え方として　本来は，1クラスに配属される実習生の人数は，少ないほうが有効であると思います。しかし，本園は養成校の付属園であるため，全員を受け入れなければならないのが現状です。養成校のカリキュラムや授業内容との連携を密にし，実習時期や期間を工夫しながら実習を受け入れています。本園での実習は，多様化し，複雑化している幼児教育の現場の状況を考えた場合，環境や遊びを通した保育本来の

あり方を考え，学ぶことができるとても貴重な場であると考えます。そのような保育の基本を学び，経験できる場としての付属園の役割はとても重要です。

短大の実習では，観察実習と指導実習の期間を3か月程度あけて実習時期を設けており，子どもたちの変化や成長の姿を明確にとらえることができるため，同じクラスで継続して実習することが有効であると考えます。

4　実習の事前指導について

■**養成校との連携**　付属園であり，同じキャンパス内に養成校があるため，実習については，お互いの担当者がやりとりしやすい環境にあります。「実習の手引き」については，園と養成校が協力して作成し，指導案についても園の指導案をもとに養成校の実習指導教員が指導にあたっています。また，実習中の学生のようす等も絶えず情報交換しながら実習を進めています。

■**実習生の事前訪問**　本園と養成校でいっしょに作成した「実習の手引き」をもとに，1週間前に実習オリエンテーションを2回実施しています。

「実習の手引き」には，本園の概要，日課，本園実習にあたっての留意点，教育課程，年間行事予定，各年齢の実習期間中の週指導計画および指導記録（前年度のもの）を冊子としてまとめて載せてあり，それに基づいて，1回目は，園長が養成校へ出向き，園の概要，保育構造，教育課程，諸注意について説明しています。2回目は，園の環境の説明を受けた後，幼稚園の配属クラスにて，クラス担任より，子どもの実態，指導計画等の具体的な説明を受けます。

指導案については，配属クラスの担任が目を通し指導することはもちろんですが，指導実習期間が短いため，観察実習後に園で作成した見本に基づいて養成校でも事前に指導し，指導実習に臨むようにしています。

5　実習生の目標・実習内容について

本園での実習が学生にとって初めての実習となるため，保育者以前の人としてどのように保育という仕事を考え，子どもとかかわっていくのかを学ぶことが重要になってきます。保育は日々の生活をたいせつにし，子どもの心に寄り添いながら，育つ，育ち合うという関係を築いていく営みです。学生がこれまで受けてきた学校教育との考え方の違いに気づき，保育のおもしろさや保育という仕事のたいせつさを，実際に子どもの中に身を置くことによって学ぶことが，最初の実習における大きな目標であると考えています。そのため，実習の最初の段階では，保育や子どもをしっかりと観察することをたいせつにしています。

たんに子どもの行動を観察し記録するだけではなく，絶えず子どもの視座に立ち，肯定的に子どもの行動をとらえると同時に，環境とのかかわりや子どもどうしの関係，保育者との関係に注目するよう指導しています。

観察を的確に行うことで，子どものようすや保育の流れをおさえることができ，その後の参加実習，指導実習がイメージしやすくなり，指導案を書く上でも有効です。

また，実習の反省会などでは，記録に基づき他の実習生や担任と話し合うことを通して，自分の見方・考え方のまちがいや癖を自覚することができます。

実習というと，すぐ子どもたちとかかわれるという思いが実習生の中にはあり，観察を続けることを苦痛に思う実習生も少なくありません。しかし，集中して観察を行うことで，子どもの行動や心の動き，保育者の姿勢や保育への思いを観察者として冷静に受け止めることができるようになり，子どもへの理解や親しみ，保育の楽しさを感じることができるようになります。

実習生には，子どもたちの快適な生活空間を整えるための清掃をはじめ，園庭の自然環境の整備などにも積極的に取り組ませています。本園の場合，開放的で多様性に富む園庭の自然の中での遊びを子どもたちがとても喜ぶため，園庭での遊びを多く取り入れています。近年の学生は，自然とふれあう機会も少なくなっています。子どもたちが自然の中でのびのびと遊ぶ姿を見，保育における自然環境のたいせつさを理解し，園庭の清掃や砂場，畑を耕したりして，学生みずからも自然とふれあい，環境のたいせつさを学ぶ機会を設けています。

指導実習では，1クラスに4～5名の実習生が入り，指導実習期間も連続3日と短いものになります。実習生自身がその前後の子どもの生活や保育の流れを把握できず保育の流れが途切れたりすることがあるため，指導実習は日常くり返す登園時の活動や給食の準備活動，お集まりのときの手遊びなどを担当するようにしています。限られた活動ではありますが，実習生にとっては流れがわかりやすく，指導案も細かに書きやすいと思います。

6　実習の実際

【全体日程】

日程	実習内容		備考
	午前	午後	
5/17（金）初日	朝の打ち合わせ　8:30 1日の流れの観察	片づけ・清掃　実習反省会　14:50	資料持参 実習日誌提出 （翌日）

5/24（金）	幼児の観察	片づけ，掃除，実習反省会　14:50	実習日誌提出（翌日）
5/31（金）	幼児の観察（個別）	片づけ，掃除，実習反省会　14:50	実習日誌提出（翌日）
6/7（金）	保育者の観察	片づけ，掃除，実習反省会　14:50	実習日誌提出（翌日）
6/14（金）	参加実習（自由遊び）	片づけ，掃除，実習反省会　14:50 部分担任実習，指導案について	実習日誌提出（翌日）
9/11（月）	参加実習	参加実習 実習反省会　15:00～	
9/12（火）	部分指導実習（登園時の活動）	参加実習 部分指導実習，指導案について 15:00～	指導案提出 実習日誌提出
9/13（水）	部分指導実習（登園時の活動）	参加実習 部分指導実習反省会　15:00～	指導案有 実習日誌提出

7　実習訪問指導

　実習訪問指導は，それぞれの養成校が指導上の問題点や課題を個々の実習生から見いだすよい機会となります。また，養成校の教員自身が実際の保育現場の状況や雰囲気を自分の目で確かめ，養成校での指導に役立てることができるたいせつな機会でもあります。

　養成校は，実習を依頼する立場から，実習先に多くを求めることに遠慮がちになると思われますが，個々の実習生のようすについては，事前にしっかりと把握しておき，それぞれの課題等を実習先にしっかりと伝えておくことが必要となるでしょう。

8　実習評価の付け方

　実習評価については，実際の子どもへの対応や技術的な面，態度等が目につきやすく，評価自体がその部分にかたよってしまうことが多いのですが，実習日誌，指導案等に記載された実習生の子ども観や保育観の変化と成長を読み取って，両者の整合性を十分に考慮し評価するように心がけています。また，担任，副担任が協議し評価を出すようにしています。

　本園の場合，養成校でも指導案，教材研究等の指導を行っており，園での実習評価を80％，養成校での評価を20％とし，トータルしたものを最終評価としています。

9　実習生に伝えたい，身につけてほしいと思ってとくに指導していること

　最初の実習の場であるため，保育技術的な部分よりはむしろ，保育者としての子ど

も観，保育観について考え学ぶことを重視すると同時に，次の実習に出た場合や実際に現場に出たときに必要な実習態度などの基本的なことについて指導しています。

子ども理解においては，子どもの目線に立ってものごとを考え，感じ取れるようになるために自分自身の感性を高めることの必要性，発達理解や子どもの心の動きに注目することなどを伝えています。とくに発達障害などをもつ子や気になる子への正しい理解のしかたや対応について学んでほしいと願っています。

態度的な面では，あいさつや人との対応についての基本的マナーは当然のこととして身につけておかなければならないことであり，子どもや保育者，保護者に対して謙虚に対応することも指導しています。

また，実習クラスでは，4，5人のグループで実習することになるため，その中でお互いが連携，協力し合いながら，チームとして保育することのたいせつさを学んでもらいたいと思っています。

10　よりよい実習をするための意見，改善案

保育者をめざす学生は，「子どもが好きだ」という気持ちを強くもっているため，実際に子どもとかかわることのできる実習の機会に対して大きな期待をもって臨むのが当然です。指導する保育者自身も実習生として学んだことをふり返り，より有意義な実習となるようにその指導にあたることはもちろんですが，現場の実情や保育者自身の多忙さによってなかなかその通りにいかないのが現状です。

実習は，将来保育者となる学生が，子どもたちとのかかわりを通して実際に学ぶ場といえます。そういう意味では，たんに実習担当者から学ぶだけではなく，子どもたちから学ぶことがとてもたいせつです。その学びを有効かつ豊かにするためには，いかに実習生を指導するかというよりは，実習担当者自身の保育に対する姿勢や豊かで充実した子どもたちの園生活そのものをどうするかということが大きな課題となってきます。保育を行いながら実習生を指導するのはとてもたいへんですが，保育者自身が自分の保育をより充実させ，保育者としての力量を高めるためのよい機会であることをしっかりと自覚し，責任をもって実習指導にあたることがたいせつではないかと思います。また，実習生自身の実習の場における責任，園側の責任，養成校側の責任が，それぞれしっかりと自覚され，三者によって共通理解されていることが必要となるでしょう。

実習は，ある部分枠にはめられたカリキュラムの1つとして学生が経験しなければならないものです。保育理念や保育理論，保育実技等について学ぶ姿勢が当然求められますが，実体験による人と人との関係性や感性を最も求められるのが保育現場です。

実習以前にこのような経験をいかに多く積み上げ，実習をより豊かな学びの場にするかが大きな課題となるのではないでしょうか。これらは実習生自身に求められると同時に，養成校においては，学生の自発的な活動やグループ活動，自然環境にふれる等の経験を日常的に引き出していくことを積極的に行ってほしいと思います。

第4節 公立保育所の事例

1 実習を受け入れる体制づくり

(1) 実習を受け入れるための雰囲気，実習担当者を育てる雰囲気づくり

職員全員で実習生を育てるという意識のもと，手本である職員一人ひとりが自分の言動に気をつけたり，実習生に対し明るくあいさつをしたり言葉をかけたりしていこうと話し合い，明るく，温かい雰囲気づくりに心がけています。

また，実習生の受け入れは，「自分の日々の保育をふり返る良き機会。学びの良き機会。保育所の質の向上につながる良き機会」との共通理解を図り，実習担当者が意欲的に実習生を受け入れようとする気持ちをはぐくんでいます。

(2) 実習を受け入れる流れ

保育実習連絡協議会事務局（県下6校）の担当者より，行政センター地域福祉課こども福祉係の担当者に実習依頼があり，担当者が地域の保育所に振り分けて各保育所の承諾を得ます。個人的に保育所に依頼があった場合は所長判断で受け入れますが，必ず行政担当者に報告します。

2 実習指導体制

事前に実習担当者には，所長，副所長，先輩保育士が実習指導のあり方を伝えます。また，ふだんから「報告・連絡・相談」をたいせつにし，実習担当者にとって負担にならないよう，1人で抱え込まない体制づくりに心がけています。所長，副所長は実習日誌や実習内容で日々のようすを把握し，実習担当者の思いを聞いたり，相談に乗ったりしてサポートしています。

3 実習生配属クラス，担当者の選定

■園・施設の状態から　養成校や実習生の意向をもとにクラスを決めますが，3，4，5歳児の縦割り保育のため，年長児希望の場合は年長児担任の縦割りグループの配属

となります。
　また，担当者の選定は正規保育士とし，若いから不安，経験があるからよい指導者と考えず「どの保育士にとっても資質向上の良き機会」ととらえています。
■**実習生の状態から**　実習の経験が初回であれば，未満児クラス，2回目であれば以上児クラスを基本とし，短期大学（以下，短大）の2年，4年生大学（以下，四大）の4年生であれば，4，5歳担当のクラスが望ましいと考えています。また，男子学生には男子本来の良さを発揮できる，以上児クラスに配置するようにしています。
■**園の考え方として**　基本，1人の実習生に対し，実習担当者は1人とし，じっくりと同じクラスで学んでほしいと考えています。当保育所は縦割り保育であるため，グループ活動の中で3，4，5歳児の発達の違いをとらえ，年齢活動では，同年齢の姿や個人差をとらえてほしいと考えています。

4　実習の事前指導について

■**養成校との連携**　窓口は副所長とし，所長の確認を得た上で，養成校からの名簿と手引きを参考に受け入れています。
■**実習生の事前訪問**
　・事前訪問は，実習前1～2週間が適しています。
　・保育所ガイド，保育課程，年間計画，月案，デイリープログラムなどをもとに，保育所の理念，方針，目標，子どもの姿，活動，遊びなどを説明し，保育所理解を図るとともに，日程，諸注意，心構えなどについて話します。また，温かく受け入れ，実習意欲につなげています。
　・所長は簡単なあいさつをし，おもに副所長が具体的な説明を行い，実習担当者は自身の勤務形態や保育所行事に合わせ，実習日程を打ち合わせます。

5　実習生の目標・実習内容について

■**初めての実習生に対して（短大1年生，四大2年生）**　観察・参加・部分実習を通して，保育所の生活の流れや乳幼児の発達段階を理解し，一人ひとりに寄り添ったかかわりのたいせつさに気づきます。
■**2回目の実習生に対して（短大2年生，四大3，4年生）**　部分・全日実習（指導実習）を行い，基本的な援助や指導のしかたを身につけます。
■**3歳未満児実習で経験してほしい内容**　生活面（食事，着脱，排泄・睡眠）の補助や，室内・戸外遊びへの参加・部分実習を行う中で，月齢差・個人差を理解し，一人ひとりに寄り添った援助やかかわり方を学んでほしいと思います。

■**3歳以上児実習で経験してほしい内容** 絵本，手遊び，歌，集団遊びなどの指導実習を行う中で，指導時の配慮やかかわり方を学んでほしいと思います。また，早朝・延長保育に参加実習し，子どもの心情に寄り添う体験をしてほしいと思います。

■**異年齢クラスで経験してほしい内容** 登所，降所時の保育に参加実習し，保護者への対応を学んでほしいと思います。また，集団・ゲーム遊びなどの指導実習を行う中で，年齢差に配慮した援助やかかわり方を学んだり，異年齢の中での育ち合いに気づいたりしてほしいと思います。

■**卒業年度（短大2年生，四大4年生）で経験してほしい内容** 部分実習2回以上，全日実習1回は経験してほしいと思います。また，親子サークル，老人会とのふれあい活動，早朝・延長・土曜保育への参加実習を通し，家庭や地域社会と連携した保育所の役割を理解し，保育士としての仕事にやりがいを感じてほしいと思います。

6 実習の実際

(1) 3歳未満児実習の場合（初めての実習）

【全体日程】

日程	実習内容		備考
	午前	午後	
5/25（月）事前訪問	職員へのあいさつ 施設見学 オリエンテーション 実習指導者との打ち合わせ		保育所ガイド 保育計画，デイリープログラム
6/1（月）初日	朝の打ち合わせ（毎日） 8:20 紹介式 10:00 担任の保育の観察	食事参加 11:30 片づけ，掃除 12:30 1日のふり返り（毎日）16:30	資料持参
6/2（火）	担任の保育の観察・補助	遊具消毒の補助，園庭整備	
6/3（水）	登所時の受け入れ おやつ後に手遊び	食後の片づけ，掃除 排泄，着脱，午睡の補助	
6/4（木）	参加実習（登所〜遊び〜朝の集まりで歌と手遊び）	参加実習（おやつ，食事，午睡）遊具消毒の補助	
6/5（金）	園外散歩（お散歩補助）午睡準備（布団敷き）	参加実習（午睡〜おやつ後手遊び）園庭整備，1週間のふり返り	
6/8（月）	参加実習（早朝保育〜食事）	参加実習（食事〜降所）	指導案提出
6/9（火）	部分実習（絵本または紙芝居）	参加実習（食事〜降所）	指導案無
6/10（水）	部分実習（体操，リズム遊び）	参加実習（食事〜延長保育）	指導案有
6/11（木）	参加実習（登所〜食事）	部分実習（パネルシアター）	指導案有
6/12（金）	参加実習（登所〜食事）	お別れ会，全体反省会 16:00〜	

(2) 3歳以上児実習の場合（2回目の実習）

【全体日程】

日程	実習内容		備考
	午前	午後	
5/25（月） 事前訪問	職員へのあいさつ　施設見学 オリエンテーション 実習指導者との打ち合わせ		保育所ガイド 保育計画，デイリープログラム
6/1（月） 初日	朝の打ち合わせ（毎日）　8:20 紹介式　10:00 担任の保育の観察	観察・参加実習　13:00～ 1日のふり返り（毎日）　16:30	資料持参
6/2（火）	参加実習（登所～遊び）	片づけ，掃除，降所時に紙芝居	
6/3（水）	参加実習（登所～遊び～集まりで手遊び）	給食・排泄・午睡の補助 降所時に手遊び	指導案提出
6/4（木）	参加実習（保健師の口腔衛生指導・親子サークル）	参加実習（食事～降所） 園庭の環境整備	指導案無
6/5（金）	参加実習（絵本読み聞かせ）	1週間のふり返り　16:00	指導案無
6/6（土）	参加実習（土曜保育）	参加実習（土曜保育）	指導案無
6/8（月）	参加実習（早朝保育～）	部分実習（帰りの集まり）	指導案有
6/9（火）	部分実習（登所～朝の集まり）	参加実習（食事～延長保育）	指導案有
6/10（水）	誕生会での出し物	参加実習（食後～降所）	指導案無
6/11（木）	全日実習（登所～）	全日実習（年齢別製作）	指導案有
6/12（金）	参加実習（登所～）	お別れ会，全体反省会　16:00～	

【1日の流れ】

時間	子どもの活動	担任保育者の援助・配慮	実習生の動き
7:00	○登所する	○子ども一人ひとりに元気にあいさつをし，健康観察をする	○所持品の始末，手洗い，うがいを見守り，手助けをする
	○自由に遊ぶ	○遊びのようすや子どもどうしのかかわりを見守り，一人ひとりの状態を把握する	○子どもの遊びを援助する
10:30	○片づけをする		○子どもといっしょに片づける
10:45	○集まり（縦割り）		
	○食事準備をする		○食事準備の補助をする
11:45	○食事をする	○食事中の姿勢やマナーを個々に応じて言葉をかける	
			○食後の掃除をする
13:00	○年齢別活動	○活動のなかでの子どもの発見，気づきに共感・共有する	○年齢別活動に参加し，必要に応じて子どもの援助をする
14:00	○自由に遊ぶ		

15:00	○おやつを食べる		○おやつ準備の補助をする
16:00	○降所準備をする		
	○順次降所する	○明日への期待がもてる言葉かけやあいさつをする	○降所する子どもに笑顔であいさつをする
18:00	○延長保育をする		

7　実習訪問指導

　対応は所長が行います。事前に連絡があれば，実習内容に合わせることができるとともに，部分，全日実習時の訪問は，実習状態が把握でき，有意義だと思います。保育所にとっては，教員から実習生の学校でのようすを聞くことは，実習生理解につながり，評価する上で参考になります。

　また，双方の現状を話し合い，理解し合える良き機会ととらえています。

8　実習評価の付け方

　実習担当者が案を作成し，その案をもとに実習担当者，所長，副所長が話し合って評価します。「日々めあてをもち，反省，課題を活かしていた。明るい，積極的な態度であった」などは高い評価となります。また，どの実習生にも将来的な可能性を信じて評価し，よほどでない限り最低評価は付けません。

9　実習生に伝えたい，身につけてほしいと思ってとくに指導していること

　うまくいかず落ち込む実習生がいますが，「失敗してもいいよ，失敗したほうが問題点・課題が見える。それを次に活かせばいいよ」と伝えています。

　また，「子どもといっぱい遊んでね」と伝えています。子どもと遊び寄り添うことで，子どもの姿，子どもの思いに気づくと考えています。

　※「保育所保育指針」『保育の友』『実習日誌の書き方』を参考にしています。

10　よりよい実習をするための意見，改善案

　実習では保育士への夢をより高めてほしいと願っていますが，現実は厳しいものがあります。現場の保育士も日々研鑽している状態です。送り出す側，受け入れる側が，これからの人づくりととらえ，「完璧さを求めない，長い目で可能性を信じて育てる姿勢」がたいせつだと思います。それには，養成校と保育所が本音で語り合い，課題に真剣に取り組む体制づくりが必要だと思います。

第5節 私立保育所の事例

1 実習を受け入れる体制づくり

(1) 実習を受け入れるための雰囲気，実習担当者を育てる雰囲気づくり

　実習生を受け入れることは，自分の保育を見直すよい機会です。実習生の気づきが，日ごろあたり前に行っていることの意義を再確認し，かかわりや配慮について考えるきっかけとなります。また，実習生が実習後に楽しかった，有意義なものであったと感じられるような職員のかかわりと配慮がいろいろな場面でたいせつです。これを園全体で共通理解し，実習生を迎え入れる雰囲気をつくります。

(2) 実習を受け入れる流れ

　日程と人数は，市こども福祉課が調整を行います。承諾後，養成校より正式な依頼状が送付されます。

2 実習指導体制

　主任保育士が窓口となり，事前打ち合わせの日程等の連絡を取り合います。事前打ち合わせの際には，園長と主任保育士がオリエンテーションを行います。

　実習クラスや実習担当者は事前に決めておきます。オリエンテーションでのようすをふまえて，実習の内容や日程は実習期間中に話し合って決定します。

　日誌や指導案の指導は，原則実習担当者（クラス担任）に任せていますが，主任保

育士がサブとして実習担当者をサポートします。

3 実習生配属クラス，担当者の選定
■**園・施設の状態から**　実習の期間や日時等，依頼された日程で受けます。実習期間に園の行事が重なったり年度末であったりしても，そのときの状況に合わせた実習の計画をたてます。実習担当は，3年以上の経験をもった保育士が担当することが多いのですが，順にいろいろな保育士が実習担当として指導にあたる機会をもつようにします。

■**実習生の状態から**　実習を経験した学年（年齢）や回数，対象年齢を把握した上で，本人に実習のめあて等を聞きます。事前打ち合わせでの会話の内容や個性をみて，内容と指導案の有無や回数を園長，主任と実習担当者で話し合います。

■**園の考え方として**　限られた期間なので，1つのクラスでじっくりと子どもたちにかかわり，一人ひとりの子どもへの理解を深めてもらいたいと考えます。指導案作成は，実習のようすをみながら柔軟に対応しています。

4 実習の事前指導について
■**養成校との連携**　養成校より送付される依頼状と手引きを見て，実習内容と方法を確認します。必要であれば，養成校に問い合わせをします。

■**実習生の事前訪問**　事前訪問は1か月から2週間前までに終えることが望ましいと考えます。訪問する時間帯は園児の登降園以外でお願いしています。

　園長が，保育方針や目標，デイリープログラムなどを示したパンフレットを中心に園の概要を話します。また，本人の希望を聞きながら，早番や遅番等の勤務体制のようすも経験できるように調整します。

　実習時は毎日出勤簿に捺印し，前日の日誌を実習担当者に提出するように知らせます。指導案については，これまでの経験や本人の希望を聞きながら，回数や形態（部分実習，全日実習），日程は実習中に実習担当者と決めます。

　あいさつは気持ちよく，元気に行うことを第一に伝えます。その他，勤務時間や服装，持ち物等の確認をします。通勤手段を聞いた上で，通勤時の服装を指定します。活動時は動きやすい服装で実習することを伝えます。早朝・延長保育の勤務や土日の行事には，希望を聞きながら参加の有無を決めます。給食は主食を持参してもらい，最終日に副食等の給食費を徴収することの了解を得ます。わからないことがあれば，何でも聞いてすぐに解決していくことを心がけ，有意義な実習になるよう伝えます。

　園長または主任と施設全体の見学をし，担当クラスと担任の紹介をします。

打ち合わせをしながら，プロフィールも参考にして，実習生の個性を把握するようにします。

5 実習生の目標・実習内容について

■**初めての実習生に対して（短大1年生，四大2年生）** 参加実習を主とします。その中で，手遊びやピアノ，絵本の読み聞かせなど得意なことをしてもらいますが，指導案の作成はなしとしています。実習日誌は実習の経過に合わせてめあてをもち，そのめあてについてどうであったかについて記載がされているかをポイントにして指導します。

■**2回目の実習生に対して（短大2年生，四大3，4年生）** 参加実習から始まり，2週目からは部分実習を1回，最終日またはその前日に全日実習ができるように指導案を作成し，指導します。

■**3歳未満児実習で経験してほしい内容** 保育士の子どもへのかかわりや援助について，方法やその意味を考えてほしいと思っています。また，一人ひとりの発達段階に応じたかかわり方を知り，実習生自身が実際にかかわり子どもへの理解を深めてもらいたいと考えます。

■**3歳以上児実習で経験してほしい内容** 子どもどうしのかかわりや集団の中での一人ひとりの育ちを感じ，自分がかかわったときの子どもの心情を考察し，援助方法やその配慮を探ってほしいと思います。そして，指導案を作成することにより，子どもの姿を考慮した活動内容選びや全体を意識した指導時の配慮やかかわりを，考える機会としてほしいと思います。

■**異年齢クラスで経験してほしい内容** それぞれの年齢の育ちを感じ，子どもどうしが互いにどのように刺激を受けながら生活しているかを理解し，その育ち合いのようすやかかわり方を知ってほしいと思います。

■**卒業年度（短大2年生，四大4年生）で経験してほしい内容** 就職間際であり，最後の実習であるため，就職後の保育士としての自分をイメージして，実践で活かせるような自分の得意技（手遊びやピアノ，ダンスなど）をできるだけたくさん，子どもたちといっしょに行い，そのやり方と内容を考えてほしいと思います。

6 実習の実際

(1) 3歳未満児実習の場合（初めての実習）

【全体日程】

日程	実習内容		備考
	午前	午後	
6/1（月）初日	朝の打ち合わせ 8:30 各クラスへのあいさつ（紹介） クラスでの紹介（集まり） 担任の保育の観察，補助 参加実習	参加実習（登園〜） 実習日程等の打ち合わせ 12:30 3歳以上児クラスでの保育補助 （自由遊び）13:00〜14:00 反省，明日の打ち合わせ 17:00 片づけ，掃除，明日の打ち合わせ	資料持参
6/2（火）	参加実習（給食〜降園）		
6/3（水）	参加実習（登園〜）	参加実習（＋紙芝居）	
6/4（木）	参加実習（登園〜遊び）	参加実習（給食〜降園）	
6/5（金）	お散歩補助	1週間のふり返り 13:00	
6/8（月）	参加実習（早朝保育〜）	参加実習（給食〜降園）	
6/9（火）	部分実習（手遊び）	参加実習（給食〜降園）	指導案無
6/10（水）	部分実習（パネルシアター）	参加実習（〜延長保育）	指導案無
6/11（木）	参加実習（登園〜遊び）	部分実習（手遊び）	指導案無
6/12（金）	参加実習（登園〜遊び）	全体反省会 13:00〜 参加実習（＋読み聞かせ）	指導案無

(2) 3歳以上児実習の場合（2回目の実習）

【全体日程】

日程	実習内容		備考
	午前	午後	
6/1（月）初日	朝の打ち合わせ 8:30 各クラスへのあいさつ（紹介） 8:45 クラスでの紹介（集まり） 11:00 参加実習	参加実習 13:00〜 片づけ，掃除 16:30 反省会，実習日程の打ち合わせ 17:00	資料持参
6/2（火）	参加実習（登園〜）		
6/3（水）	参加実習（登園〜）		
6/4（木）	参加実習（登園〜遊び）	参加実習（〜延長保育）	
6/5（金）	参加実習（早朝保育〜）	部分実習（紙芝居） 1週間のふり返り 17:00	指導案無 部分指導案提出
6/8（月）	部分実習（手遊び）	参加実習（〜降園）	指導案無

6/9（火）	参加実習（登園〜）	部分実習（給食時間）	指導案有 全日指導案提出
6/10（水）	参加実習（登園〜）	部分実習（ゲーム）	指導案無
6/11（木）	部分実習（パネルシアター）	参加実習（〜降園）	指導案無
6/12（金）	全日実習（登園〜）	全日実習（〜降園） ※「製作活動」公開保育 全体反省会　13:00〜	指導案有

※その他，必要（要望）に応じて，手遊びや読み聞かせ等を随時組み込む。

【1日の流れ】

時間	子どもの活動	担任保育者の援助・配慮	実習生の動き
7:00	○登園する ○自由に遊ぶ	○子ども一人ひとりに元気にあいさつをして視診する ○子どもが好きな遊びを選び活動できる環境を整える	○所持品の始末を手伝う ○子どもの遊びに対して援助する
10:45	○片づけをする		
11:00	○集まる		○集まりに参加する
11:30	○給食の準備をする	○当番が準備するようすを見守り，援助する	○給食当番といっしょに給食の準備をする
13:00	○自由に遊ぶ		
14:00	○年齢別の活動をする	○年齢別のカリキュラムに沿って子どもたちに明確な課題を設定する	○年齢別活動に参加し，担任の補助をする
15:00	○おやつを食べる		
15:45	○降園準備をする ○降園する	○1日のふり返りをし，明日への期待がもてるようにする	○所持品の始末を手伝う
18:00	○延長保育をする		○1日の活動を反省し，明日の活動について知る

7　実習訪問指導

　時間や回数を問わず，子どもとともに活動している姿を見てもらいたいと思います。実習生も，養成校の先生の顔を見るとほっとして，安心できるようです。励ましの言葉をかけてもらうことで，実習意欲が高まると思います。

8　実習評価の付け方

　実習態度が評価を決める大きな要因となります。実習の経験の有無にかかわらず，わからないことをそのままにしないことやアドバイスを素直に聞くことができたり，向上心が感じられると評価は高くなります。実習担当者が主任と相談し，おおまかに

評価をした後,最終は園長が決定します。

9 実習生に伝えたい,身につけてほしいと思ってとくに指導していること
　一人ひとりの子どもにていねいにかかわりながら,子どもの心情に寄り添い理解するすべを学んでほしいと思います。そのため,その子の発達段階や保育士が日ごろどのようなかかわりをしているか,これまでの発達経過などを伝え,活動内容やそのときのかかわりの意味を理解できるように心がけています。

　※保育雑誌や保育書を参考にしたり,それぞれ自分の経験をふまえながら指導しています。実習生が,現在養成校で学んでいるようすの内容も参考にしています。

10 よりよい実習をするための意見,改善案
　実習期間が限られているため,初日より参加実習をしてもらっています。夏季に自主実習をしたり,事前訪問時に観察実習をしたりすることにより,本実習には初日から抵抗や不安なく参加実習ができるのではないかと思います。実習先が決まったら,短い時間でも自主的に実習園の雰囲気やようすを感じることができる機会をもつとよいと思います。

第6節　公立こども園の事例

1　実習を受け入れる体制づくり
(1)　実習を受け入れるための雰囲気,実習担当者を育てる雰囲気づくり
　養成校および実習生（地元出身者）の要望に応じて受け入れ体制を整えています。こども園保育所部は未満児保育なので,1回目の保育実習生を受け入れ,幼稚園部は幼稚園実習希望者を受け入れています。正規職員においては,年に1回程度実習担当者となる準備をしており,実習担当者として実習生とともに保育することで,自分の保育を見直す機会ととらえています。

(2)　実習を受け入れる流れ
　こども園保育所部は,市の担当課より地域性や実習の経験などを考慮して,依頼があります。また,幼稚園部は地元出身者が個人的に依頼し,受け入れることが多いです。前年度に受け入れを内諾し,次年度に申し送っており,実習1か月前に事前打ち合わせを実施し,必要事項について確認しています。

2　実習指導体制

　実習に関することは，所長代理が窓口となり対応しています。養成校からの実習手引き書をもとに，養成校からの要望およびこども園の行事や日程を調整し，実習指導するための指導について，実習担当者に伝達しています。

3　実習生配属クラス，担当者の選定

■**園・施設の状態から**　保育所実習は保育所職員が担当し，幼稚園実習は幼稚園職員が担当しています。基本的に10年以上経験のある正規職員を実習担当者にあて，1年間に1回程度担当しています。

■**実習生の状態から**　対象実習種別により幼稚園部実習，保育所部実習と区分して受け入れていますが，実習生の個性（明朗活発，おとなしいなど）については，養成校からの連絡がない限り判断できません。実習生から実習希望年齢は聞きますが，園の状況を考慮し実習する年齢を決定しています。

■**園の考え方として**　0歳児保育から5歳児保育まで日常的に観察することで，乳幼児の発達段階を理解してもらいます。保育者として実際的な保育を体験するために，担当の年齢に応じた保育をじっくりと1つのクラスで実習し，基本的な援助や指導のあり方を身につけてもらいます。また，保育所と幼稚園の両方の機能をもっているこども園の目的を理解し，それぞれの仕事の内容を知ってもらいます。

4　実習の事前指導について

■**養成校との連携**　養成校からは，依頼状や手引き書などを郵送してもらい，確認しています。実習生には，自分のプロフィールなどの書類を持参してもらっています。

■**実習生の事前訪問**　実習1か月前に連絡を入れてもらい，園長および所長代理，実習担当者と打ち合わせをします。

　事前訪問時に実習生に渡して説明する書類としては次のものがあります。

・園の要覧：園児数，職員構成，沿革，年間行事などについて説明します。
・教育計画：教育目標，教育課程，年間指導計画，研修計画などについて説明します。
・勤務表：勤務時間，職員のシフト，早番遅番当番の仕事の内容などについて説明します。
・その他：担当クラス名簿，実習日程，実習期間中の教材などについて説明します。

　また，諸注意として，勤務態度，通勤手段の確認と駐車場，持ち物，持ち物の置き場所，服装，自分の名札，給食費の確認などをします。この際に，緊急連絡が必要な

場合があるので，携帯電話の番号を教えてもらいます。
　実習生からは，実習生プロフィール，出勤簿，健康診断証明書，守秘義務誓約書，実習評価票を受け取ります。
　その後，施設の見学をして，担当クラスを確認してもらいます。

5　実習生の目標・実習内容について

■初めての実習生に対して（短大1年生，四大2年生）　観察，参加実習を中心に実習します。
■2回目の実習生に対して（短大2年生，四大3，4年生）　参加実習や部分実習を3～4回と全日実習を2回程度行います。そのうち1回は公開保育実習とし，協議会をもちます。
■3歳未満児実習で経験してほしい内容　子どもの生活や発達についての理解です。また，保育者の仕事の内容も経験してもらいます。
■3歳以上児実習で経験してほしい内容　子どもの発達段階に応じた保育について，学んだ理論と実践の統合を図りながら，基本的な指導や子ども一人ひとりに応じた援助のあり方を身につけます。

6　実習の実際
(1)　3歳未満児実習の場合（初めての実習）

【全体日程】

日程	実習内容		備考
	午前	午後	
9/5（水）初日	あいさつ，スタッフへの紹介　8:30 朝の打ち合わせ 担任の保育観察，補助	片づけ，掃除 長時間保育補助 反省，明日の打ち合わせ　17:00	
9/6（木）			
9/7（金）	祖父母参観日		行事
9/10（月）			
9/11（火）		1週間のふり返り　17:00	
9/12（水）	参加実習（早朝保育～） 幼稚園観察	参加実習（給食～降園） 幼稚園預かり保育補助	指導案提出
9/13（木）	参加実習（登園～）	参加実習（給食～長時間保育）	
9/14（金）	部分実習（手遊び）	参加実習（給食～延長保育）	指導案有
9/18（火）	部分実習（絵本読み聞かせ）	参加実習（給食～降園）	指導案有
9/19（水）	部分実習（運動遊び）	全体反省会　16:00	指導案有

| 9/20（金） | | | 実習日誌提出 |

(2) 3歳以上児実習の場合（2回目の実習）

【全体日程】

日程	実習内容		備考
	午前	午後	
10/22（月）初日 〜 10/26（金）	あいさつ，スタッフへの紹介　8:30 朝の打ち合わせ 担任の保育観察，補助	園児紹介式　13:30 片づけ，掃除 預かり保育補助 反省，明日の打ち合わせ　17:00	
10/29（火）	参加実習（登園〜）	片づけ，掃除　預かり保育補助	
10/30（水）	参加実習（登園〜）	保育所長時間保育	
10/31（水）	保育所早朝保育 参加実習（登園〜）		
11/1（木）	半日実習（登園〜給食）		指導案有
11/2（金）	半日実習（登園〜給食）	参加実習（給食〜保育所延長保育）	指導案有
11/5（月）	部分実習（手遊びなど）		
11/6（火）	部分実習（楽器遊びなど）		
11/7（水）	発表会予行	職員会議（予行反省会）	行事
11/8（木）	部分実習（紙芝居など）		指導案有
11/9（金）	部分実習（運動遊びなど）	全体反省会　16:00	指導案有
11/10（土）			実習日誌提出

【1日の流れ】

時間	子どもの活動	担任保育者の援助・配慮	実習生の動き
8:30	○登園する ○自由に遊ぶ ○片づけをする ○排泄，手洗いをする	○子ども一人ひとりに元気にあいさつをして視診する ○昨日までの遊びのようすから，みずから遊びだせるように環境を整える ○遊びのようすを見て，遊具の片づけをうながす	○子どもにあいさつする ○所持品の始末を手伝う ○子どもの遊びに入り，担任の動きを観察しながら，補助したり，子どもを観察したりする
10:30	○年齢別の活動をする	○今からの活動について話をする	○担任の指示に従い補助したり，担任の動きや子どものようすを観察する

11:30	○給食の準備をし、給食を食べる	○今日の活動についてみんなでふり返る ○献立の紹介をし、マナーを守って食べるよう一人ひとりに配慮する	(部分実習を担当する) ○給食の準備や後片づけの手伝いをする
13:00	○降園準備をする	○身だしなみが整っているか確認し、明日の遊びに期待をもって降園できるように話をする	○身だしなみが整っているか確認する
14:00	○降園する		

7 実習訪問指導

園長および所長代理が対応します。養成校教員の方に、実習日程について説明して実習のようすを観察してもらい、実習生を励ましてもらいます。その中で、養成校でのようすや実習生の性格や特技などの情報や、とくに実習生の態度などで気になる部分があれば話を聞かせてもらいます。実習担当者から評価についての質問があればうかがいます。

8 実習評価の付け方

養成校によって評価票の書き方が違うので、園長、所長代理、実習担当者で基準にすべきことについて話し合い、確認します。実習担当者が、実習生の実習態度や実習日誌、保育指導、実習協議会での発言などについて評定します。実習担当者の評定をもとに、実習生の実習経験を考慮し決定します。

9 実習生に伝えたい、身につけてほしいと思ってとくに指導していること

社会人としての態度について指導します。保育現場の多様な職務内容や役割を、職員間のチームワークの中で体験し、理解できるようにします。

子どもの発達段階を知り、集団的個人的側面から理解できるようにします。そして、自分なりの課題をもち、積極的に子どもとかかわることで、適切な援助のしかたを学ぶようします。

実習日誌の記載で実習生の疑問点や反省点があった場合は、その都度、実習担当者が話し合いをもつようにします。

　※基本的には、養成校からの実習手引き書を参考にします。公立の施設であるということから、「保育所保育指針」「幼稚園教育要領」に基づいて実習します。

10　よりよい実習をするための意見，改善案

実習生の意識の有無で，実習する意味が大きく左右されると思います。実習生は自分なりの課題をしっかりもち，どんなことに挑戦したいかを具体的に考えて実習に来てほしいと思います。

第7節　私立こども園の事例

1　実習を受け入れる体制づくり

(1) 実習を受け入れるための雰囲気，実習担当者を育てる雰囲気づくり

実習依頼があった際は，できるだけ受け入れるようにしています。時間的に余裕がなく，指導が負担となることがありますが，幼稚園教諭や保育士の仕事のすばらしさやむずかしさとともに，当園の教育方針等を知ってもらう，いいきっかけになると考えています。また，実習生の指導を通して客観的に子どもを見たり，日ごろの自分の保育を見直したりと，保育者自身の資質向上にもつながると思います。実習生の新鮮な考え方に出会うことで初心を思い出し，よい刺激になることもあります。

(2) 実習を受け入れる流れ

まず，学生本人からの依頼を電話等で受けた後，養成校からの正式な依頼を受けます。また，保育園の部では，大学から市役所に依頼があり，その後学生の割り振りの発表があることもあります。

実習生の性別・年齢などにはこだわりませんが，本人が卒園生の場合は優先的に受け入れています。人数が多すぎる場合は断ることもあります。

2　実習指導体制

実習生受け入れの窓口は教頭です。実習の打ち合わせはおもに教頭が担当しますが，主任が代わることもあります。実習に関するマニュアルはとくにありませんが，実習担当者からは1日の報告を受け，また実習指導の際の問題に関しては，先輩保育者に相談することとし，園全体で指導にあたるようにしています。

3　実習生配属クラス，担当者の選定

■園・施設の状態から　実習時期は，6〜7月，9〜11月ごろが望ましいと思われます。運動会や生活発表会などの大きな行事もありますが，園全体で取り組んでいるようす

を現場の生の姿としてとらえることができ，実習生にとってよい経験になると思います。

担当学年は，実習生の希望を一応参考にしています。実習担当者の経験や指導力等を考慮し，園側で決めています。養成校のほとんどは「指導（部分）実習」の時間があるため，クラス担任がその指導を行います。園長，教頭，実習担当者が「指導実習」，反省会等に参加し，総合的な指導にあたります。

受け入れ人数については，当園の幼稚園の部は7クラスあり，1～5人程度受け入れ，1年以上経験のある保育者が指導にあたるようにしています。実習生の人数によっては，初任者も担当することがあります。

■**実習生の状態から**　実習段階，年齢などにはこだわりませんが，自覚をもって実習に臨んでほしいと思います。謙虚な姿勢，素直さが何よりもたいせつだと思います。

■**園の考え方として**　幼保連携型のこども園として，さまざまな子どもの育ちを知ってもらうために，幼稚園の部（3，4，5歳児）の実習（見学），保育園の部（0，1，2歳児）の見学（実習）があります。当園の教育方針等も理解してもらえると考えます。

幼稚園の部の実習の流れは，以下のようになります。

・前半：各学年のクラスに入り，子どもの発達をとらえる（できるだけ3→4→5歳児の順）。
・後半：担当学年のクラスに入り，じっくりと子どもと向き合い，指導実習をする。
・保育園の部を見学する。

また，保育園の部の実習も可能です。流れは同様です。

・前半：2→1→0歳児のクラスで子どもの発達をとらえる。
・後半：担当年齢のクラスで指導実習をする。
・幼稚園の部を見学する。

4　実習の事前指導について

■**養成校との連携**　実習内容の確認（依頼状，手引き，指導案の有無，評価票等）が必要です。実習担当者からは特別に配慮が必要な実習生には，事前に具体的な説明が必要となります。

■**実習生の事前訪問**　事前訪問は実習の1～2か月ほど前で子どもが降園してからの15～16時がよいと思います。実習生への対応は，教頭が職員室にて対応します。実習の開始・終了時間，実習の流れ，持ち物，給食，日誌等について打ち合わせをした後，施設の見学をします。クラスの子どもたちには，実習が始まってから自己紹介やあい

さつをしてもらいます。

　園の方針等については，実習生には園のパンフレットをもとに説明します。具体的なことは保育の現場に入ってからいろいろ学んでもらいます。

　初日は職員室で園長，教頭を含め，改めてあいさつ，打ち合わせをし，観察クラスに分かれます。実習日誌は家で記入し，翌朝出勤した際に前日の記録（日誌）を所定の場所（職員室）に提出，出勤簿に押印，担当クラスに分かれます。指導実習は，実習のまとめとして最終日近くに行います。指導案は部分実習1週間前には提出し，実習担当者の指導を受けます。以上の実習日程を伝えます。

　態度，服装については，実習生らしく真面目な態度と服装（持ち物，履物，髪形，化粧等も）が求められます。子ども，職員だけでなく，保護者に対しても明るいあいさつをし，みずから仕事を見つけて積極的に取り組んでほしいことを伝えます。

　通勤手段はできるだけ徒歩，自転車，公共交通機関を利用し，自家用車の場合は駐車場の関係から，1〜2台に限られていること，また本人も周囲の人もけがのないよう心がけてほしいことを伝えます。

5　実習生の目標・実習内容について

■初めての実習生に対して（短大1年生，四大2年生）　観察，参加実習を経験し，記録をたくさんとることを心がけてほしいと思います。

■2回目の実習生に対して（短大2年生，四大3，4年生）　観察，参加，指導実習を1〜2回行います。1回目よりも気づきが多くなるように，ふだんの学びを実際に経験する場にしてほしいと思います。

■3歳未満児実習で経験してほしい内容　おもに生活面（食事，着脱，排泄，睡眠など）の観察，補助を通して，子どもの生活や発達について理解してもらいます。その後，指導実習を1〜2回行います。

■3歳以上児実習で経験してほしい内容　生活面の他に，遊び面（歌，手遊び，お話，リズム遊び，集団遊びなど）の観察，参加を通して，子どもの発達について理解してもらいます。その後，指導実習を1〜2回行います。

■卒業年度（短大2年生，四大4年生）で経験してほしい内容　就職間際の最後の実習として，観察，参加，指導実習2〜3回。自分なりのテーマをもっての指導。

　※指導実習は，園長，教頭，実習担当者が参加します。他の実習生と保育を見合うこともあります。

6 実習の実際
(1) 3歳未満児実習の場合（初めての実習）

【全体日程】

日程	実習内容		備考
	午前	午後	
6/1（月）初日	朝の打ち合わせ　8:30 担任の保育の観察	給食参加　12:00 見学　13:00 反省, 明日の打ち合わせ　16:30	資料持参
6/2（火）	担任の保育観察・補助	片づけ, 掃除, 打ち合わせ	
6/3（水）	登園時の受け入れ 集まりで手遊び	給食・排泄・午睡補助 おやつ後に紙芝居	
6/4（木）	参加実習（登園〜遊び）	参加実習（給食, 午睡等）	
6/5（金）	参加実習・お散歩補助	1週間のふり返り　16:30	
6/8（月）	参加実習（登園〜遊び）	参加実習（給食〜降園）	
6/9（火）	参加実習（早朝保育〜）	参加実習（給食〜降園）	
6/10（水）	参加実習（登園〜遊び）	参加実習（給食〜延長保育）	
6/11（木）	指導実習（テーマ自由）	参加実習（給食〜降園） 指導実習の反省会	指導案有
6/12（金）	参加実習（登園〜遊び）	全体反省会　16:30	

【1日の流れ】

時間	子どもの活動	担任保育者の援助・配慮	実習生の動き
7:00	○（早朝保育）	○登園時の健康状態を把握, 各担任に伝達する	○所持品の始末を手伝う
8:30	○登園する		○環境を整える手伝いをしたり, いっしょに遊んだりする
	○好きな遊びをする	○遊びやすいように年齢に合わせた環境を整えたり, いっしょに遊んだりする	
9:45	○手を洗い, おやつを食べる	○発達に合った活動を計画し, いっしょに楽しんだり, 危険のないよう見守ったりする	○トイレの援助, 手洗いの手助けをする
	○体操, 歌, 手遊び, 散歩等を楽しむ		○保育の補助をしたり, 散歩に出かけ, 危険のないよう見守ったり援助する
12:00	○給食の準備・給食を食べる ○片づけをする	○手洗い・うがいの声をかけたり, 援助をしたりする ○いっしょに食事をしてマナーを知らせたり, 楽しく食べたりする	○子どもたちと楽しく食事したり, 片づけを手伝ったりする

時刻			
13:00	○着替えをする	○トイレに誘い，排泄後パジャマの着替えをなるべく自分でできるよう援助する	○着替えを手伝う
	○午睡をする	○お話などでゆったりとした気持ちで午睡に誘うようにする	
15:00	○手を洗い，おやつを食べる		
	○好きな遊びをする	○けがのないように遊びの環境を整える	○コーナーで手遊びやお話をする
16:30	○健康観察を受け，あいさつをして降園する	○1日のようすを伝え，保護者が安心していっしょに降園できるよう配慮する	
18:00	○長時間保育	○ゆったりとした環境で楽しく過ごせるようにする	○片づけ，掃除，翌日の準備の手伝いをする
	○（延長保育）		

(2) 3歳以上児実習の場合（2回目の実習）

【全体日程】

日程	実習内容		備考
	午前	午後	
6/1（月）初日	朝の打ち合わせ 8:30 担任の保育の観察	参加実習 13:00 反省，明日の打ち合わせ	資料持参
6/2（火）	参加実習（登園〜）	片づけ，掃除，打ち合わせ 16:30	
6/3（水）	参加実習（登園〜）	給食・排泄・午睡補助 降園時に手遊び・紙芝居など	
6/4（木）	参加実習（登園〜）	参加実習（給食〜降園） 降園時に手遊び・紙芝居など	
6/5（金）	参加実習	1週間のふり返り 16:00	
6/8（月）	参加実習（早朝保育〜）	参加実習（給食〜降園） 降園時に手遊び・紙芝居など	
6/9（火）	指導実習（テーマ自由）	参加実習（給食〜延長保育） 指導実習の反省会	指導案有
6/10（水）	参加実習（当園〜）	参加実習（給食〜降園） 降園時に手遊び・紙芝居など	
6/11（木）	指導実習（テーマ自由））	参加実習（給食〜降園） 指導実習の反省会	指導案有
6/12（金）	参加実習（登園〜）	全体反省会 16:00	

【1日の流れ】

時間	子どもの活動	担任保育者の援助・配慮	実習生の動き
8:00	○登園する ○好きな遊びをする	○子ども一人ひとりに元気にあいさつをして視診する ○好きな遊びが見つかるように環境を整えたり，いっしょに遊びながら再構成したりする	○所持品の始末を手伝う ○子どもの遊びに対して援助する ○危険のないように見守ったり，いっしょに遊んだりする
10:00	○片づけをする ○集まる		
10:30	○みんなといっしょの活動をする	○子どもに合った活動を計画し，指導・援助する	○保育の補助をしたり，困っている子どもの援助をしたりする
12:00	○給食の準備・給食をいただく ○片づけをする	○楽しく，気持ちよく食事ができるように手洗い・準備の声をかけたり，いっしょに食事したりする ○危険のないように見守ったり，いっしょに片づけたりする	○配膳，片づけの援助をする
13:00	○好きな遊びをする ○片づける ○降園準備をする ○お話を聞く（見る）	○楽しいお話をしたり，今日の遊びをふり返ったりし，落ち着いた気持ちで降園できるようにする	○手遊びや紙芝居などをする ○片づけ，掃除，翌日の準備の手伝いをする
14:30	○降園する ○（預かり保育）		

7　実習訪問指導

養成校教員の実習訪問指導については，期間中いつでも可能ですが，あらかじめ訪問日時の連絡があると十分な対応ができます。面談にはおもに園長があたります。実習のようす，養成校でのようす等の情報交換をしたり，問題がある場合には相談したりします。学校でどのようなことを学んできたのか，態度はどうであったのか等の情報を得ることで，指導の参考にしたいと考えます。

8　実習評価の付け方

園長，教頭，実習担当者等が実習における態度や取り組み，子どもとのかかわり等を見ています。保育技術の有無よりも，意欲や謙虚で素直な態度，一生懸命さ等がその後に保育者として伸びていく必要条件と考え，実習担当者と教頭が話し合いながら評価します。その際，園長のアドバイスも受けています。

9　実習生に伝えたい，身につけてほしいと思ってとくに指導していること

　子どものすばらしさや可能性，保育の意義，かけがえのない個性をもった子どもとていねいに向き合うこと，子どもが今何を望んでいるのか，どの部分が伸びようとしているのか，何ができそうなのか等をとらえ，指導の計画を立てることです。謙虚で素直な姿勢で前向きに取り組むことがたいせつです。それが保育の仕事だけでなく，社会に出てからも，自分を伸ばしていくことになると思います。

　※「幼稚園教育要領」「保育所保育指針」を参考にしましょう。

10　よりよい実習をするための意見，改善案

　養成校では，実習に臨む際の態度，意欲，服装，髪型，化粧等について，具体的な事前指導があるとよいと思います。また，卒業後に就職が内定している場合は，その幼稚園（保育園）での実習に切り替えると相互にプラスになるのではないかと思います。養成校と連携をとりながら，実りある実習指導ができるように心がけたいと思います。

第8節　乳児院の事例

1　実習を受け入れる体制づくり

(1)　実習を受け入れるための雰囲気，実習担当者を育てる雰囲気づくり

　職員会議で実習期間の周知とともに，あいさつ・言動のふり返りを喚起しています。月目標を意識しての日々の保育を計画し，バランスを考えた遊びの提供を心がけています。また，乳児から幼児の成長と発達を理解して，かかわる職員の意識向上を図っています。乳児院の基本方針に「職員と実習生の教育を充実させる」を掲げており，次世代の養育者を育てる使命を強く認識しています。

(2)　実習を受け入れる流れ

　県内の養成校の保育実習連絡協議会の割り振りで年間の受け入れ日程が決定します（県外実習生の受け入れは現在行っていません）。1か月1校2名，期間は10日～14日間で平日のみの受け入れとしています。実習担当者を決めて実習日程表を作成し，実習前にオリエンテーションを実施します。

2 実習指導体制

養成所との窓口は事務長，実習生への指導は教育委員を中心に看護師と保育士で対応し，連携を図っています。オリエンテーションは実習2週間前が望ましいのですが，各校の都合があり1か月前で実施することが多く，実習前日にはオリエンテーション内容をふり返り臨んでほしいと伝えています。また，乳幼児保育の保健衛生上，実習2週以内の検便を実施しています。

3 実習生配属，担当者の選定

■施設の状態から
  ・実習時期：年末年始，お盆以外で10～14日間で受け入れ
  ・実習担当人数：乳児院勤務2年目からの正職員（8人）
  ・全体職員人数：看護師4人，保育士12人（全員保育士有資格者）
  ・職員年齢：20～39歳（7人），40歳以上（9人）
  ・経験年数：勤続年数20年以上（5人），実習指導経験者（9人）

■実習生の状態から　初日より参加実習をし，最終日に部分実習をします。実習生の男女は問いません。オリエンテーション内容をふり返り，対象児童の発達段階を事前学習してから臨んでもらいます。また，1日の目標をもち児童にかかわれるよう，笑顔で元気に，積極的に声をかけて実習に臨んでもらいます。

■施設の考え方として　実習担当者は2日交代で指導にあたるので，それぞれの保育観にふれながら見習い，児童の成長・発達を確認・理解して意欲をもってかかわってほしいと思います。実習担当者は受け持ち日での実習生のようす，ミーティング内容などを記録して，次の担当者への引き継ぎを行っています。

4 実習の事前指導について

■養成校との連携　実習期間の決定後に，養成所より送られてくる実習目的指導内容書類（依頼状，実習要綱，実習生名簿，手引き等）を確認し，実習前オリエンテーションを実施します。

■実習生の事前訪問　実習2週間前に，訪問時間は午睡時間の13時30分から約1時間程度とします。

オリエンテーションは教育委員の保育士が担当し，施設の見学は事務室職員の紹介後，施設内を案内しながら随時スタッフを紹介します。

実習生に渡す書類は施設のしおり，各部屋のデイリープログラム，日程表，保育実習のために（手引き），児童のイニシャル表（後で回収）です。施設理念と基本方針

は口頭で説明します。出勤簿，実習日誌の置き場所を伝え，最終日の日誌は全日程分を揃えて提出１週間後に電話で確認して取りに来てもらうことにしています。

あいさつは変則勤務者，外来者にもきちんとすること，また，通勤は公共交通機関を利用すること，なお自転車通勤は可能なこと，アクシデント用の着替えを１組用意しておくこと，給食がないので弁当を持参することを伝えます。

実習中は，携帯電話の使用を認めていません。家族からの連絡は当院の固定電話を利用することになっています。

また，実習のテーマは０〜３歳の発達の理解であり，初日には実習にあたってのレポート，最終日には実習を終えてのレポートを日誌に添えて提出するように伝えます。

最後に，実習生プロフィールや実習計画，質問等を受けます。

5　実習生の目標・実習内容について

■**初めての実習（保育士資格必修），２回目の実習（保育士資格選択必修）の違い**　初めての実習と２回目の実習の違いはありません。乳児室・幼児室の各初日は観察，参加実習，２日目より参加実習となります。最終２日間のうちのどちらか１日で指導実習（遊びの15分程度を担当実習）をします。

掃除，検温，衣類着替え，おむつ替え，授乳，おやつ・食事の援助，玩具の片づけ，午睡の誘導等の生活援助をします。

乳児室・幼児室の各部屋初日のみ１日の流れを書き，２日目からは午前・午後の遊びに視点をおいて実習日誌に記入します。児童を観察し，自分からの働きかけに対してどのような反応があったかを記録します。そして考察，次の目標につなげていきます。日誌は誤字・脱字に注意し，後で見直したときに思い起こすことができるように目標に沿った働きかけと児童の観察内容を記載するようにします。

指導案は幼児室の１歳半〜２歳児を対象に人数は５人として立案します。立案した指導案は中間ミーティングで提出し，幼児室最終日に部分実習として担当します。

■**他の資格に関する実習との違い**　保育実習以外では教育実習と介護体験を受け入れていますが，実習日程や対象児に変化はありません。乳幼児とのふれ合いを通して，成長発達を知り，個性を認めたかかわりを工夫をし，個々へのスキンシップを通じて児童を理解してほしいと思います。

6　実習の実際

【全体日程】　※土日休み

	10/1（月）乳児室	10/2～4 乳児室	10/5（金）幼児室	10/8～11 幼児室	10/12（金）幼児室
8:10	オリエンテーション 環境整備	環境整備	環境整備	環境整備	環境整備
8:30	始業　引き継ぎ あいさつ・スタッフへの紹介，担当者紹介	始業 引き継ぎ	始業 引き継ぎ	始業 引き継ぎ	始業 引き継ぎ
9:30	検温，おむつ替え，おやつ（離乳食2回食児童） ミルク（授乳）	検温 おむつ替え ミルクは随時	検温，着替え おむつ替え 排泄練習 軟膏処置	検温，着替え おむつ替え 排泄練習 軟膏処置	検温，着替え おむつ替え 排泄練習 軟膏処置 部分実習
10:00	遊び	遊び（乳児体操・玩具遊び・手遊び）	遊び，おやつ，歯磨き 遊び（院外保育・室内設定保育）	遊び，おやつ，歯磨き 遊び（室内・戸外保育）	おやつ，歯磨き 遊び（室内・戸外保育）
11:15	おむつ替え 昼食（離乳食）	おむつ替え 昼食（離乳食）	排泄練習 おむつ替え	排泄訓練， おむつ替え	排泄訓練 おむつ替え
11:45 12:15	午睡	午睡	昼食 午睡誘導	昼食 午睡誘導	昼食 午睡誘導
12:30	休憩，装飾製作	休憩，装飾製作	休憩，装飾製作	休憩 中間ミーティング	休憩，壁面装飾
14:30	午睡掛物片づけ おむつ替え 果汁	午睡掛物片づけ おむつ替え 果汁	午睡布団片づけ おむつ替え 排泄練習	午睡布団片づけ おむつ替え 排泄練習	午睡布団片づけ おむつ替え 排泄練習
15:00	入浴（冬期間は隔日） ミルク，遊び	入浴（生後3か月まで毎日） 遊び	おやつ，歯磨き 遊び，入浴（冬期間，隔日）	おやつ，歯磨き 遊び，入浴	おやつ，歯磨き 遊び，入浴
16:10	おむつ替え	おむつ替え	吸入・軟膏処置 排泄練習 おむつ替え	吸入・軟膏処置 排泄練習 おむつ替え	吸入・軟膏処置 排泄練習 おむつ替え
16:30	夕食	夕食			
16:45	夜勤に引き継ぎ	引き継ぎ	引き継ぎ 夕食	引き継ぎ 夕食	引き継ぎ 夕食

16:50	終業	終業	終業	終業	終業
	オリエンテーション見学・参加実習	入浴（沐浴）見学		中間ミーティング	部分実習反省会

※週間業務として，爪切り，耳掃除，寝具シーツ交換，畳空拭き，おむつ替え，マット交換，お遊びマットカバー交換，ベッド金具の点検，備品の掃除などがあります。

7　実習訪問指導

　訪問時間は養成所からの申し出に応じています。所要時間は30分程度です。実習担当者から実習のようすを伝えてから現場に案内しています。訪問は学生の現況を知っていただくこと，お互いの要望や意見交換をして次の実習につないでいく場にしたいと思います。

8　実習評価の付け方

　オリエンテーション内容を復習して臨めば問題ありません。また初日に説明したことを重ねて説明することがなければ低い評価にはなりません。
　評価は幼児室最終日担当者が実習担当5人の意見と他のスタッフの意見も取り入れまとめます。総評の確認を師長に依頼しています。
　近年，実習に対する心構えのマナーとルールの意識が低い傾向が気になっています。
・児童への対応や言葉づかい，スタッフへの言動など日常の態度が大事です。
・手遊びや指遊び，絵本の読み聞かせなど自分の得意分野を発揮する積極性があるとよいと考えます。

9　実習生に伝えたい，身につけてほしいと思ってとくに指導していること

　社会人として保育士としてのマナーとルール（とくに，あいさつや言葉づかいなど）を身につけ，施設の特性を理解した上で児童の発達をとらえて，積極的にかかわってほしいと思っています。また，実習を実のあるものにするために，観察の目を養い，実習記録の充実を図る努力をうながしています。
　※参考資料はとくにありませんが，教育委員を中心にマニュアルの検討を定期的に
　　実施しています。

10　よりよい実習をするための意見，改善案

　実習中のカンファレンスを初日，中間，最終日の他に，日々の目標を立て，児童とのかかわりの工夫をふり返るカンファレンスを終了時間に行っています。

第9節　児童養護施設の事例

1　実習を受け入れる体制づくり

(1) 実習を受け入れるための雰囲気，実習担当者を育てる雰囲気づくり

　実習生の緊張を和らげるような雰囲気づくりを心がけます。仕事内容を具体的に知らせ，いっしょにしながら話をしたり，ようすを見て声をかけたりします。

　実習生を受け入れることは施設にとっても有意義です。職員は実習生とともに考え学びあう姿勢で実習生を受け入れます。実習生は子どもたちと年齢が近いので，いっしょに遊んだり話をしたりする中で共通の話題をもつことができます。また，実習生の目から見た施設のようすや疑問などから，職員も新たな視点で施設全体を見つめなおす機会となり，仕事に対する理解を深めることにつながります。

(2) 実習を受け入れる流れ

　各学校からの依頼で受け入れています。県内，県外，四大，短大および性別，年齢の規定はありませんが，一度に受け入れる人数はある程度限られます。

2　実習指導体制

　実習生を受け入れる際，養成校との窓口は1つ（実習責任者：受け入れのための事務的なかかわりをします。また，事前のオリエンテーションによる実習に対しての説明等を行います）にします。交替勤務なので，実習担当者（直接実習生とかかわり，指導・アドバイスを行います）のみが指導にあたることはありません。実習日誌の記入に関しても同様です。伝達事項を全職員に周知してもらうことで，実習担当者の負担軽減にもなります。

3　実習生配属，担当者の選定

■園・施設の状態から　実習時期については，年末年始，年度の始め，年度末などは避けてもらうようにします。直接実習生の指導にかかわるのは処遇職員ですが，実習担当者は職員の年齢や経験年数などを考慮し，園長，園長代理が相談の上決定しています。その役割を順番に担当できるようにもします。実習生の指導にあたることで，職員自身のスキルアップにもつながります。

■実習生の状態から　四大，短大，専門学校などによる区別はありませんが，資格取得の目的により，踏み込んだ話ができることもあります。実習生一人ひとりの個性を尊

重し，できるだけそれぞれに合った言葉掛けや，指示を行うようにします。
■施設の考え方として　2歳から18歳までの子どもたちが衣・食・住をともにしている場であること，いろいろな背景を抱えて入所していること，一人ひとりのさまざまな発達があることなどをとらえてほしいです。できるだけ子どもたちと積極的にかかわり，職員の日常の活動を見て学ぶことがたいせつです。はじめは指示を受けて行動することが多いと思われますが，仕事内容がわかってきたら，みずから行動する姿勢が必要です。

4　実習の事前指導について

■養成校との連携　依頼状，手引き，評価票，実習期間などの書類を受け取り確認します。実習担当者からは実習内容の説明をするために，実習オリエンテーションの日時と実習期間などを決めます。
■実習生の事前訪問　実習生の事前訪問については，電話での連絡を受け，日時を指定しますが，実習4週間から2週間前の午後1時30分ごろを設定しています。
　事前訪問時に実習生に渡して説明する書類，施設のパンフレット（年間行事予定，デイリープログラム，施設方針など），実習に当たっての諸注意事項プリント，実習日程表（シフト）を準備し，渡します。また，実習生からはプロフィール，実習計画などを受け取ります。
　対応者（実習責任者，実習担当者）は施設説明，実習日程，諸注意（勤務時間，あいさつ，態度，持ち物，服装，マナー，個人情報の秘密厳守など）および通勤手段の確認をします。早朝・延長勤務の勤務内容と時間帯，行事への参加，給食・寝具代などの徴収についても伝えます。実習希望（男子・女子の別）を聞きます。
　施設の見学をしながら，あいさつや利用者等への紹介をして，施設全体の雰囲気を感じ取ってもらいます。また，実習生に対し質問などをして，実習への意欲をもってもらえるよう心がけます。
　実習日程は初日のみ時間が違います。初日は当日の出勤職員に実習に向けての思い（目標）を含めたあいさつをしてもらうことを伝えます。

5　実習生の目標・実習内容について

■初めての実習（保育士資格必修），2回目の実習（保育士資格選択必修）の違い　基本的に参加実習です。指導実習は特別設けませんが，子どもの要求に応じて学習を見たり，話し相手になったりしてもらいます。
　実習内容は生活面（起床，着脱，排泄，登校補助，おやつ，給食，片づけ，掃除，

洗濯，談話，就寝）が主となります。レクリエーション活動への参加もあります。学校へ登校する日，休みの日による生活時間の違いから，仕事の内容にも違いがあります。よって，実習時間もそれに合わせています。

実習日誌はそれぞれの養成校によって異なりますが，日常の生活，子どもとのやりとり，困ったこと，疑問に感じたことを記録します。家庭同様の日常生活が基本なので，とくに指導案を書くことはありません。

実習経験，学年による目標は，養成校で決められていると思われます。実習内容は四大と短大と専門学校の違いはありません。

■他の資格に関する実習との違い　現在実習を受け入れているのは，保育士資格，社会福祉士任用資格取得の学生です。同じ保育士でも，対象になる子どもの年齢幅が広いので，年齢や状況に応じた対応が必要になります。

本園は家庭的な生活の場としての施設であり，児童が中心となります。その場に応じた援助，かかわりを学んでほしいです。相談援助，保護者とのかかわり，医療行為，介護などは実習生が行うことはありません。

レクリエーション活動がある場合は，遊びや行事に合わせた活動の中で，子どもたちといっしょに楽しんだり手伝ってもらったりします。

6　実習の実際

【全体日程】

月	日	曜	午前実習	午後実習	備考
9	3	月	8:30～12:00	15:00～22:00	
	4	火	6:00～ 9:00	15:00～22:00	
	5	水	6:00～ 9:00	15:00～22:00	
	6	木	6:00～ 9:00	15:00～22:00	午後実習休み※
	7	金	6:00～ 9:00	15:00～22:00	午前実習休み※
	8	土	6:00～ 9:00	15:00～22:00	
	9	日	6:00～ 9:00	15:00～22:00	
	10	月	6:00～ 9:00	15:00～22:00	午後実習休み※
	11	火	6:00～ 9:00	15:00～22:00	午前実習休み※
	12	水	6:00～ 9:00	15:00～22:00	
	13	木	6:00～ 9:00	15:00～22:00	反省会9:00～
	14	金	6:00～ 9:00	15:00～22:00	

※土曜日・日曜日分としての休日（実習生は一時帰宅しています）。

【1日の流れ】

時間	児童の日課		実習生の動き
	平日	休日	
6:00	起床・身支度		実習日誌提出
6:30	朝食		起床・身支度援助
7:00	幼稚園登園	起床・身支度	各登校準備・確認
7:30	小・中・高校生登校	朝食	登校付き添い
8:00			環境整備
8:30		環境整備	
9:00	未就学児(個々の興味に基づく遊びなど)	学習	休憩
9:30			日誌記入等
10:00		余暇活動	
12:00	未就学児昼食	昼食	昼食
12:30			休憩
13:00	未就学児（自由遊び）2歳児午睡	余暇活動	
14:00	入浴など		
15:00	幼稚園帰園		環境整備
15:30	小学生帰園	おやつ	児童受け入れ
16:00	宿題・登校準備	入浴	学習指導
16:30			入浴補助
17:00	中・高校生帰園		環境整備
17:30	環境整備		
18:00	夕食	夕食	食事介助
18:30	学習時間	学習時間	学習指導
19:30	入浴時間		余暇指導
20:00	余暇活動	余暇活動	
20:30			就寝準備指導
21:00	就寝準備	就寝準備	就寝援助
21:30	小学生就寝	小学生就寝	
22:00			
22:30	中・高校生就寝	中・高校生就寝	
23:00	消灯	消灯	実習日誌記入

7　実習訪問指導

　実習時間帯を考慮しての訪問が望ましく，面談は先に園長，実習担当者と行い実習のようすを伝えます。また，早い時期の訪問の場合，実習生の性格などを聞くことができれば，職員も言葉掛けに考慮することができます。実習生との面談では，実習中の学生の思いや戸惑いなどを受け止め，適切なアドバイスがなされると，実習にも前向きになれると思われます。

8　実習評価の付け方

　実習を担当した職員が総合的にかかわった上で評価をつけ，施設長，実習責任者，実習担当者等との話し合いで最終的に評価をつけます。評価は，他の実習生と比較はしません。実習生が職員からのアドバイスをいかに受けて活動しているか，個人の努力している姿，養護施設に対する理解と積極性などを評価します。担当職員からの総合評価欄は，実習生のよい点を認め，努力するとよりよいと思われることについて記入し，今後の意欲へとつなげていくことができるような評価のしかたについてアドバイスします。

9　実習生に伝えたい，身につけてほしいと思ってとくに指導していること

　コミュニケーションや表現がうまくできない子など，子どもの発達や思い・興味はさまざまであり，体験を通してそれぞれの対応について学ぶことを伝えます。また，施設の子どもたちの現状として，発達に障害をもっている子が年々増えてきていることから，障害の特性を理解した上で，どのような対応をすればよいかを考え実践する場にしてほしいです。むずかしいことですが，日々子どもの心や感情は揺れ動いているので常に子どもの状況に対しアンテナを張り，意識して見つめる姿勢をもつとよいでしょう。

　実習生を担当することは，それだけ実習生にも見られているということを意識して，子どもたちとのかかわりに日々留意することもたいせつです。態度やマナーなど子どもたちの手本となるように心がけましょう。まわりの職員との話し合いや相談などを積極的にすることが，職員間のチームワークの向上につながっていくでしょう。職員自身も実習生の指導を通して，自分の保育（処遇）をふり返る機会ととらえることが今後の対応にも役立つと考えられます。くり返しの中で技術を習得していくこと，そして何よりも身近にいる先輩から学ぶことです。

10　よりよい実習をするための意見，改善案

　実習生の個性や関心などを考慮した実習生の配属が望ましいと思われます。

第10節 障害者支援施設の事例

1 実習を受け入れる体制づくり

(1) 実習を受け入れるための雰囲気，実習担当者を育てる雰囲気づくり

当施設の職員には保育士資格をもち，当施設での実習の経験者もいます。障害者施設のみならず福祉全体の人材不足が叫ばれるなか，将来の人材育成はとても大きい意味をもつものであり，実習生の受け入れは，施設の使命の1つと考えています。1人でも多くの学生が障害者福祉に興味をもち，よき人材として働いてもらえればもちろんよいのですが，地域で障害者のよき理解者になってもらうだけでもその意義は十分にあると考えています。

実習生に指導する際には，職員自身が確固たる支援技術をもっていなければなりません。「その技術を自分はもっているのだろうか」と自問自答する機会は意外に少なく，実習生を受け入れることで改めて考えさせられます。職員にとっては，自分自身の支援技術を高める絶好の機会です。「人に指導するほど自分はできているのだろうか」と悩む職員もいます。たしかに，実習生を受け入れるということはプレッシャーです。「実習生への指導は，自分自身への指導につながる。ともに成長していけばよい」と職員には話をしています。「自分のために実習生を受け入れる」「実習生とともに自分も成長できる」ととらえることで，実習担当者を含め施設全体が，実習生の受け入れに対して積極的になるように働きかけています。

(2) 実習を受け入れる流れ

実習生のほとんどは大学等からの依頼です。基本的には断ることなく受け入れています。ただし，実習が重ならないように日程を調整することはあります。

2 実習指導体制

施設長は，実習受け入れの責任者であり，実習担当者へのスーパーバイズを行います。援護課長は，実習生受け入れの統括として，養成校との連絡調整，受け入れ計画の作成，実習担当者へのスーパーバイズを行います。現場での直接指導は，グループの責任者が実習担当者として直接指導を行います。

3 実習生配属，担当者の選定

■園・施設の状態から　実習時期は，4月は職員の異動や新規の利用者の受け入れなど，

支援体制が十分安定していない場合があるので5月以降でお願いしています。当施設では受け入れ人数を1日男女各2名までとしています。それ以上の人数では指導の目が行き届かない上に、支援者過多で何もしない実習生が出てしまうからです。実習担当者には、3年以上の経験がある職員を割り当てます。実習担当者としての資質向上のため、施設長・援護課長が実習担当者のスーパーバイズを行う体制をとっています。

■実習生の状態から　初めて実習を経験する実習生は、支援技術よりも職業人・社会人としての基本的なマナー（あいさつ・服装・言葉づかい等）の課題があるようです。実習生の中にはこれらへの指導に終始してしまうこともあります。実習中は施設の職員として外部からみられていることへ自覚をもつことが必要です。

　実習が2回目以上になれば、慣れてきてそれがよい方向に作用することもありますが、前回の実習場所との違いを意識せず、経験にとらわれすぎて柔軟性を欠くこともあります。たとえば、保育所と障害者施設では、利用者が子どもと大人の違いがあります。同じように接してもらっては困ります（たとえば、利用者を「ちゃん」づけで呼ぶなど）。また、支援方針や職場のルールといったものも当然違うのですが、うまく対応できずに右往左往する実習生も少なくありません。切り替えをうまく行うことがたいせつです。ただし、違いを経験する中で、それぞれの施設・保育所等の比較ができるのは貴重な体験であるとともに、よい部分は取り入れて、悪い部分は自分なりの改善点を考察することは将来に大いに役立つはずです。

■施設の考え方として　同じ障害をもっていても一人ひとり違います。年齢幅も大きく（10代～70代）その対応は一様ではありません。柔軟に対応できることが必要です。言語コミュニケーションがとりやすい軽度の利用者とのかかわりが多くなりがちですが、「相手の立場に立つ」という点では、言語コミュニケーションがとりにくい重度の利用者とかかわることで、学び得るものは大きいと思います。最初は戸惑うこととは思いますが、意識して積極的にかかわってもらうようにしています。言語がないことで実習生自身が「利用者が何を考え、何を望んでいるのか」を、その人のすべてをみて、読み取っていかなければなりません。このことは、人を理解する上でとてもたいせつです。相手の気持ちを常に考え、人には複雑な感情や思考があることを実体験として知ってほしいと思います。ただし、発達障害の利用者等一部かかわりがむずかしい（利用者の混乱が大きい）場合は事前に注意をうながす、もしくはかかわりを制限することも必要です。

4　実習の事前指導について

■養成校との連携　同時期に実習が重なることも少なくないため、事前に日程の調整を

行います。基本的には先着順です。日程調整後に依頼文を送付してもらうのですが，その際には養成校の実習マニュアル等を添付してもらいます。

　実習生のプロフィールとともに，実習生が何を目的とし，何を学ぼうとしているかを書いたものを提出してもらうと，実習生も明確に目的意識をもてると思います。また，できれば養成校として，個々の実習生に求めている課題等を明確にしてもらえると受け入れる側としては計画を立てやすいものです。

　人とのかかわりを中心とした仕事であり，実習期間も2週間と短いので，相性などを考えて計画を立てないとトラブルになることも少なくありません。養成校からの実習生に対する評価等について，文章での提出がむずかしければ養成校職員との打ち合わせで事前に確認しておくことも必要です。

■実習生の事前訪問　受け入れ計画の立案調整のためにも最低2週間前までには事前訪問にて打ち合わせをしたいものです。ただし1か月も前だと予定が立っていないため早すぎるかもしれません。

　施設のほうで準備するのは以下のようなものです。
・パンフレット
・おおまかな実習の流れを描いた計画案
・実習に当たっての注意事項
・障害者理解のための参考資料

　事前に基本的な知識をもっておく必要があります。とくに障害者とのかかわりが初めてという実習生も多く，時には誤解や偏見をもっている実習生もいるため，実習生の不安を取り除くためにも事前に「障害者理解のための参考資料」は読んでもらいます。

　事前訪問で実際に実習生に会ってみてから計画案を立案します。実習生の体格，性格，障害者理解，将来の希望職種などを見きわめて計画を立案しないと，実習生にも施設および利用者に対しても負担が大きくなってしまう可能性があります。実際の実習には4名ほどのグループで来ることが多いので，養成校とは，どこまで個別に立案してもよいか相談しながら実習生一人ひとりに合わせた計画を立案するほうが望ましいと思います。

5　実習生の目標・実習内容について

■初めての実習（保育士資格必修），2回目の実習（保育士資格選択必修）の違い　初めての実習の場合は，実習担当者と利用者をよく観察し，知ることが目標となると思います。そのため，ある程度実習指導計画を細かく立てて，実習生が動きやすい環境を整えるこ

とが必要になります。

2回目の実習の場合は、支援を実行し、利用者と接する中で、学ぶことが目標となってきます。実習指導計画はおおまかな日程のみ提示し、細かい内容については実習生に計画を立てさせるとよいと思います。

■**他の資格に関する実習との違い**　利用者が「子ども」と「大人」の違いがあるため、年配者として尊重しながらのかかわり方に戸惑いを感じるようです。そのため、「失礼にあたらないだろうか」と悩み、積極的にかかわれずにいる実習生も少なくありません。実習担当者は、どのようにかかわれば（どのような言葉を使えば）よいのかを示すことが必要です。

実習生には「人を理解する」ことは、相手が大人であろうと、子どもであろうと、障害があろうと、なかろうと共通であることを伝えています。障害者支援施設での実習は、介護実習やその他の実習と、その内容に大きな違いはありません。

6　実習の実際

【全体日程】

日程	実習内容		備考
	午前	午後	
6／1（月）初日	オリエンテーション 講義（障害者の理解） 施設内見学	リサイクル班作業支援	資料持参
6／2日（火）	リサイクル班作業支援	リサイクル班作業支援	
6／3日（水）	リサイクル班作業支援	リサイクル班作業支援	
6／4日（木）	リサイクル班作業支援	リサイクル班作業支援	
6／5日（金）	リサイクル班作業支援	リサイクル班作業支援	
6／8日（月）	療育創作班活動支援	入浴支援	
6／9日（火）	療育創作班活動支援	レクリエーション活動	
6／10日（水）	療育創作班活動支援	入浴支援	
6／11日（木）	療育創作班活動支援	レクリエーション企画・実施	指導案あり
6／12日（金）	療育創作班活動支援	全体反省会	

【1日の流れ】

時間	日課	実習担当者の援助・配慮	実習生の動き
8:30	○朝の活動準備	○清掃分担、担当利用者を具体的に伝える	○出勤 ○荷物を控室に置いた後、居住棟に入る

9:30	○日中活動	○実習生の力量を見極め，安全に支援できるか考え担当利用者を決める	＊利用者一人ひとりにあいさつし視診する ○利用者を作業場所へ誘導 ○班別活動の支援 ＊危険のないように注意する ＊自主性を尊重する
12:00	○食事準備 ○食事 ○歯磨き	○誰の支援に入るかを伝え，見守る。実習生に任せっきりにしない	○食堂へ移動 ○利用者とともに食事準備 ○食事支援 ＊気持ちよく食事ができるよう心がける ○食事が終わった利用者の歯磨き支援 ○排泄支援
12:45〜13:30	○昼食，休憩	○清掃分担，担当利用者を具体的に伝える	○控室にて食事をとる
13:30	○日中活動	○実習生の力量を見極め，安全に支援できるか考え担当利用者を決める	○利用者を作業場所へ誘導 ○班別活動の支援 ＊危険のないように注意する ＊自主性を尊重する
16:30			実習日誌記入
17:30			実習日誌の提出 実習終了

7　実習訪問指導

　実習訪問指導をする場合には，実習担当者が時間をとれない場合もある（時間帯によっては入浴支援中ということもあります）ので，事前に訪問の時間を連絡し調整する必要があります。また，直接実習生と話をする場合は，日中活動を終える16:30過ぎ，もしくは休憩時間の12:45〜13:30が望ましいと思います。

　実習訪問指導では，実習生のようすを伝えるとともに，実習生の課題について教員と話し合います。実際に実習が始まってから実習生の課題に気づくことも多いので，プログラムの修正が必要なことも少なくありません。そう考えると最初の実習訪問指導は3日目くらいに一度行うといいでしょう。

8　実習評価の付け方

　実習担当者が複数になるため，意見を取りまとめて，援護課長が評価を記入し，施設長が確認します。

　「実習生がもっている力を十分に出していたか（積極性など）」という点と「人を相手にする仕事に適しているか（やさしさ，人の気持ちを察する力，人の話を聞く態度，相手に合わせる柔軟性など）」という視点で評価します。

　評価は基本的に「絶対評価」です。養成校や実習経験等により差が出るのはいたし

かたないので「相対評価」はしません。同じ時期の実習生との比較になりやすい点にも注意が必要です。あくまでも実習生一人ひとりを個別に評価するようにします。

消極的な態度，いわゆる「指示待ち」の実習生の評価は低くなります。実習で何をすべきか事前の準備が必要です。積極的態度で実習に臨み，明朗活発であり，相手や場所にふさわしい節度ある態度がとれることが高い評価につながります。ただし，これらは実習生として基本的なことで，本来は，それらができて初めて支援技術等の評価をすることになります。

9 実習生に伝えたい，身につけてほしいと思ってとくに指導していること

言語以外のコミュニケーションのたいせつさを知り，利用者の内面（気持ち）を利用者の立場に立ってくみ取ることを身につけてほしいと思います。

人の変化に敏感になる，ささいな成長・変化に気づけるようになるためには，人に興味関心をもってほしいものです。子どものとき遊びの中で人と接する機会が少ない最近の実習生はこの力が弱いように感じます。もし，人と接することや人の立場になってものごとを考えることが苦痛ならば，自分は向いていないと判断することもたいせつです。無理をすれば双方にとって不幸な結果を招くことになります。これは良し悪しではありません。向いているか否かです。

「人を見守る」ことのたいせつさも身につけてほしいものです。「やってあげる」ことが最善の方法ではなく，それどころか本人の成長を妨げることにつながります。「見守る」とはただたんに見ていることではありません。さまざまな事態を想定し，成長する方向へ導くために，柔軟に対応できるようにしておくことです。そのためには，利用者をよく知り，何をどこまで支援するのかが明確でなければなりません。人は失敗をし，そこから多くを学び，成長するのです。失敗は必要であり，失敗を想定内にとどめておけるように見守るのです。この想定ができていないと命を危険にさらすことになるので，とても重要です。このことは実習担当者にもいえることです。「してみせて」「させてみる」ことが必要です。失敗から「学ばせ」，そして最後に「ほめる」ことです。そうすれば実習生も大きな収穫を得ることができるはずです。

※実習指導のあり方としては，施設の支援者へは『はじめて働くあなたへ』，実習担当者へは『社会福祉士実習指導者テキスト』，指導案作成へは『保育指導案大百科事典』，実習日誌の書き方は『実習日誌の書き方』等を参考にしています。

10 よりよい実習をするための意見，改善案

実習をする前に1〜2日の体験をすることは有効だと思われます。実習生もまった

く知らない施設への実習では，目標も行動計画も十分イメージできないまま実習に入ることになります。それこそ不安のほうが大きいと思います。体験をした上で，目標等をしっかりもってから実習に入れば，より中身の濃い実習ができると思います。

　実習は，保育技術だけを課題とするのではなく，対人援助を生業とする職業人としての実習と考える必要があると思います。そのためにも，実習生の課題を養成校と施設とが共通認識できるような事前打ち合わせを設定したいものです。これからの人材育成を考えると，実習生だけが事前訪問し打ち合わせするのでは不十分なように思います。

第11節　医療型障害児入所施設の事例

1　実習を受け入れる体制づくり

(1)　実習を受け入れるための雰囲気，実習担当者を育てる雰囲気づくり

　楽しく実りある実習の展開ができるように人的・物理的環境を整えるように努めています。他部門のスタッフとの連携や連絡調整が必要です。実習担当者は保育場面では学習者であり，学生に対しては指導者の役割を果たすことになるので，ともに学びあう関係をたいせつにしています。

　また，学生の実習意欲の向上への動機づけに留意しています。障害を特別視せず受け入れやすいよう実習当初はコミュニケーションが図りやすい児（者）とのかかわりの設定を行い，意思疎通が図れたときの喜びや，障害があっても私たちと変わらないということを実感できる働きかけを行っています。

(2)　実習を受け入れる流れ

　大学，養成校からの依頼により病院（療育指導室の保育士を経て）の内諾受け入れとなります。受け入れに関しては受託実習生受け入れにともなう規則の確認，了承を経た上で各大学，専門校から実習期間，受け入れ可能人数等の具体的な確認がなされた上で学生の受け入れとなります。

2　実習指導体制

　実習前打ち合わせも実習のスタートととらえています。事前打ち合わせの役割としては，実習での初めての経験で戸惑いや不安を軽減できるような実習前オリエンテーションになるよう設定しています。①病院，病棟見学，実習担当者の紹介，②実習に

おける注意事項，③重症心身障害児（者）の概況および療育について・重症心身障害児（者）の障害の理解，等の講義を小児科医師，療育指導室長，主任保育士が担当し実施しています。また実習生の実習課題の傾聴や疑問に答えています。

実習期間中は，他職種との連携，受け持ち患者さんとの関係，保育士の役割等具体的な専門分野の理解を深めながら，以下のようなことを主軸にして実践を展開しています。

・学生の思いの側に立ちながらマンツーマンでの指導体制がとれるよう担当保育士を決め実習計画を立案し，指導者の指導マニュアル，保育士倫理綱領を基本としての指導の実践
・実習展開に合わせて実習現場の師長，理学療法士，作業療法士，主任保育士の講義
・行事や療育活動，通園事業での療育参加やねらいの把握等と実践
・施設独自の実習手引き書ファイルの提示
・実習担当者との実習のふり返り時間を毎日設定

3　実習生配属，担当者の選定

■園・施設の状態から　実習時期については各依頼校の要望を前提として受け入れています。個別支援プログラム作成，療育計画・実施の評価，次年度の療育，行事計画書作成と実習期間が重なる時期もありますが，学生とともに学びあえる場としてとらえ受け入れています。ただし，感染症（インフルエンザ）が流行する期間での受け入れは実習環境を整えにくいことや，患者さんへの感染予防策として面会者の限定を行っている場合もあり実習に望ましいとは思えません。今後の課題と考えます。

実習指導は保育士が担当し，マンツーマンで展開しています。患者さん，実習生双方が，楽しく，安心し心地よいと思える関係づくりに配慮して，学生の受け入れ人数を状況に応じ決定します。

■実習生の状態から　年齢，学年に関係なく実習生の障害への理解，受け入れる状態，実習生のさまざまな個性に応じて指導目標を設定しています。

■施設の考え方として　多くの患者さんとかかわり，個々の障害や発達を知り，障害児（者）が豊かな生活を送れるよう日常生活や療育，行事等に対する保育士の支援や他専門スタッフとの連携の重要性を学んでほしいと思います。

4　実習の事前指導について

■養成校との連携　実習内容（依頼状，手引き，指導案の有無，評価票の確認）を書類

で確認します。実習施設と直接話し合える場を設けて連携を図っている養成校もあります。

■**実習生の事前訪問**　実習生の事前訪問日については，学生の授業との関係，スタッフの業務の調整もあるので，2週間前までに連絡することが望ましいでしょう。

事前訪問時に実習生に渡して説明する書類（施設のパンフレット，施設方針，施設独自の事前訪問用保育士実習の手引き等）を準備します。安心して実習に臨めるよう，学生の質問に答えアドバイスを行います。

どんな実習としたいのか，また実習を主体的にできるように，学生自身が設定した「実習課題」をレポートにして実習初日に提出するよう依頼しています。この「実習課題」を参考にして，学生の思いに沿えるような充実した実習内容が展開できるよう努めています。

5　実習生の目標・実習内容について

■**初めての実習（保育士資格必修），2回目の実習（保育士資格選択必修）の違い**　現時点（2013年）では，保育士資格必修実習のみの受け入れとなっています。

■**他の資格に関する実習との違い**　介護実習，相談援助実習，看護実習等と保育士資格の施設実習との内容の違いについては，それぞれの専門性において主となる業務が違うので実習内容も異なります。

生活支援場面では各実習生共通の実践場面もありますが，日中活動を受け持つ保育士のみが担当する療育活動（設定療育，合同療育，個別療育，行事，発達支援等）を視点とした実習は保育士独自の実習内容だと考えます。

また，生活環境の豊かさを援助する壁面装飾の制作，設定療育保育実践での指導計画の作成や展開に使用する保育物品の準備等も保育士独自の実習内容です。

6　実習の実際

【保育士実習日程表】実習期間中の日程表の一部

時間	初日	中期	最終日
8:30	○申し送り・スタッフへの紹介	○申し送り ○排泄支援・おむつ交換	○申し送り ○排泄支援・おむつ交換
9:00	○病棟内オリエンテーションおよび担当患者紹介	○患者移動支援	○患者移動支援
9:30	○医療的留意点と看護体制について（病棟師長）	○設定療育（参加）	○設定療育保育実践
10:00	○設定療育（見学）		

時間			
10:30 11:00 12:00	○生活指導の実際（見学） ○保育士の業務および実習における注意事項（担当保育士）	○生活指導の実際 　（食事・含そう等の支援） ○受け持ち患者援助	○生活指導の実際 　（食事・含そう等の支援） ○入院患者援助
12:30	昼食・休憩	昼食・休憩	昼食・休憩
13:45 14:30 15:00 15:30 16:00 17:15	○１Ｆレクリエーション（見学） ○主任保育士オリエンテーション ○反省会・記録	○いずみ通園（見学・参加） ○反省会・記録 ○生活指導の実際 　（食事・含そう等の支援）	○環境整備（壁面装飾等） ○全体反省会 ○院内あいさつ等
実習内容	オリエンテーション・見学	参加・部分	実践・全体

※実習生には10日間の計画日程表を提示しています。
※実習期間により実習内容に，院内外行事や各合同療育（スヌーズレン，ムーブメント，音楽グループ）や買い物活動等が組み込まれます。

7　実習訪問指導

養成校教員の実習訪問指導時のあり方としては，実習中期の訪問が望ましいと考えます。訪問前に実習指導者より実習の進み方等の情報を主任保育士が把握し，教員に状況説明します。その後，教員と学生との面談で解決すべき問題があれば実習担当者も交え情報交換し以後の実習に役立てます。実習生にとって教員の励ましやアドバイスは，その後の実習にとって精神的な支えとなっています。

8　実習評価の付け方

依頼校の評価票のポイント項目に沿いながら当病院独自の保育実習評価マニュアルをもとに行っています。学校で学んだ専門分野の学習を具体的事象として実践する実践力のほか，保育士として必要な倫理観や責任感，豊かな人間性や人権を尊重する意識等にも考慮して評価しています。

9　実習生に伝えたい，身につけてほしいと思ってとくに指導していること

重い障害をもつ施設の保育士として彼ら（患者さん）に向き合うとき，専門職としての責務とともに彼らの人生の豊かさを織りなし，笑顔や思いを共有し彼らの思いに寄り沿うことができるパートナーでありたいと思います。学内で学んだことの実践や実習目標の達成とともに，実習生なりに10日間コミュニケーションを図りながら彼ら

の思いに寄り添い実習してほしいと考えています。
　※状況により各専門書や先輩のアドバイス等を参考にしています。

10　よりよい実習をするための意見，改善案
　実習生の思いには担当指導者が寄り添い，理解者となります。素直に人と人とが助け合い，支えあう社会（福祉）の基盤を体験してほしいと思います。

本章で取り上げた参考図書

『倉橋惣三選集』　学術出版会　2008年
月刊『保育の友』　全国社会福祉協議会出版部
『実習日誌の書き方——幼稚園・保育所・施設実習完全対応』開　仁志（編著）　一藝社　2012年
『社会福祉士実習指導者テキスト』日本社会福祉士会（編）　中央法規出版　2008年
『はじめて働くあなたへ——よき支援者を目指して』　日本知的障害者福祉協会　2011年
『保育指導案大百科事典』開　仁志（編著）　一藝社　2012年

第 7 章

実習内容別指導

第7章　実習内容別指導

第1節　実習態度について

1　養成校で

(1) 社会人としてのマナー

「実習生」になる前に，「社会人」としてのマナーを身につけることがたいせつになります。これは，実習に行って突然身につくものではありません。

そこで，日ごろの学生生活の指導から実習態度を形成していくことになります。具体的には以下のようなことを行う必要があります。

そして，これらには，①学則・規則・規定などで明文化しておくもの，②オリエンテーション・日々の指導・掲示・学友会などの取り組みなどで校風としてつくりあげていくものの2種類があります。

■**授業時間に遅刻・無断欠席をしない**　最近は，文部科学省，厚生労働省からの指導もあり，出欠確認は常識だと思いますが，厳格に適用することで社会人としての自覚が生まれます。具体的には，養成校の規則で遅刻や欠席の回数で科目試験の受験資格喪失などの措置をとることなどです。

また，実習の履修要件として，「日ごろの授業・オリエンテーションなどで遅刻・無断欠席をしない」などを設けることで，学生に自覚が生まれます。資格免許を取ることは，それだけ重みがあることを伝えることがたいせつです。

遅刻・欠席をくり返さないための指導・支援も重要です。たとえば，以下のようなことが考えられます。

・遅刻2回で欠席1回分に該当。
・授業15回のうち，3分の1（5回以上）欠席で受験資格なし。
・遅刻・欠席をするようであれば，必ず届け出を事務・科目担当者に提出。その際には，ゼミ担任の印鑑・確認を得る。事前にわかっていれば，先に提出する。
・遅刻・欠席が続くようであれば（3回以上など）科目担当者から，事務・ゼミ担任へ用紙で連絡。
・遅刻・欠席が続く学生に対しての情報共有（状況・理由・指導方法の共有）。
・特別支援チームなどで対策検討・実施。
・学生を呼び出しての面談・指導。
・保護者への連絡・面談。

■**提出物の体裁・期限を守る**　提出物の期限を守ることは，最低限のルールです。たとえば，実習先で実習日誌を期限まで出さないといったことがあれば，それだけで実習態

度が疑われます。

　提出物の期限が過ぎた場合は，1日遅れで「－3点」2日遅れで「－5点」などと減点方式にする方法もありますが，学生の中には，「減点されてもとりあえず出せば最終的に単位が取れる」という甘い考えが生じる可能性があります。そのような雰囲気が養成校に漂っていたとすれば，「提出期限後はいっさい受け取らない」という態度が必要になります。もし，いきなりそのルールを適用するのがむずかしいのであれば，提出物遅れは「1回まで認めるが，次回からはいっさい受け取らない」などにします。また，事故等やむを得ない場合は，必ず電話で連絡をすることをルール化します。科目担当者に伝わらなければ事務に伝言を頼みます。メールで科目担当者ではなくゼミ担任に伝えたからOKということはいっさいなしにします。窓口は一本ということを知らせることはとてもたいせつです。

　受け取り方も重要です。ボックスなどに提出ということであれば，「○月○日17時まで」などと日時を区切り，そのリミットが過ぎたらすぐに回収します。ボックスに提出という指定があれば，科目担当者に会って直接手渡しという方法はNGになります。場所を特定していないと，「友だちに渡した，ゼミ担任に渡したのに，科目担当者に期限まで出さないのはその人のせい」などということにもなり，責任を転嫁することになります。紛失の恐れもあり，いつ渡したかもはっきりとしなくなる恐れが大きいでしょう。

　また，直接科目担当者に学生が手渡しする方法を指定した場合は，提出物の体裁が整っているかをチェックすることがたいせつです。体裁が整っていない（記入漏れ，印鑑忘れ，表紙が抜けている，ホッチキスでとめていない，ワープロ原稿でない，ページ数の過不足）などは指摘して，期限内であれば書き直し，付け足しを指示します。期限ぎりぎりであっても体裁が整っていなければ受け取れない旨を伝えたほうが，今後のためになります。長い目で見れば，体裁を整える力をつけることがたいせつなことだからです。体裁をきちんと整えるための時間については再度指示します。この場合，遅れたことを減点する旨だけを伝えます。提出されないようであれば，評価不能として処理することを伝えます。

■**あいさつ，髪型，服装，机・椅子**　あいさつは，付け焼刃ではけっして身につきません。日ごろからあいさつをする習慣をつける必要があります。「学生にいまさら何を」という声があるかもしれませんが，学生だからこそあいさつをしない人もいるのです。マンモス校であればなおさら，知らない人にあいさつをするのは気が引けるものです。

　親しい人どうしであいさつをすることをことさら指導する必要はありません。外部からの来訪者や教職員などに対してのあいさつを徹底します。知らない人こそていね

いに，学生のほうからあいさつをするように指導します。

　外部から来られた人はとくに，学生のあいさつがさわやかであることでその養成校の評価につながることが多いと思います。すれ違うときにあいさつをしてくれる学生であれば，「実習を受け入れてもよいかな」という気になります。また，あいさつが身についてくれば，そのことを学生に伝えて認めることで，より一層やる気が出てくるでしょう。

　また，髪型や服装についてですが，どこまでなら許されるかという線引きをする必要はあります。茶髪やアクセサリーを日ごろから禁止するとまではいかなくても，実習先ではどのようなことが求められるかは折にふれて伝えます。そして実習時期が近づいたら，ふさわしい髪型や服装にすることもできるだけ事前に伝えていきます。学生にも覚悟をする準備が必要なのです。そして，実習の前段階として，ボランティアや体験活動などで外部に行くときに，関門を設けて，「身だしなみを整えることができるか」「やればできる学生か，やらない学生か」を見きわめることも必要になってきます。一つひとつの関門をクリアしていくことで，実習に対する準備ができてくるのです。

　さらに，机や椅子の使い方なども指導します。机の上に落書きをするなどといったことは言語道断です。また，授業終了後には椅子を机の中に入れるということが，身についている学生といない学生がいます。机の並びのゆがみも少し指摘するだけで，直るものです。

　座席指定をしていれば，だれが落書きをしているか，消しゴムのかすなどをそのままにしたり，床に落としたりしているかは一目瞭然です。全員へくり返し指導するとともに，個別に指導することがたいせつです。また，授業で座席指定をすると親しい人と隣の席に座れないので私語を防ぐ効果があります。もちろん私語がなければ学生の自主性に任せればよいのですが，私語が多い実態があれば導入を検討するとよいと思います。定期的な席替え，視力等への配慮などは必要です。

　授業の途中退出の場合は，一言教員に理由を言ってから退出するように伝えます。携帯電話などの使用（メール私語）はしないように指示し，くり返すようであれば，受験資格喪失も視野に入れることを伝えます。

　中には，「どうして大学生にまでなって，このような生活指導をされなければいけないのか」と不満や疑問をもつ学生が出てくるかもしれません。そのため，事前にその意味を伝えることがいちばん重要です。わけもわからず納得しないままあれこれ指導をされても，やらされている感があり，効果がありません。自分の行動の意味を伝えることがとても重要です。具体的には以下のように言います。

第1節 実習態度について

「あなたたちは、先生と呼ばれる立場をめざしてこの学校に入りました。先生は子どものモデルにならなくてはいけません。そのためにも、日ごろの生活態度として身につけるべきことを伝えていきます。これができない人は、保育者としてふさわしいとは言えないでしょう。いっしょにがんばっていきましょう」

(2) 実習生になるということ

社会人としてのマナーについて前述しました。ここでは、さらに「実習生としての態度・マナー」について記します。

まずは、メモを取ることです。実習では子どもを観察し、記録を取ることが求められます。そのことで子ども理解や保育理解が進むのです。ですが、いきなり記録を取れと言われてもむずかしいものです。そこで、日ごろからたいせつと思われることを常にメモをするように伝えます。園長先生や主任の先生などが話をするときには、メモを取っていないだけでやる気がないとみられることもあります。

言葉づかいについても同様です。一般社会人としてももちろん求められますが、実習現場では、子ども・保護者がいるのです。子どもに対しての言葉づかい、保護者に対しての言葉づかいなども必要とされます。

授業の中で、マナーについて学ぶことや、ロールプレイングなどで実際にやりとりをして課題を明らかにして克服すること、学校主催の催し物など（オープンキャンパス、公開講座、地域開放）の経験により実地的に学ぶことがとてもたいせつになります。そういったことを経験することによって、「組織の一員として自分はどう動けばよいのか」「自分から気づいて仕事を見つけること」「実際に仕事を行う段取りや手順」「やってみての苦労や課題」など、さまざまなことを学ぶことができます。

また、実習申し込みの電話については、実習校の手引きなどに記載されていることが望ましく、それとともに、実習生は練習が必要です。1つの施設に数人が実習に行く場合は代表者を決めてとりまとめること、アポイントメントの取り方、メモの用意、要件を復唱して確認すること、また施設長不在の場合なども想定して、臨機応変に対応できるよう練習することがたいせつです。内諾を取りたい場合は、断られたとしても笑顔で応対することなども伝えます。

2　現場で

(1) 組織の一員として

■あいさつ、紹介　実習生には、施設はたくさんの人がかかわって運営されていることを伝えます。そのためにも、事前訪問のときには、施設長、主任、クラス担任はもと

より，他のクラスや，調理員，看護師等さまざまな人に実習生を紹介して，関係をつくれるようにします。保護者にもお便り等で実習の意義とともに，どの時期に実習生が来るかを知らせます。知らない人が来て子どもの保育にかかわっているという状態にならないようにすることです。保護者も安心しますし，実習生も責任感が芽ばえます。

　実習生には，自分のクラスの担任だけではなく，施設で会った人全員にあいさつをすることを伝えます。朝には子どもと保護者への明るいさわやかなあいさつ，職員室でのあいさつ，他クラスも含めたあいさつ，自分のクラスの担任と一人ひとりの子どもたちへのあいさつなど具体的に伝えます。

　持ち物の管理についても伝えましょう。貴重品の取り扱い，靴や傘などの置き場所，着替えの場所，持ち物の置き場所などを伝えます。鞄の中身が見えないようにすることなど他人に不快感を与えないような置き方についても具体的に伝えます。休憩時についても，他の職員とのコミュニケーションの場であることを伝え，使用のルール，先輩とのつきあい方などを学ぶ機会となるようにします。

■**報告・連絡・相談**　できるだけ早い段階で，報告・連絡・相談しなければならない内容について伝えます。①子どもの安全（そのときすぐに対処＋すぐに指示を仰ぐ），②保護者からの伝言（保護者には待ってもらい，実習生で対処せずすぐに担任を呼ぶ），③明日の保育の相談（担任のようすを見ながら）など，緊急性による違いを明確に具体的に伝えます。

　初めのうちは，実習担当者から実習生に，「子どもの安全で気になったことは？」「保護者から何か言われてない？」などと，報告すべき視点を折にふれて確認することも必要でしょう。抜けていればその都度指導します。ですが，「何か困ったことは？」「聞きたいことがあったら聞いてくれていいのよ」などと漠然と言っても伝わりません。実習生は，自分が何に対して困り，何を聞けばよいのかわからない，もしくはうまく言葉にできないで困っているのです。

　また，「担任の先生が忙しそうだから聞けなかった」という実習生が非常に多いようです。聞きたいことは，その場で聞くように指導します。後述もしますが，実習日誌に書くことは，後からふり返って気づいたことのみを書くように指導しないと，「どうしてそのとき言ってくれなかったの？」と実習生に対して疑問や不信感が生まれることになります。しかし一方で，忙しそうで聞けないような雰囲気にしているのは実習担当者かもしれないという視点をもつことも大事です。「もし，忙しくて対処できなかったら，その時はそう言うので，聞きたいことがあったらすぐに聞いてね」と伝えることがたいせつです。実習生の疑問をそのままにしておくと，子どもの保育

に跳ね返ってくることを忘れてはいけません。

　もし，聞かれた内容が実習生自身で気づいてほしいような内容であれば，自分で解決してほしいことを伝えたり，考えるヒント（例「子どものようすをよく見てね」「○ちゃんとじっくりかかわってみたら」「他の教材を使ったら」など）を出したりして見守るのもよいでしょう。

　また，実習生には自分から仕事を見つけるように伝えることがたいせつです。具体的には，手が空いていたら，「何かやることはありませんか？」と聞くことや，いちばんよいのは，自分から気づいて「○○をやりましょうか？」と聞くこと，実習担当者がやっていることで実習生でもできそうなことがあれば，「私が代わりにやります」と申し出ることなどです。

　そして，自分がしなくてはいけないことに気づく力をつけるために，常にまわりをよく見ることを伝えます。まわりを見回し，クラスの中で，いちばん援助を必要としていること（手薄になっているところや困っている子どもなどの発見など）は何か，クラス担任はどのように保育を進めようとしているのか，実習生に何を求めているかを担任保育者の視線から，気になっている子どもへの対処，保育教材の準備，補助の必要性などに気づく力をつけることです。

　こういったことを伝え，実習生が気づきの視点をもとうと努力している場面では，おおいにほめましょう。指示や注意ばかりで，ほめないと常に担任の顔色ばかり窺う実習生になります。積極性は，何をやればよいかという見通しや，自分もやれたという自信を育てることによって生まれるのです。

(2)　施設として求めるもの

　施設独自で実習生に求める内容があるかもしれません。体づくりに力を入れているところ，食育に力を入れているところ，音楽に力を入れているところ，さまざまでしょう。施設としての方針は伝えておくことで，実習生も施設の一員として保育に携わる自覚が生まれます。

　子どもたちもその施設で生活しているのですから，その施設がめざしているものを理解しようと努めることが実習生にも望まれます。ですが，過度に実習生に求めすぎるのは考えものです。実習生は将来保育者をめざしているのが前提とはいえ，あくまでも資格・免許のための実習で来ているのです。その施設で勤めることを前提に実習しているわけではないのです。

　ですから，「うちの園ではありえない」「うちの方針だから何も考えず従っていればいいのよ」などというのはよい実習指導とは言えないでしょう。それでは，実習生の

やる気も薄れ，実習態度がよくなくなるのは目に見えています。もし，施設の方針があるのでしたら，きちんと説明が必要です。実習生が来ることで，施設の方針の本当の意味に施設側が気づくこともあるのです。今まであたり前に思っていた習慣が本当にあたり前なのかを問うよい機会になる場合もあります。

　また，実習時間以外の勤務の強要は，できるだけ控えたほうがよいでしょう。たとえば8時30分～17時15分の勤務を1日の実習時間だとすれば，退勤時間を過ぎて20時や21時など夜までの勤務を要求すると，実習生の疲労も積もります。帰ってから実習日誌を書き，場合によっては指導案，明日の準備などもあるからです。疲労がたまると，次の日の保育に響き，子どもたちが迷惑を被るのです。疲労から事故につながる場合もあります。

　また，実習時間以外の休日出勤，実習後のボランティアの強要などは，避けたほうがよいでしょう。場合によっては，保護者からもクレームがつくことを考えたほうがよいと思います。もちろん，実習を機会に継続してボランティアなどにかかわることを勧めることは構いません。あくまでも強要ではなく，実習生の自主性に任せるという姿勢がたいせつです。

第2節　生活面の援助について

1　養成校で

(1) 学生みずからの生活習慣

　本書の読者の方は，学生時代はどのように過ごされたでしょうか。もちろんまじめ一筋で門限も守り，規則正しく品行方正に過ごされた方も多いと思います。しかし，学生時代だからこそ夜通し語り明かし，アルバイトもし，旅行をするなど，多少無理をしてもだいじょうぶというのが学生時代だったと思います。そのようなエネルギーをもっているのが若者なのです。

　ですが，最近は，15回授業の確保，出欠の厳格化などで，授業を休んでまで学校以外の活動をする時間もなくなってきているのが現状かもしれません。

　そうは言っても，ふだんの学生生活と実習をするのにふさわしい生活習慣とは違うのが実情です。実習に向けて生活習慣を改め，実習モードに切り替えるように指導しなくてはいけないでしょう。すぐには切り替わりませんので，徐々にその雰囲気をつくっていきます。

　まず，最近の学生の実情ですが，生活体験自身が乏しく，自分で自立した生活を送

る技術そのものが不足している傾向にあります。

　第一に，朝起きる習慣です。通学時間が長い学生は早起きかもしれませんが，アパート暮らしの学生などは，授業が始まるぎりぎりまで寝ているなどといったことがあるかもしれません。実習施設までの距離や時間を考え，間に合うように早寝早起きの習慣をつけることが必要です。遅くとも実習開始1か月前からその習慣になるように整えるよう指導します。

　また，食生活の改善も必要です。朝ごはんをきちんと食べること，好き嫌いをなくすこと（とくに野菜，牛乳等），片づけ食いをしないこと，はしの持ち方，茶碗の持ち方，食べる姿勢など，昼食時などにも学生どうしでチェックし合うように伝えます。

　掃除の習慣もたいせつです。ほうきとちりとりの使い方（隅々まできれいに），布巾（机等を拭く）と雑巾（それ以外）の区別としぼり方，机・椅子の拭き方や持ち運び方（安全に持つ方法），使ったものは必ず元の場所に返す習慣，ゴミの分別，ゴミ袋の縛り方など，あげればきりがありませんが，必要最低限身につけておかないと，実習に行ってから困ることになります。

　そのためにも，自宅生なら率先して手伝いをすることを推奨します。1週間，家事全般を学生がするといった課題を課してもよいかもしれません。そうすることによって，家事や子育てのたいへんさも感じることができます。アパート暮らしの学生も，1日の生活を記録して，規則正しく是正することを課します。食事の栄養バランスなども考えられるようにすることがたいせつです。実習が始まると，かたよった食生活では1日元気に過ごせません。途中で病気になって子どもたちに迷惑をかけたり実習中断になったりしないためにも，必要なことです。

　また，実習が始まる前までに，必ず病気やけがを治しておくことが必要です。病院に行く時間がとれないからです。とくに歯医者は痛みで実習どころではなくなる可能性もありますし，長期的に通院する必要があるので，すべて直して実習に臨むことを指導します。

　また，持病で朝起きられない，精神的に不安定，体調不安定などがあれば，実習指導教員に相談するように指導します。実習に耐えうるかどうかを医師の診断もふまえて判断します。必要があれば，実習生の了解も得つつ，養成校と現場で情報を共有し，実習に支障が出ないようにする工夫が求められます。

(2) 子どもに対する生活の援助

　子どもはどんなふうに1日を過ごすのか，実習指導で伝えることがたいせつです。自分の配属される施設が決まっていれば，HPや要覧などで，1日の流れをつかんだ

り，事前訪問時に生活の流れを聞いたりすることが必要です。

とくに０〜２歳児では，子どもの生活を保育者がどう援助していくか，「養護」の視点が求められます。まずは，保育所保育指針（同解説書）をよく実習生に読ませることがたいせつです。

そして，「子どもの保健」「同演習」「乳児保育」等の授業を通して，実際の生活の援助についての知識と技術について把握することがたいせつです。ここで把握すると記したのは，１回体験するだけで身につくわけではないからです。授業以外の取り組みも必要です。きょうだい親戚などで乳幼児がいれば，世話を手伝わせてもらうなど，積極的に取り組み，経験を積み重ねることがたいせつです。身近に乳幼児がいなければ，子育て支援センターなどで，訪れている保護者の方の了承を得て，ボランティアとして手伝いをするなどといったことも考えられます。手伝いをできない場合でも，よく観察することがたいせつです。よく見て，どのようにやればよいかイメージをもつように指導しましょう。

2　現場で

(1)　園のルールの理解

園によっては，正座をすること，あぐらをかかないことを求めるところもあるでしょう。実習生も子どもの見本となるわけですから，同じことを求められるかもしれませんが，今まで実習生がまったくやってこなかったこと，とくに正座などを長時間するのはつらいものです（なお，長時間の正座は，罰として与えられたとしたら体罰と認定されています）。そのようなことを念頭におきつつ，心がけとして実習生に伝えるとよいでしょう。

(2)　子どもの生活の援助の実際

登園時の身のまわりのものの扱い方（帽子，かばん，手提げ，防寒具など），連絡帳，お便りばさみ，シール帳，物の片づけ方，掃除のしかた，整理整頓，教材の使い方，部屋の使い方，あいさつのしかた，食事（手洗い，うがい，ハンカチ，タオル，ティッシュ，配膳のしかた，当番，係，いただきます，ごちそうさま），排泄，午睡，降園時など，子どもの生活の流れとルール，必要な援助を実習生が理解するように指導します。施設独自のルールもありますので，知っているだろうと思わないで，実習生には伝える必要があります。

まずは，子どもとかかわりながら，１日の流れを把握することを実習のめあてとして課します。その次に，個別の配慮が必要な子どもに対してどのような援助が必要か

を理解することをめあてに課します。このときに対象児を決めるのもよいでしょう。

　ただ漠然と子どもとかかわっているだけでは，生活の援助はできません。どの子にはどのような援助が必要かを見きわめることが必要です。その答えは，実習生自身が気づいていくのがベストですが，気づきをうながすために，まずは指導者のやり方をしっかりと見せます。ポイントを伝えた後，実際に実習生にやらせます。そして，課題となる部分を指摘し，必要ならばまたやり方を見せ，実習生に再度チャレンジさせます。

　まさに，①やって見せ，②言って聞かせて，③させてみるのくり返しです。そして，④何がポイントだったか確認することがたいせつです。

第3節　子ども理解（子どもの発達）について

1　養成校で

(1)　授業科目の中で

　養成校では子どもの発達を，「発達心理学」「教育心理学」「保育の心理学」「乳児保育」などといったさまざまな授業で学ぶ機会があるかと思います。「障害児保育」などもたいせつでしょう。それらの授業では，基本的な発達の原則，流れを押さえていきます。保育所保育指針に記載してある発達過程の理解も重要です。

　ですが，とくに低年齢児では，発達が著しく，従って必要な援助もどんどん違ってきます。授業の悩みは，教科書や口頭で伝える座学が中心で，実際の子どもとふれ合うことができないということです。それを補うためには，ビデオ教材の活用が有効でしょう。「○か月と△か月の違い」などといった微妙なところまで，子どもの姿を見ただけで判断できるほどに実習生を育てておくとよいでしょう。映像に子どもが出てきたときに，何か月か当てるクイズをして，それはどこから判断したかの根拠を発表し合うなどの授業が有効でしょう。

　そういったことをくり返していると，授業以外でも子どもを見る目が違ってきます。ショッピングセンターなどで子どもを見かけるたびに，「○か月かな」などといったふうに考えるような学生になっていきます。

(2)　ボランティア・体験活動を通して

　実際子どもにかかわることは，子どもの発達を考える上でとても有効です。ですが，保育の実習だけで考えると，キャンプや学童保育などのボランティア，野球やサッ

カー指導などの経験がかえって乳幼児の発達の理解をじゃまする場合があります。それは，児童生徒への指導を経験しているがゆえに，「言葉が話せて当然」という考え方になりがちだからです。

言葉による指導に慣れてしまうと，3歳未満児などでは言葉が通じないことで，必要以上にかかわることに困難さを感じて消極的になったり，言葉だけで子どもを動かそうとして発達にそぐわない保育を展開しがちになってしまいます。

やはり，保育の実習のためにという意味においては，該当年齢の子どもを対象としたボランティアに参加することが望ましいでしょう。また，単発ではなく，継続的にかかわることができるような場がよいと思います。実習先が決まっていれば，何回か事前に通う，実習先以外でも保育所や幼稚園に継続的に手伝いに行くといったことがよいでしょう。

その場合，気をつけたいことは，「ボランティアをしに来ました」と言わないことです。場合によっては，「来てくださいとは頼んでいないのに，恩着せがましい」と不信感を抱く例もあります。「ボランティア」とは施設でなんらかのニーズがあり，依頼があって，それに応えるかたちのことです。手伝いに行くのは，実習生が自分の学びのためにお願いしているのです。ですから，「自主実習」「自主研修」などといったかたちで，あくまでもお願いして，お手伝いさせていただいているという謙虚な態度をとるよう指導するとよいでしょう。

2　現場で

(1) クラス配属・見学・体験の工夫

保育実習実施基準などでは，とくにこの年齢で実習をしなくてはいけないという決まりはありません。ですが，養成校で，実習の学びを考え，「3歳未満児対象の実習」「3歳以上児の実習」といったようにお願いされる場合があります。ですから，まず実習がどの年齢を対象にしているのかを確認します。

発達年齢をつかむ配属パターンには大きく分けて以下の2つがあり，それぞれにはメリットとデメリットがあります。

■発達の流れをつかむ方法　0歳児→1歳児→2歳児クラスなどと配属を変えていく方法があります。それぞれの年齢の1日の生活の流れをつかみ，必要な援助を体験することができるメリットがあります。しかし，そのクラスの特徴，個別対応など細かい部分まで把握するのは，1日や2日の配属では不可能です。また，低年齢になるほど，人見知りなどで，知らない人（実習生）に不安を感じる場合もあります。慣れたころに配属が代わってしまうデメリットがあります。

■**じっくりとその発達年齢をつかむ方法**　1つのクラスに配属され，じっくりと発達年齢をつかむことができる方法です。異年齢児クラス（3〜5歳児混合など）であれば，1クラスで各年齢の特徴をつかむこともできます。一人ひとりの発達や個性，週単位での遊びや生活の流れをつかむことができ，子どもの理解をした上での指導案作成につなげることができるメリットがあります。しかし，配属されたクラスのことしか経験できないのがデメリットです。

　以上の2つの方法のメリットをミックスし，デメリットを少なくするためには，以下のような方法が考えられます。

■**1週目に配属クラスを変えていき，2週目は1つのクラスに配属**　発達の流れをつかみつつ，2週目は指導案作成も考え，クラスを固定する方法です。

■**基本的に1つのクラスに配属**　3歳未満児の午睡時に，3歳以上児のクラスを経験できるなど，3歳未満児の実習であれば，午睡時を活用することも可能です。

■**延長保育時や自由な遊びの時間に，他の年齢ともかかわる**　基本的な配属クラスは固定し，自由度がある時間帯を活用する方法です。

　もし，配属クラスが変わる場合は，配属先の指導者等に実習に対する共通理解が必要です。各クラスの指導者の実習評価へのかかわり方，実習生指導の主担当はだれか，実習日誌のコメントのしかたなどの一貫した指導方針などについて話し合っておきましょう。実習生も配属クラスがどんどん変わると，だれに指示をあおぎ，頼ればよいかわからなくなることが多いようです。

(2)　**個人差の理解**

　発達年齢の平均的特徴を学校で習い，保育所保育指針を学んだとしても，各クラスにいる子どもはさまざまです。全体的な特徴をつかんだ後，個別の特徴をつかむように指導します。その際に，「2歳児のことを何もわかっていない」という言い方よりも，「うちの園の2歳児のことを理解してほしい」「2歳児クラスにいる〇ちゃんのことを理解してほしい」といった言い方のほうがより具体的です。

第4節　子ども理解（子どもの内面）について

1　養成校で

(1)　**子どもを見る視点**

　子どもを見る視点として，外から見た表面的な見方ではなく，気持ちなどの内面を

理解するたいせつさを伝えます。保育では,「できる」「できない」ではなく,「心情」「意欲」「態度」を育てることを認識させます。

評価のしかたも,他人と比べる「相対評価」や,「到達度基準」と比べる「絶対評価」ではなく,その子のがんばりや伸びたところを認める「個人内評価」です。また,比べない評価として,「なぜ,この子はそのような行動をとったのだろう」「どうして,この子はそうせざるを得なかったのだろう」「何を感じ考えていたのだろう」という子どものありのままを受け止めること,「気持ち」「内面」をたいせつにすることを認識させます。

(2) 事例検討

理論を説明しただけでは,なかなか伝わらないので,事例検討をすることがたいせつになってきます。1つの事例をじっくりと検討し,事実をしっかりとふまえた上で,子どもの思い,保育者の思い,その場の情況などさまざまなことに思いをいたらせ,多用な視点をもてるようにうながします。可能性を探ると言ってもよいでしょう。

1つの見方ではなく,多用な見方ができる複眼的な視点をもつことができることで,子どもを受け止める柔軟性につながるでしょう。

ですが,その多様な見方は,根拠もなく出てくるものではありません。子どもの姿から,発達年齢から,子どもを取り巻く環境からなどと,考えるための視点を実習生に与えることも必要な援助といえるでしょう。

この,事例検討は,ある程度子どもとのかかわりを体験した後に行うと,学生自身の体験をもとに話ができるようになり,効果的です。

2 現場で

(1) クラス理解

クラスはどのような雰囲気か,どんなものが好きな子が多いかなどを実習生に伝えます。事前訪問時に伝えておくと,その雰囲気に合った教材を用意するなどといった準備を実習生がすることも可能です。実習1日目に実習生にどのような感想をもったか聞いてみるのもよいでしょう。実習生の感想と実習担当者のとらえがズレている場合もあります。その場合は,そのズレがどうして生じたかに焦点をあて,もう少しこの部分を見たらよいと思う場面,かかわってほしい子どもたちの遊び,子どもを見る視点,保育者のクラスづくり,一人ひとりへの思いなどを伝えることがたいせつです。

(2) 対象児の設定

　クラス全体のようすを実習生がつかめてきたら，とくに見てほしい子どもを設定することも有効でしょう。実習生は，自分になついてくれる子どものことは見えても，それ以外のおとなしい子どものようすはあまり見えていないものです。活発でリーダー的な子，自分の思いを通す子，おとなしくて1人で遊ぶのが好きな子，のんびりとマイペースな子など，その日によって重点的にかかわる子どもを指定して実習生がどうかかわったかを問うといったことで，学びにつながります。

(3) 集団と個

　実習生にはさまざまなタイプがあります。前に出て手遊びやゲームなど集団を指導するのが得意なタイプ，一人ひとりとじっくりとかかわり絵本やままごとなどを子どもたちといっしょに行い世界を共有していくのが得意なタイプなど，それぞれです。
　得意な面を認め伸ばすことで，実習生も自信が出てくるのですが，実習中に集団指導・個別指導の両方を経験できる機会をつくることもたいせつなことです。
　保育者がすべて「明るく元気で素直で」などといったことを求められるのは，人のかかわりの多様性から考えておかしいことだとは思いますが，現実的には，とくに実習生にはそういった面が求められているのはまちがいありません。
　子どもを集団として大きく見る目と一人ひとりを個として見る目の両方がたいせつなことを，伝えていくことが重要です。

○○○ 第5節 ○○○
保育技術について

1　養成校で

(1) 子ども心，遊び心，遊びの体験

　学生たちは，大きくなるにつれて「子ども心」を忘れ，夢中になって遊ぶことを忘れてしまっています。遊びの根本は，「～のために」ではなく，「遊びそのものを楽しむ」ことにあるのです。それを思い出すためにも，夢中になって遊ぶ体験をする必要があります。本当は，学校の授業でなく，ギターでも絵でもサッカーでもよいのですが，授業として行う場合は，子どもの遊びを体験し夢中になって楽しく遊ぶことがたいせつです。そのことで，子どもの気持ちを理解することにつながります。

(2) **教材研究**

　最近は，子どものときにどれだけ遊んでいたか疑問に感じる学生も多くいます。遊んだ経験といっても，ゲームやインターネット，競技スポーツなどがほとんどです。そういった決められた枠組みの中だけで行われていたものは，創造性に乏しく，柔軟な発想が生まれません。

　伝承的な遊びや，自然体験，ものづくりなどを中心に，実際に学生が体験することで，どこがその遊びの魅力なのか，どこで子どもはむずかしいと感じるだろうかなどといったことに気づいていきます。

　また，実習に行く時期を念頭において，どのような教材があるのか，音楽表現（楽譜，CD），造形表現（素材体験，工作，絵の技法），体遊び（ふれあい遊び，戸外遊び，ゲーム）などのリストをつくり，ファイリングさせることも重要です。実習ですぐ実施できるようなネタを増やすことです。

(3) **模擬保育**

　教材研究のストックができてきたら，実際にやってみせます。まずは，実習生自身が何回も練習したり，実習生どうしで互いに手遊びなどを紹介したりするなどして，習熟することがたいせつです。

　そして，自分自身ができるという状態になってから，次は，子どもへの保育をどうやって行うかを模擬保育によって体験させます。

　模擬保育は，指導案なしで何回もくり返しやってもよいのですが，簡単でもよいので，ねらいと内容，活動の流れ，準備，環境，保育者の援助などを書いていったほうが，保育を進める上での拠り所となるため必要です。

　実習生どうし交代で保育者役と子ども役になり，さまざまなシチュエーションで模擬保育をさせます。もし時間があれば，3回に分けてやってみましょう。

■**保育の流れをつかむ**　よどみなく保育を進めることが目的です。子ども役の学生は，基本的に保育者の指示に素直に従い，最後まで保育を進めます。このことで，保育の流れをつかみます。

■**さまざまなシチュエーションを経験する**　子ども役の学生は，自分に課せられた子どもの性格になりきって，保育者とやりとりをします。あまり話に集中しない子，途中で遊びだす子，説明がわからないと泣く子，廊下に出ようとする子，けんかをし始める子など，たくさんの子どもの姿を経験し，その場で臨機応変な対応が求められます。中には，指導案で想定していたものもあるかもしれませんが，想定外のものもあったり，計画どおりうまくいかなかったりすることを経験することがたいせつです。

これが終わったら，課題が残った部分をどう展開すればよかったか，ふり返り改善策を考え，指導案のふり返りとして書き込んでおきます。この書き込みが，実習で実際に指導案を書くときに，子どもの姿を思い浮かべながら保育者の援助や環境の構成を書くことに活きてきます。

■**改善策を保育に生かす**　再度，同じような子どもの姿を演じ，考えた改善策をもとに，保育を進めます。中には，先ほどとは別の姿もまぜてもよいでしょう。実習生自身の中に，たくさんの引き出しをもつ訓練になります。

2　現場で

(1)　見せる：モデル

とにかく，現場の強みは，実際に子どもの姿，保育者の援助，環境の構成を見せることができるということです。これは，養成校でいくらがんばってもかないません。ビデオなどもありますが，実際に見ることにはとうていかないません。

実習生に何を見せるか考えておくことも必要です。漠然と，自分なりに見なさいと言っても実習生はとまどうばかりです。うろうろしている実習生に，「積極性が足りないわね」などと言っていては，短い実習期間はあっという間に終わってしまいます。人間は，経験していないことはできないのです。できたとしたら，なんらかの似たようなシチュエーションを経験していた可能性が大です。

実習生には見てほしい部分をしっかりと伝えます。「今日は，おむつ替えをよく見るように。○○先生のやり方がとてもじょうずなので，真似すること」などと具体的に伝えます。

(2)　機会を設ける

見ただけでは，実際にやれるかどうかわかりません。そこで，実際に経験する場を設けます。実習生がやるとたどたどしく，任せられないと思うことが多いと思いますが，やらせないと絶対に伸びません。

もし，行事などが重なり，特別に時間がつくれない，予定どおりいかないといった場合も，1日の中で時間ができたらちょっとしたことでもやってもらうといったスタンスでいくとよいでしょう。実習生は，常にスタンバイ状態でいるようにさせます。そのようなことで，保育の臨機応変さを体験してもらうよい機会にもなるのです。

(3)　見る：実習生理解

実習生は一人ひとり違います。あたり前のことのようですが，実習生は「明るく元

気で素直」などといった一般のイメージで考えると、そのギャップにとまどうことが多いと思います。

実際のようすを見ながら、どこまで目標とさせるか、どこまでやらせるか、どんな指導が効果的かを吟味することがたいせつです。

体を動かすことが好きな実習生なら、体を動かすような遊びを指導実習にもってくる、絵本が好きなら絵本というように実習生の得意分野を生かしていくのも1つの方法でしょう。

(4) 手伝う

指導実習といっても、実習生にすべてを任せるといったことはあり得ません。とくに、3歳未満児実習などでは、指導実習として、1日任されるなどといったことは、実習生にとってたいへんな負担です。新人がクラスの主任になることが現実的ではないと考えると、その無謀さがわかると思います。子どもも慣れていない実習生に1日担当されると、とても迷惑です。実習生の力量、実習段階、クラスの状態などすべてを勘案して、どこまでのレベルを求めるかが決まってくるのです。

ですが、実習生ができるだけ自分から主務として率先して動く必要性を感じることや、全体を見つつ個にも思いをいたらすことのたいせつさに実習生がみずから気づくことは、たいせつにしたい部分です。

また、任されることはやりがいである反面、「まったくうまくいかなかった」という思いだけ残ると、その後の実習生の保育人生にとってもよい影響を残しません。課題も多かったけれども、充実した実りある実習だったと思うことができ、改めて「保育者になろう」と思うかどうかは、実習担当者にかかっていると言っても過言ではないでしょう。

(5) 考えるヒントを出す：気づきをうながす

聞かれたことにすべて答えていると実習担当者も負担ですし、実習生の主体性も育ちません。そこで、できるだけ自分で気づくことができる、探究することができるようなヒントを与えるようにします。

「紙芝居、何を読めばよいでしょうか？」などといった質問が出た場合、最近の子どもたちの興味関心、子どもたちに伝えたい内容、季節、園にあるものなど視点を与え、自分でいくつか選択してみるようにうながします。そこで、持ってきたものに対してコメントをするなどといった方法をとるのもよいでしょう。

● 第5節　保育技術について

(6)　**指導する・注意する**

　はっきりとしてはいけないことを伝えることが必要な場合もあります。子どもの危険性のこと，人として許せないことなどです。

　そのときのコツは，短くわかりやすく具体的に伝えます。実習生の人格ではなく，保育のあり方としての行為の意味について指摘することです。すべて，子どもにとって最善の利益といえたかどうかをもとにすると，互いに納得がいった指導になると思います。そのときに，「そんなことされたら，面倒くさいので，私が困るのよね」「園長先生にしかられるでしょ」「保護者からクレームがくるのよ」などと保育者の都合や，他の人に責任を転嫁するのは，実習生に伝わらないやり方といえるでしょう。

(7)　**ほめる・認める・励ます**

　たまに，「注意すること」や「しかること」だけが指導と勘違いしている人がいますが，プラスして「ほめること」と「認めること」もセットで指導なのです。逆に言えば，「ほめる」「認める」だけでもだめです。

　実習生は，保育者になるために実習に来ています。わからないことも多く，失敗することも多いでしょう。足りないことを専門的な目で発見することはとてもたいせつなことですが，足りないことを指摘するだけでは，保育の専門家でなくてもできます。足りないことを発見し，その課題をどう克服するかまで伝えることができて，保育の専門家としての指導になります。

　課題を指摘されつつも，「がんばっているところも見てもらっている，気づいてもらっている」と感じることができると，実習生もついてくるのです。

　上からの物言いだけでは，だれもついてきません。そのためには，「励ます」「可能性を信じていることを伝える」などの指導もとてもたいせつです。

(8)　**見守る，待つ**

　指導してもすぐに改善されるとは限りません。そのようなときには，「見守り」「待つ」姿勢が必要になります。

　このときにたいせつなのは，「目付きの保育」ではなく，「まなざしの保育」という精神です。実習生は，たいへん緊張しています。ただでさえ，最近の若者は，受験では内申点が幅を利かせ，関心・意欲・態度まで評価され，先生の顔色を窺って生きてきたのです。

　そのような実習生に対して実習担当者が，「何かあらはないか」「失敗していないか」「注意するところはないか」などと，常に監視しているような目付きをしていた

らどうでしょう。失敗したときには，「だから言ったでしょ」（実際は言っていないことが多いのですが…）「そら見たことか，失敗するのはわかってたのよね」（それなら，先に教えてれあげればよいのに…）といった感じでは，実習生は，自分のもっている力の半分も出せないかもしれません。

子どもには見守る保育がたいせつ，待つ姿勢がたいせつと言いながら，実習生にはできないのでは，人間を育てる専門家とは言えません。育つ力を信じる，この精神さえ忘れずにいれば，きっとよい実習指導になります。

第6節 実習日誌・記録について

1　養成校で

(1)　実習日誌の書き方の基本ルール

養成校では，実習日誌の書き方の基本的ルールを教えます。その際に，参考になる書籍としては，『実習日誌の書き方』があります。この本には，実習日誌の目的に合わせた基本的パターンやタイプ別の書き方（流れ記録タイプ，エピソード記録タイプ等）や，実習中に何をみたらよいかわからない学生のための指導，実習日誌に書く文章のルール，発達年齢に合わせた配属クラス別の実習日誌のポイントと実例などが載せてあります。

また，先輩の実習日誌の例などを実際に見ることなども勉強になります。その際，先輩の実習日誌の中から見本としたいものなどは，ワープロで打ち直すなどして，個人情報などがもれないように工夫することがたいせつです。その資料については，授業では使っても，配布はしないほうが無難でしょう。

また，実習日誌を書く以前の問題として，文章を書くことに慣れているかどうかということがあります。文章を書くことに慣れていないと，毎日実習日誌を書くだけで力がつきてしまい，徹夜のあげく，ふらふらになって保育をすることになります。

(2)　文章を書くことに慣れる

まずは，文章を書くことに慣れるため，授業で，板書を一定の時間中に写す，実習日誌見本をひたすら写すなどといった取り組みが有効になります。実習日誌は，ある一定の時間内に，読みやすくていねいな字で書くという技術が必要だからです。

また，できるだけ多くの授業で，授業が終わるごとに要点を短くまとめ，感想を書く練習をくり返していくと，時間内にまとめて書くという作業に慣れてきます。実習

日誌は長すぎても短すぎてもいけません。公開講座などの感想レポートを書くことなどもよい機会でしょう。書いて提出したものは、ゼミの担任が中心になって、文章を校正し、学生本人に直させます。そうすることによって文章力は、向上していくと思います。この方法は、すべての授業でできますから、実習指導教員に過重な負担がかかりません。

(3) 保育専門の文章力：記録・考察

次に、保育専門の文章力のつけ方です。

付属幼稚園などで観察ができれば、その観察でのメモの取り方を指導した後、実習日誌として形にしてみることが有効です。この経験をくり返すことで、徐々に見たこと（事実）、気づいたこと（考察）を実習日誌へ記録するというように文章でまとめていく力がついていきます。

そういったことができなければ、ビデオ教材などで、ある場面を見て、記録を取り、実習日誌として文章化するといった練習もよいでしょう。

たいせつなのは、書いたものを添削して直していくことです。フィードバックがたいせつです。さらに、指摘したところは必ず直すように指導します。実習指導教員だけで行うと、なかなかたいへんな労力がかかるのがデメリットですが、実習段階ごとにくり返し経験することで、保育の専門用語の使い方なども身についていくでしょう。

慣れてくれば、友だちどうしで見合う、先輩から指導を受けるといったアドバイザー制度導入も可能かもしれません。

(4) 評価につながる実習日誌

最後に、実習評価の観点をよく実習生に理解させることがたいせつです。漠然と実習日誌に記録をしていても出てきにくい観点があります。たとえば、「実習施設の理解」「チームワークの理解」「家庭・地域社会との連携」「保育士の倫理観」「健康・安全への配慮」などは、意識して記録しないと表れてきません。現場の実習担当者も、ふだんのようすからその視点でとらえて実習生を評価することはむずかしいので、実習日誌の記録をもとに評価することになります。そのときに、記録されていないからといって、その視点をもっていないと判断されると評価がたいへん下がります。事前に評価票の観点項目を伝え、その観点を記録するように伝えると確実に評価につながっていくでしょう。

2　現場で

(1) 実習日誌の書き方の共通理解：形式・内容

　現場では，基本的には実習生の書いてきた実習日誌を確認，添削し，コメントを書くことで指導をしていきます。

　そのときに，気をつけなくてはいけないのは，養成校で習ってきた書き方と現場で求めている書き方が違う場合です。できるだけ早めに（できれば事前訪問時，遅くとも実習初日に確認）共通理解して統一することです。ズレたまま何日もたって「その実習日誌の書き方は違うんだけれど」「このやり方で書き直して」などと言われると，実習生は大混乱しますし，指導者も指導がしにくくたいへんだと思います。基本的には実習担当者が慣れた書き方のほうが指導はしやすいと思います。ですが，その場合は養成校と書き方が違うわけですから，書き方の基本的なルールについて，実習生にていねいに教える時間を設け，実際の実習日誌の見本を見せるなどといったことが必要になります。「養成校で何を習ってきたの？」「何も書けないのね」などと言っても，実習生は委縮するばかりです。けっしてそのような言葉を使わないことがたいせつです。

(2) 実習日誌に何を書けばよいかわからない実習生への指導

　また，実習日誌に何を書けばよいかわからない実習生に対しては，視点をあらかじめ伝える必要があります。「登園時は，時間が遅れた○君を中心に書いてみたら？」「砂場遊びでトラブルになったよね。だれが何と言ったのかな？」などと具体的に書く内容のヒントも与えます。

　この書く内容の視点は，実習評価として取り上げる内容を伝えてもよいでしょう。たとえば，「家庭・地域社会との連携についての理解」などは，ただ実習日誌を書いても評価につながる記録はされていきません。保護者と実習生が直接かかわることも少ないからです。その場合は，担任が今日の出来事を保護者に伝えたり悩みを聞いたりしている姿を観察し，記録するように指導します。毎日の打ち合わせで，保護者とのかかわりについて説明するのもよいでしょう。実習評価の観点を実習日誌に入れるようにうながすことで，実際の保育現場でも意識して見たり実践したりするようになります。

(3) 書いている内容がズレている実習生への指導

　文章の量は書ける実習生であっても，実習担当者が書いてほしいと思っている内容とはずれたことばかり書いてくる場合があります。その場合には，やはり書いてほし

い内容を伝えるほうが建設的です。視点のズレに対する指摘のコメントばかりが並ぶと，実習生も嫌になるでしょうし，実習担当者も実習日誌を見るのが苦痛になってきます。そのせいで実習評価が下がることは不幸なことです。

ですが，その書いてほしい内容に関して，実習生にどうしてその内容を書いてほしいのか納得できる説明をしていくことがたいせつです。たとえば，保育の記録が実習日誌に残り，園長や養成校に見られるのが嫌だからか「私（担任）のしたことは書かないでほしい」とか，集団保育だけがたいせつと思うからか，まちがった個人情報保護からか「子ども一人ひとりを詳しく書かないで，集団としての活動だけを書いてほしい」などと担任個人の私情で指導するのはいかがなものでしょうか。実習担当者の都合のよいように実習日誌を書いてくださいという意味で指導するのでは，その姿勢を疑われてもしかたがないといえます。

(4) 実習日誌の添削・コメントのしかた

実習日誌が提出されたら，以下のようなポイントで指導していきます。

■**提出期限の厳守**　まずは，提出期限を守るようにさせることです。これが守られた上での実習日誌の内容への指導になります。もし，守れないようなら，なぜ守れないか理由を明らかにし指導します。書くための視点がわからなかったり，書いている内容がズレたりしている学生には，先述の（2）と（3）の指導をします。あまりにも書けない，徹夜状態でほとんど寝ていない実習生がいれば，実習中に実習日誌を書く時間を与え，直接指導することも必要になってくるでしょう。その際，実習担当者が保育中で指導できなければ，施設長，主任等の担任以外の職員が指導にあたってもよいでしょう。けっして放置しないことです。

■**添削・コメントのしかた**　実習生が書いた部分に対する添削やコメントなどは，実習生の文章と実習担当者の指導箇所を区別できるように赤ペンを使用します。書き込む空間が少ない場合，付箋を使って指摘する場合もあります。付箋であれば，コメント量によって大きさを変えたり，まちがっても修正ペンを使わなくても代えがききます。

まず，ざっと全体を見て，実習日誌の内容を把握します。項目で記入漏れがあれば，その箇所を○で囲み指摘します。誤字・脱字，不適切な記述があれば，その部分を修正します。また，足りない視点や記述不足なども指摘します。気づきとしてよい部分には，下線や波線を引いたりして強調します。花丸をつけてもいいでしょう。

見る視点としては，第一には，その日の実習のめあてに沿って書かれているかです。たとえば，「一人ひとりの個性をよく見て保育する」などがその日の実習生のめあてなのに，実習日誌の内容が全体的な記録ばかりだと，めあてと実習日誌の内容がズレ

ています。めあてに沿って足りない内容を指摘します。

時系列に沿って書く「流れ記録タイプ」の日誌では，子どもの活動，環境，担任保育者の援助・配慮，実習生の動き・気づきなど抜けがなく記録されているかを見ます。

事実と考察を分けて書く「エピソード記録タイプ」の日誌の場合は，「事実と考察がセットになっているか」「事実に基づいて自分なりのとらえをして考察し次の課題を見いだしているか」などがポイントとなります。

■**所見欄の書き方**　「所見欄」の記入は，実習担当者は黒ペンを使い，基本的には，実習生が「今日の反省と明日への課題」を書いた内容に対する返信を書きます。実習日誌全体も見て，よく書けている部分への評価と課題点の指摘をセットにして書くとよいでしょう。

所見欄の内容は，実習が進んでいくにつれ，変えていく必要があります。初めは，実習生の緊張をほぐすように書き，そして徐々に感じてほしい視点，記録してほしい視点の指摘をして，さらに，実習生の成長に対するコメントなどにつなげていきます。この所見欄は，実習生とやりとりをする部分なので，口頭だけでは伝わらないことを文章のかたちで残していきます。文章として残っていくことは，後から見返し，実習生が指導者からのコメントをもとに学びを深めていくたいせつな財産になるということです。

若手の実習担当者であれば，初めは書くのがむずかしいかもしれません。そのようなときは，自分だけで抱え込まず，下書きをして施設長，主任に一度見せ，何を実習生に伝えればよいか相談してみるのも1つの方法です。

そして，実習生には，できるだけ実習日誌で質問するのではなく，直接保育中や，折々の打ち合わせですぐにその場で聞くように指導しておくとよいでしょう。実習日誌が「～についてわからなかった」「～のときはどうすればよいでしょうか。教えてください」などということばかり書いてあれば，そのことについて文章で答えていく必要性が生まれます。実習生が1日をふり返り省察する中で初めて生まれてきた疑問ならよいのですが，疑問をもったまま家に帰り聞くのを忘れていたから質問するというのは，よくない傾向です。疑問をすぐに聞くことは身につけさせたいことです。質問にすべて文章で答えていく作業は実習担当者にとってはたいへんな作業になるので避けたほうが無難でしょう。

第7節 指導案について

1 養成校で

(1) 指導案の書き方の基本ルール

　養成校では，指導案の書き方の基本的ルールを教えます。この基本的なルールを示した書籍としては，『これで安心！　保育指導案の書き方』があります。目的に合わせた指導案の種類について，子どもの姿，ねらい，内容，環境の構成，子どもの活動，保育者の援助，反省・評価などについて，考え方や書く際のルールをわかりやすくていねいに解説しています。

(2) 指導案内容の収集

　また，実習生は指導案に書くネタがないようです。書き方のルールはわかっても，どんな活動をどのように行えばよいのかがわかりません。先輩の指導案を参考にするといった方法も考えられますが，必ずしも自分が予定している活動内容の指導案があるかはわかりません。

　そのような課題を乗り越えるために，『保育指導案大百科事典』が参考になると思われます。この本には，現場（保育所・幼稚園・認定こども園・乳児院・障害者支援施設・重症心身障害児委託病院）で実際に実習指導をされている実習担当者に書いていただいた43例の保育指導案が掲載されています。それらを参考にしながら，実際の配属先の施設の子どもたちの実態や配属時期などに合わせてアレンジするといった使い方をしてもいいと思います。

(3) 模擬保育の実施

　また，前述した模擬保育を通して，①実際の遊び方を知る，実際に遊んでみる，②指導案を書く，③模擬保育をする，③課題を把握し，指導案を改善する，④改善された指導案をもとに模擬保育をするなどといったサイクルをくり返すことで，実習生は力をつけていくでしょう。

(4) 実習施設との事前打ち合わせ・指導案の準備

　また，実習時期や配属先が決まれば，実習生は実習施設への事前訪問を行い，どのような実習内容になるか打ち合わせをします。この時，実習指導教員は実習生に，指導計画（月）や実習で使用する楽譜をもらったり，教材についてヒントをもらったり

して事前に準備するよう伝えます。そして行うであろう実習内容に合わせて，実習が始まる前までに指導案を書かせておくことがとても有効です。そうしないと，実習が始まってから，毎日の保育，その後実習日誌にプラスして，指導案を書くといった作業が入ることになり，実習生は睡眠時間がとれない状況になります。よほど時間の使い方がうまく能力がある学生でないと，困難を極めることになります。

養成校の実習指導教員が添削をし，できるだけ完成版に近いものにしておくのがベストです。指導案ができているということは，それにともなう必要な準備（教材の準備，楽譜の準備，ピアノの練習，手遊び，ゲーム，工作，紙芝居，絵本など）が始められるということです。このため余裕をもって実習に臨むことができるのです。

2　現場で

現場では，実習生が書いてきた指導案をもとに，指導実習を行うことになります。指導案を実習生が書いて保育を行う流れをスムーズにさせるためには，以下のような工夫が必要です。

(1) 指導実習実施の確認

まずは，事前訪問時に，指導実習が何回あるか確認して決めておくことです。配属クラスが決まっていることも前提ですが，部分実習の回数，半日・全日実習の有無などです。指導案がないと思っていたのに（あるいはないと言われたのに）実際に実習に行ってみたら指導案を書かなくてはいけなかったときの実習生の絶望感はこの上なく大きいものです。事前にしっかり伝えることが必要です。

この指導実習の回数は，実習段階によります。養成校から，初めての実習では観察・参加実習中心にして，指導案は課さないでくださいという依頼がある場合もあります。この場合は，課さないほうが無難です。なぜかというと，養成校で指導案の書き方の指導が終わっていない可能性が大きいからです。それなのに，自分の施設ではだれでも指導案を書いてもらっているということで指導案を課すと，実習生も混乱しますし，実習担当者も指導がたいへんです。一から指導案の書き方を教える覚悟があれば行えばよいのですが，なければやめておいたほうがよいでしょう。

また，指導案を書かないなら評価を低くするといった施設もありますが，それは不当な行為です。

厚生労働省雇用均等・児童家庭局長通知（2010年）の「指定保育士養成施設の指定及び運営の基準について」別添シラバスによると，保育実習Ⅰでは，「保育の計画，観察，記録及び自己評価等について具体的に理解する」ことが目標であり，保育実習

Ⅱでは,「保育の計画,実践,観察,記録及び自己評価等について実際に取り組み,理解を深める」ことが目標となっています。つまり,保育実習Ⅰの段階では,具体的な理解をすることが目標なのであり,保育実習Ⅱの段階で実際に取り組むことが目標となっているのです。

保育実習のミニマムスタンダードによる実習評価でも,保育実習Ⅰの評価は,「保育計画・指導計画の理解」となっており,保育実習Ⅱの評価は,「指導計画立案と実施」になっています。

指導案を書かないのに理解ができるのかという現場からの意見もあるようですが,ミニマムスタンダードの実習指導計画によると,保育実習Ⅰでは,「保育計画の意義を理解し,保育の実態を学ばせる」「保育計画に基づく指導計画のあり方を学ばせる」といった方法で理解につなげることを提案しています。つまり,子どもの実態に合わせて計画があり保育が行われていることを理解すればよいのです。そのためには,施設の保育・教育課程,指導計画などを実習生に示し,PDCA（Plan-Do-Check-Action）サイクルのもと保育がすすめられていることを伝えるとよいでしょう。「部分実習などにおける指導計画の立案を試みさせる」ということもミニマムスタンダードでは提案していますが,あくまでも立案を試みさせるということであり,実施は必ずしも求めていません。

保育実習Ⅱになると,実習指導計画として,「指導計画を立案し,実践させる」とされ,具体的には,「保育の一部分を担当する指導計画を立案し,それを実践させる」「一日の保育を担当する指導計画を立案し,それを実践させる」となっています。

厚生労働省雇用均等・児童家庭局長通知,全国保育士養成協議会のミニマムスタンダードにおいて,両者ともに求められていないのですから,初期の段階である「保育実習Ⅰ」において指導案を立案し実践しなくても,実習生には何の落ち度もありません。このことは,しっかりと現場と養成校で共通認識する必要があるでしょう。

(2) **指導案の立案指導**

さて,指導実習が行われることが決定すれば,事前訪問時に,実習生にどのような指導案を書いてほしいのか,見本を見せるのがいちばん早い方法です。養成校によって指導案の書き方が違うからです。もちろん現場によっても指導案の書き方は違います。

この共通理解がなされてから,実習時期にどのような内容で保育が行われる予定か,保育・教育課程,指導計画（月）などを渡して伝え,指導案を書いてくるように指示します。

施設で弾くことになる歌の楽譜があれば,コピーをして練習用に渡してもよいで

しょう。また，実習時期に合わせた歌を用意してくるよう伝えたり，手遊び，ゲームなどをやってもらうといった予定を伝えたりしておきます。

　実際のクラスのようすを見せることも重要です。活発かおとなしいか，クラスの子どもたちの興味関心，好きな遊びなどを伝えておくと，実習生も準備できます。

　また，実習生がどのようなことが得意か聞き，それをもとに指導実習を行うことをうながしてもよいでしょう。指導案を書かないまでも，たとえばフルートができる実習生が誕生会で披露するなどの機会をつくることにもつながります。実習生も準備ができるでしょう。

　理想は，実習生が想定される指導案の候補をいくつも書いておき，実習初期に実習指導者に見せて，指導を受けられるようになっていることです。突然指導案を書かせるのではなく，できるだけ情報を与え，準備できるようにうながすことが大事です。

　実習が始まってからは，書いてきた指導案をもとに，実際の子どものようす，実習生の性格や力量，保育の流れなどを勘案して，修正していく作業をしていくとよいでしょう。指導案をもとに話し合うことで実習生の保育の理解も深まりますし，担任との関係も深くなっていきます。指摘するポイントは，子どもの姿をどれだけ予想できるか，その予想されることに対して，どのような援助が可能かを考えられているかです。実習生は，経験が圧倒的に足りないので，実習担当者からどんどんヒントを出したほうがよいでしょう。

(3) 実習担当者のモデル，実習日誌の活用

　同じような活動を事前に見せることも有効です。たとえば，フルーツバスケットの指導案を実習生が立案し実践するなら，その前に実習担当者が同じ活動内容であるフルーツバスケットをやってみせるのです。もちろん，担任が行うのと実習生が行うのでは子どもたちの姿も，保育者の援助のレベルも全然違うのですが，やってみせてイメージをつかむことができるようにします。子どもの集め方，保育者の言葉掛け，遊びの進め方，環境構成のあり方，子どもの遊ぶようす，保育者の援助などさまざまなことをできるだけていねいに細かく観察記録させます。

　この記録をもとに指導案を書かせるとスムーズです。生活場面でも同様に，実習日誌に担当予定部分を細かく書くことによって，その部分を写しながら書くことができます。写せない部分は，見えなかった部分なので，よく観察するようにうながします。さらに，実習生自身の予想，指導者の助言等を書き足していきます。実習日誌は，指導案のもととなるものでもあることを認識させることが重要です。たとえば，工作をするとなれば，だれがハサミを使えて，どこまで援助が必要かなどをふまえないとい

けません。衣類の着脱，排泄指導などは，一人ひとりの発達を把握していないといけません。実習日誌等に記録していなければ，よりよい立案につなげることはむずかしいのです。

(4) 模擬保育

　指導実習実施前に指導案をもとにして，実習生に模擬保育をさせるのもよいでしょう。頭で考えていることと実際にやることは違うからです。時間があれば模擬保育をさせて足りないところを指摘して改善をうながした後，指導案はあくまでも案なので，子どものようすを見ながら臨機応変に柔軟に保育をすることを伝えます。実習担当者に時間がなければ，実習生が自分なりにやっておくことだけでも有効です。

　現場での指導案の指導でたいせつなのは，文章の上手さではなく，事前の予想や，子どもの姿をふまえた計画であること，保育にねらいや意図をもつこと，計画と実践のズレなどを体感し，今後の保育に生かす態度を身につけさせることです。

　また，「失敗してもいいからあきらめないで堂々とやること」「子どもにとってどんなやり方がよいか常に考えること」などを伝えることもたいせつです。実習生にあきらめないチャレンジ精神と子どもの最善の利益を常に考える心があれば，実習は怖いものなしです。

(5) 指導案前の練習

　実習生は，指導案を書いて行う指導実習の前に，指導案なしで実施する部分実習の経験を積んでおくとよいでしょう。帰りの会などで，絵本・紙芝居を読む，手遊び・ゲームをする，衣類の着脱の援助をするなどです。この場合，実習生は指導案とは言わないまでも，活動や生活の簡単な流れをメモにしておくとよいでしょう。そして，ポイントとなる援助や，外してはいけない言葉がけなども書いておくと，カンニングペーパー的に実践に生かすことができます。

　このような経験をしておくことが，指導案を立案し，実践するもとになっていくのです。

第8節　評価について

1　養成校で

　養成校では，「実習指導」を行っています。実習指導の内容は，第3章を参照して

いただきたいのですが，事後指導では実習の総括と課題の明確化をすることが必要です。

また，養成校による「実習指導」の評価と現場による「実習」の評価との関係性についても明確にしておくことが必要でしょう。たとえば，どちらかが不可だった場合の扱いなどです。

「実習指導」の評価が不可だった場合は，「実習」も不可となっている場合は，もう一度実習先を探すことになり，負担が大きくなります。この場合は，「実習」の評価を保留にして，「実習指導」で不足している部分（たとえばレポート提出，個別指導）などを補い，課題をクリアしたら「実習」「実習指導」ともに評価をつけます。

もし，「実習」部分が不可であった場合はどうなるでしょう。この場合は，再度同じ実習施設で実習をお願いしても，実習生，実習施設ともに関係がうまくいかないことが多いものです。仕切り直しとして，別施設での再実習というかたちがよいかもしれません。その場合，実習は次年度に下学年といっしょに行くことになります。そして，「実習指導」は連動して不可として，再度初めから再履修することを求めることになると思います。

もうすでに実習指導の内容を聞いているので，実習だけ行けばよいのではという考えもあるかもしれませんが，実習不可になるにはそれだけの理由があるものです。もちろん，不可になる場合は，現場と養成校で話し合いの場をもち，共通理解の上の判断となるでしょう。正当な理由があって不可となる場合は，何が足りなかったのかを実習生に伝え，もう一度実習に行く意志があるか確かめた後，初心に返って実習指導を受けることを実習生に求めます。

2　現場で

(1)　実習評価のしかたの共通理解

現場では，養成校の実習評価票に従って評価をつけることになります。まず実習の手引きや実習評価票を確認します。各養成校で評価票の形式が違ったり，現場と養成校の実習評価の割合が違ったり，評価票の各項目の重みづけが違ったりするので，事前に確かめることが必要です。

いちばん気をつけなくてはいけないのは，「実習不可」となるのは何点以下かを確かめることです。各項目と総合評価が連動していれば，合計得点が何点かも換算しなくてはいけません。連動しているかどうかは，はっきりと実習の手引きに記載しているところとしていないところがあるので注意が必要です。不可にするつもりではなかったが厳しく評価したために，結果的に意図せず不可になっていたという例もあり

ます。

表7-1 評価票様式「保育実習Ⅰ（保育所）」（例）

実習生	第　学年		学籍番号		氏名		
施設名称				施設長　　　　　　　　　　印			
				指導担当職員　　　　　　　印			
実習期間	平成　年　月　日（　）～　平成　年　月　日（　）（合計　日間）						
勤務状況	出勤　　　　日		欠勤　　　日		遅刻　　回	早退　　回	備考
項目	評価の内容	評価（該当するものをチェック）					所見
		実習生として優れている		実習生として適切である		実習生として努力を要する	
態度	意欲・積極性	☐		☐		☐	
	責任感	☐		☐		☐	
	探究心	☐		☐		☐	
	協調性	☐		☐		☐	
知識・技能	施設の理解	☐		☐		☐	
	一日の流れの理解	☐		☐		☐	
	乳幼児の発達の理解	☐		☐		☐	
	保育計画・指導計画の理解	☐		☐		☐	
	保育技術の習得	☐		☐		☐	
	チームワークの理解	☐		☐		☐	
	家庭・地域社会との連携	☐		☐		☐	
	子どもとのかかわり	☐		☐		☐	
	保育士の倫理観	☐		☐		☐	
	健康・安全への配慮	☐		☐		☐	
総合所見				総合評価（該当するものに○）		実習生としてA：非常に優れているB：優れているC：適切であるD：努力を要するE：成果が認められない	

※『保育実習のミニマムスタンダード』をもとに作成

(2) 実習評価の客観性のもたせ方

　実習担当者の印と施設長の印を押して，養成校に送ることになると思いますが，その前に実習評価が適切に行われたかを施設内で何人かの目を通し，話し合った上で最終評価するのがよいでしょう。まず直接実習生の指導をした実習担当者が下書きをし，主任等を経由し，施設長へ確認するという流れが一般的かと思います。

(3) 各項目の評価のしかた

　保育実習のミニマムスタンダードでは，「実習生として優れている」「実習生として適切である」「実習生として努力を要する」の3段階で評価することになっています。この「実習生として」求めるレベルの配慮，また，育てるという観点からの配慮が必要だといえるでしょう。ミニマムスタンダードでは，この項目はふり返りのための指標としていることから総合評価とは連動しません。

　では，評価の根拠を何に求めればよいでしょうか。

　まずは，各項目の評価に該当するような実習内容を経験したかということが問題になります。先にも述べましたが，項目によっては，経験できなかった部分も出てくるかもしれません。ですが，本来は経験できるように実習指導計画を立てるべきだったという養成校と現場の指導体制の不備が問われているともいえます。ですから，評価不能としてチェックがつけられないような項目がないように，実習評価票に照らし合わせて実習計画を立てて実施していくことが求められます。計画，実践，評価は一体的に行う必要があります。

　また，フィーリングで評価をつけるのではなく，できるだけ具体的な根拠をあげて評価をしていくためには，目に見える部分を評価するといった考えがあります。どの部分を見て評価するかを明確にしておくと，あまり悩まずにすみます。実習生にとっても何が評価されるかわからない状態がいちばん不安になるようです。

　たとえば，介護実習などでは，「経験録」という考え方があります。各項目の経験を到達目標とし，「説明」「見学」「経験」の3つに区分し，段階をふまえて習得をめざします。各区分は以下のような意味をもちます。

　説明：実習担当者からそれぞれの項目について説明を受け，理解できた。
　見学：実習担当者から説明を受け，実践を意図的に見学した。
　経験：説明，見学をふまえた上で実習生が自分で
　　　　　A 実習担当者とともに実践した。
　　　　　B 実習担当者の確認のもと1人で実践した。

　これを，保育に応用するとすれば，各項目の評価に必要な経験は何か考え，実習現

場で説明し、実際に見せ、やらせてみるという作業ができるようになります。実際の保育に関する実習としては、初日から参加実習がメインになると思います。そこで、各項目において、理解している（知っている）、行動している（やっている）、習熟している（できている）のように、目に見える部分で具体的にチェックし、評価していく方法です。知っているか知っていないか、実施したかしていないか、できたかできないかというように2択で簡単にチェックをつけていき、評価の根拠とします。

そして、これは、実習担当者自身の指導のふり返りにもなります。ただなんとなく実習生に保育を行わせるのではなく、実習指導として、見せる、教える、機会を与える、できるようにもっていくということができたかどうかをふり返る指標となるからです。

たとえば、実施する機会がなかったから、その項目の評価が下がるということになると、実習生の責任ではなく、指導側にも責任があると考えられます。現場の指導体制、指導力そのものが問われることになります。

実際に、保育への応用の一例をあげると以下のようになります。

［経験録の保育への応用例：保育技術について］
・手遊びを知っている　or　知らない
　（実習担当者は手遊びの意味、やり方について教えたか）
・手遊びを子どもの前で行った　or　行っていない
　（実習担当者は手遊びをする機会を与えたか）
・手遊びを子どもの実態に合わせて実施できた　or　できない
　（実習担当者は実習生がうまく実施できるまで指導することができたか）

もちろん、目に見える部分のみで評価できるわけがありません。保育は目に見えない部分こそたいせつなものがたくさんあります。ですが、評価には限界があることを認めつつ運用すればよいのではないかと思います。実習生の今の時点での保育に関する力を判定しているにすぎないからです。資格免許付与のための評価ととらえれば、厳格に何をすればどのような評価が得られるかがはっきりしていたほうが、現場、養成校による評価のばらつきも少なくなると考えられます。

見えない部分、点数化できない部分については、各項目の所見欄に記述していけばよいでしょう。量的な評価ではできない部分を質的評価によって実現すればよいのです。その実習生なりの意欲、成長、よさなどは記述によってこそ評価され、今後の指導に生かされていくことがたいせつだと感じます。

(4) 総合評価のしかた

　各項目の合計得点がそのまま総合評価になる場合はよいのですが，連動していない場合は，総合評価の基準の根拠は何になるのでしょうか。
　これには，さまざまな考え方があります。たとえば，各項目が10項目（3段階）の場合で考えてみましょう。
　①各項目の評価の割合で付ける：各項目で，いちばんよい点数がつけられた数が8個以上あればA評価，最低評価が3個以上あれば，E評価などとします。
　②各項目はふり返りのためとして別物と考え，総合評価は実習に対する単位認定のための評価として独立させる。
　保育実習のミニマムスタンダードでは，評価の各項目は課題の明確化，事後学習，ふり返りのための資料としています。すると，総合評価が実習としての単位認定のための判断材料ということになるかと思います。
　総合評価は，実習全体をふり返り，総合的に評価します。各項目と連動していないことから，各項目の評価段階の割合や合計得点の換算などは行わないため，現場の感覚に合わせて，筆者は次の（　）内のように解釈してみました。
　つまるところ，未来の保育者を育てるという感覚があれば，いっしょに働きたいか働きたくないかなのではないでしょうか。または，いっしょに働かないとしても，将来現場で働いてほしいか働いてほしくないかです。

[保育実習のミニマムスタンダードの総合評価例より]
実習生として
　A：非常に優れている（ぜひ明日から保育補助としていっしょに働いてほしい）
　B：優れている（いっしょに働いたら助かる部分が多いと感じる）
　C：適切である（何度か実習経験を積んだ後なら，いっしょに働いてもよい）
　D：努力を要する（資格免許をとってもよいが，保育分野に進むことはお勧めできない）
　　〈ここで，可か不可かが分かれる〉
　E：成果が認められない（資格免許を与えてほしくない）

　この，Eの部分は，養成校の評価では，F（不可）の部分になります。どういう場合にFになるかは，現場と養成校で厳格に決めておく必要があります。最終的な分かれ目は，実習単位が取れるか否かであり，そのことが資格免許取得にかかわるからです。具体的には，以下のような場合でしょう。
　・遅刻，無断欠席のくり返し
　・提出物の不備（実習日誌，指導案の未提出をくり返す）

- 実習態度の問題（反抗的な態度，居眠り，指導を聞かない）
- 衛生・安全面の問題（子どもとのかかわり方など）

(5) 総合所見
■記述内容　総合所見は，量的評価では表せない部分を質的評価として記述していく部分です。今後の実習生の育ちにつながるように，実習の成果と課題について書きます。書く内容は以下のようなものと考えます。
- 各項目の根拠について（よいところ，努力が必要なところ）
- 総合評価の根拠について
- 評価点数には表れない実習生なりの努力，成長，よさなど

■ふさわしくない内容　この部分に非難めいたことを書くことは少し不適切な場合もあるかもしれません。あくまでも，実習生としての総合所見を書く場所であることと，実習評価の証拠として保管される公的な文書となるからです。実習生から評価の開示を求められることも視野に入れることが必要です。

　もし，実習指導のあり方に対する意見，実習生とのトラブルなどがあれば，アンケート等の活用，養成校との直接的なやりとりなどで解消していくことが望まれるでしょう。

本章で取り上げた参考図書

『これで安心！　保育指導案の書き方――実習生・初任者からベテランまで』開　仁志（編著）　北大路書房　2008年
『実習日誌の書き方――幼稚園・保育所・施設実習完全対応』開　仁志（編著）　一藝社　2012年
『保育指導案大百科事典』開　仁志（編著）　一藝社　2012年
『保育実習指導のミニマムスタンダード――現場と養成校が協働して保育士を育てる』全国保育士養成協議会（編）　北大路書房　2007年

第 **8** 章

実習生のタイプに合わせた指導

第1節 学生を理解するために

実習生を迎える際にたいせつなことは、まず、「どのような学生なのかを探る」ことでしょう。本章では、その手助けとなるようなヒントをあげていきたいと思います。

1 最近の学生の実態を探る

(1) 最近の若者って？

「最近の若者」と聞いて、どのような人たちを想像しますか。

- 携帯電話やスマートフォンなどの通信機器をだれもが持ち、デジタルに人とつながっている、コミュニケーションが苦手な人たち。
- 厳しいことを言うとすぐに落ち込み、なかなか立ち直ってこない。
- 社会人基礎力の低い、主体性に欠けるマニュアル人間。

上記のようなイメージではないでしょうか。

(2) 時代背景との関係性、世代間の価値観の違い

人と接する際、その人と世代の違いがあると、価値観が異なり相手の言動が理解できないということはないでしょうか。世代間の価値観の違いは、相手を理解しようとした際に、大きな障害になることがあります。

では、昨今の若者たちはどんな時代を生きてきたのか想像してみましょう。

たとえば、ゆとり世代といわれる若者たちで考えてみます。彼らは、バブルといわれた好景気が終わり、就職氷河期なる時代が到来した平成はじめに生まれています。今までのように高学歴という肩書きだけでは、いわゆるよい就職先に行けないことをだれもが実感しだしたころに誕生した彼らは、そんな時代背景の中で幼少期を送ってきました。

反面、彼らの親世代の多くは、就職したころにバブル好景気を経験し、世の中の厳しい側面をあまり見ずに、「努力すれば、必ず報われる」といったかたちの仕事をしてきているのではないでしょうか。

このようにいつの時代も親と子の時代背景は異なります。当然、価値観の違いが生じます。そのような親子関係を探ることは、学生を理解するポイントの1つになります。

2　問題を抱えた学生の増加

　学生理解のためには，このように時代背景を探ることがポイントです。どのような社会で生きてきたかは，その人の根幹をつくります。人の発達には，社会的背景が大きく関係してくるのです。

　たとえば，ゆとり教育では，学力の低下，競争社会の欠如，身勝手な自己主張，将来への悲観，格差拡大といった弊害があげられることがあります。もちろん，ゆとり世代といわれるすべての人が上記のような人ではないでしょう。しかし，そのような問題を抱えている学生が多くなってきていることは確かです。

　また，かつては自身の傾向や実力を鑑みて進学しなかったような学生が，昨今，進学するようになってきました。いわゆる全入時代の到来です。基礎的な学力がなくても入学試験の内容によっては，進学してくる学生がいるということなのです。

　また，"世界に1つだけの花"だといわれて育てられ，自分には何か他の人にはない隠れた才能があるはずだという考え方をする学生もいます。そして，その才能はあまり努力せずとも勝手に開花してくると思い込み，のんびり構えている若者が多いように感じます。また，人から認められなかった場合，「相手が自分の才能を見抜けないからだ」と相手を責め，自分自身に非があるとは考えないようです。

　そのような学生が増えてきているということは，これまでとは違う，何か特別な支援が必要になってきたということでしょう。たいへんにむずかしい問題を抱えた学生が多くいることをまずは理解する必要があるでしょう。

第2節　学生から実習生へ

1　めざしている分野を意識する

　保育者を養成している学校では，ふだんの学生生活において他学部では許されることも，資格・免許を出すという観点から許されないことがあります。

　大前提には，「子ども相手の仕事をする人」になるということがあげられます。たとえば，服装。大学生としては素敵なファッションでも，子どもたちから見ればだらしがない変な恰好ということがあります。子ども相手の仕事をするには，ふだんから立ちふるまいを正しておくことがたいせつです。

　実習のときに突然正そうとしても，ふだんの自分は出てしまうものです。子どもたちのモデルとなることを意識した学生生活を送る必要があります。

2　学生と実習生の違い

　資格免許取得の際には,「実習」に行く必要があります。では,ただの学生と実習生の違いとは何でしょうか。

　「実習」は,社会への第一歩です。社会の中で勉強をさせてもらうわけですから,「社会人」としてのマナーも必要になってきます。よって,実習に出る際は,「自分は実習生である」ということを意識し,社会人としての行動をする必要があるでしょう。

3　短期大学・専門学校と4年制大学の養成の違い

　短期大学・専門学校は,同じ分野をめざす仲間が切磋琢磨し合って,無我夢中で2年間を過ごしています。そこには,「この道でいいのかしら」などと迷っている暇はなく,短期に集中して資格・免許を取得し,就職します。

　一方,4年制大学では,複数資格を奨励している学校が多く,専門職の中でも,どの道が向いているかと悩む学生が多く見受けられます。保育の道しか考えていなかったにもかかわらず,小学校の実習にいってみたら,「小学生もかわいいな」「小学校教諭のほうがお給料高いな」と,一気に方向を転換し小学校教諭をめざして勉強し始める学生もいます。また,一般企業も視野に入れた将来設計の機会が与えられるため,4年間のうちに「どの道に進もうか」と迷い続ける学生生活を送っています。

第3節　大学教員の意識——多様な価値観

1　アカデミック派教員と実践派教員

　学生がふだん接している大学教員の考え方もさまざまです。大学になると専門分野が保育ではない教員がいて,さらに幅広い視野をもって語り合っているのが彼らの日常です。世の中における発展の多くは研究から生まれるという考え方で,まずは知識を多く獲得すべきとする教員,専門家を養成する際は人間性を豊かにすることこそたいせつとする教員など,多様な価値観があるでしょう。

　当然,世の中に対する見方も違い,専門家を育てる学部であっても,資格・免許は取得するだけで就職先は一般企業がよいと考えている教員もいれば,何がなんでも資格・免許を取得し,専門職へという教員もいます。

　学生たちが柔軟に将来を考えることができるように,教員の意見を押し付けることなく多様な価値観を提示していけるとよいでしょう。

2　学生の比較

　養成校に長く勤めていると，どうしても昔の学生と目の前の学生を比較してしまいます。また，養成校の教員自身が学生時代に経験した実習のイメージを引きずったまま，目の前の学生に指導しようとする場合があることも事実です。

　学生をだれかと比較することは，目の前の学生がどのような人なのかを把握し，自分の指導方法を改善するためにはたいせつでしょう。しかし，比較した結果，足りないところばかりをクローズアップし，その学生の能力以上の指導をし始めるとどうでしょうか。学生を知る方法や教員の指導方法は，もう少していねいに考えていく必要があります。

第4節　現場職員の意識――どのように実習生をみているか

1　学生認識のズレ

　実習生がやってきたときにどのような学生かを判断するために，だれかと比較することがあるでしょう。「実習生だったころの私」はどうだっただろうかと考えることもあるのではないでしょうか。「自分が学生だったころの時代の実習生」と，今現在，目の前にいる実習生とは養成のカリキュラムも時代背景も異なるのですが，つい，昔の自分が経験した実習をイメージしがちです。以下に，「昔，現場職員が実習生だったころ」と「現在，目の前にいる実習生」を比較した際のズレを示してみます。

　「私が実習生だったときは，指導案をたくさん書いて，たいへんだったけれどとても勉強になったなあ」などと思い起こすとします。すると，今回の実習生の実習段階が，ⅠなのかⅡなのかも確認せず，「とにかく，たくさん指導案を書いてもらって，鍛えてあげなくては…」と，実習生の能力に見合っていない指導をしてしまいがちです。

2　実習生受け入れに対する意識の違い

　実習生を受け入れることに関しては，さまざまなとらえ方があるでしょう。実習生に対する意識の違いによって，対応も変わるはずです。実習生の受け入れに対する意識は，3つのタイプに分けられます。保育現場では，自分がどのような気持ちで実習生を受け入れているのかということを，自身で把握しておくとよいでしょう。

　①実習拒否派：受け入れたくない

　　実習生は，保育現場において「異質」なものです。とくに6月あたりの実習は，

第8章 実習生のタイプに合わせた指導

厄介なものでしょう。幼稚園の3歳児クラスで考えてみましょう。4月に泣いて登園していた子どもたちも4月後半になるとようやく落ち着いてきますが、ゴールデンウィークあけにはまた元の木阿弥にもどってしまいます。そこで一から信頼関係を築き直し、子どもたちも落ち着いてきたなあと思っていたところに「6月から実習生がきます」という状態を想像すると、「実習生がくると、また子どもたちが不安定になるなあ」と感じて当然でしょう。

行事などで忙しいときも同様に、実習生に対応する余裕はなくなります。また、特別に配慮が必要な子どもが多くいるクラスでは、ふだんの保育が手いっぱいで、実習生を育てている場合ではないかもしれません。

これらのように、実習を、ふだんの保育で精いっぱいのところに「異質」なものが入り込むととらえれば、現場職員はかなりの負担を感じ、実習生を受け入れたくないと考えて当然です。

②実習容認派：積極的に受け入れたい

忙しい中でも、ぜひ実習生を迎え入れたいという保育者もいます。1番の理由としては、実習生がくると自分の保育を見直すきっかけになるということがあげられます。実習生の指導を担当した際は、保育に関する質問を受けたり、実習日誌を添削したりしますが、その中で自身の保育をふり返らざるを得ない状況になります。何度か実習担当をすると、実習生に教えるばかりではなく、新鮮な感覚の実習生の意見から逆に教えられることがあるという経験をします。

また、保育者確保の視点に立てば、よりよい新人を育てたいという気持ちが強くなり、「いつかいっしょに働くかもしれない人には、少しでも現場に出て子どものことを学んでほしい」と考えることでしょう。

③中間派：しかたがない

実習生と聞いて、「面倒だな」と感じる保育者と、「育ててみたい」と奮起する保育者がいることは述べましたが、「まあ、しかたがないか」という感覚で、実習生を受け入れることにあまり感情をもたない保育者もいます。

実習生がくるのは当然の（しかたがない）ことで、とくに嫌な感情をもつことも、楽しみにすることもないという感じなのでしょう。

自分が①、②、③のどのタイプの保育者かを見きわめ、その上で実習指導を実りあるものとするために自分なりの目的を明確化してみましょう。

3　実習生に求めるイメージ、レベルのズレ

保育者が求める実習生像と、実際の実習生に大きなズレを感じたことはありません

か。実習生には，本当に保育職をめざす人や資格取得だけを考えている人，実技が得意で明るく元気な人や落ち着きはあるが体は動かない人，短期大学・専門学校生や4年制大学生，などさまざまな学生がいます。よって，実習に対する意欲も，身につけている技術や知識も当然違うはずです。

　また，理想の実習生像は実習担当者によって異なります。「手遊びや読み聞かせ・ピアノがうまく，明るい」ことを理想の実習生像としている保育者と，「まだ勉強中なので，子どもたちの前に立つことはうまくなくても，子どもに寄り添って子どもを知ろうと懸命になることができる」ことこそ実習生としてたいせつであるとしている保育者では，実習生に対する評価も異なってきます。

第5節 実習生の意識——不安を抱えて

1　養成校の教育に対して

　どれだけ事前指導を行っても実習前の彼らの不安はすべて解消されるわけではありません。付属の幼稚園・保育所で子どもとふれる機会が多かろうと，手遊びを何十個も覚えたとしても同様に不安は残ります。

　実技重視，理論重視，実習態度や意欲を育てることを重視…といった具合に，養成校にもさまざまな方針があります。実習生は，自分に足りないところを実習前に教えてほしいと考えているのでしょうが，その要求に合致していないこともあるでしょう。実習前には，多くの学生が保育技術などを授業以外でも個人的に教えてほしいと求めてきます。そして，「なにより不安を受け止めてほしい」「支援してほしい」と願い，実習指導教員に頼ってくるようになるのです。

2　実習現場に対して

　実習生が実習先に関して抱くイメージは，一般的には，不安と恐怖です。「いじめられたらどうしよう」「指導は厳しいかな」「きっと自分は，何もできないだろうな」「人間関係につまずかないかな」など，いろいろと考えておびえ，不安感を増大させているものです。反対に，「子どもたちに会えることが楽しみ」といった希望を抱いている実習生もいます。

3　個別に違うイメージ

　実習に関しては，個人個人でイメージが異なるようです。何も考えていない実習生

もいれば，おびえたり楽しみにしたりする実習生もいるでしょう。また，周到に準備する人，何も準備しない人，向いていないと思いながら行く人，行きたくないけれど資格のためしかたなく行く人，ただ流されて行く人もいるでしょう。このようにさまざまな状態で実習に臨んでいるということを理解しておきましょう。

第6節 実習生指導の基本

さまざまな学生がいますが，実習生の指導において基本としているポイントはどの養成校でも変わらないでしょう。そのポイントを以下に示します。

1　日ごろの学生生活

実習では，日ごろどのように学生生活を送っているのかが出やすいものです。そこで，ふだんの生活から正すことが必要になってきます。

授業の態度，交友関係，出欠状況などから，一人ひとりの学生を見きわめ，その学生に合った指導方法を細かく考えていきます。特別に配慮すべき学生に関しては，個別に面談や指導を重ねていきます。

2　実習前

実習前の指導の中で大きなウエイトを占めるのは，不安な気持ちの受け止めです。実習指導の時間のみで対応するのはむずかしいため，ふだんから実習指導教員の部屋を開放し，学生の話を聞く必要があります。

また，保育技術や指導案作成に関しては，実習指導の時間だけでは身につかないことが多いため，悩んでいる学生に対しては，個別に対応します。ともに手遊びや読み聞かせの練習をしたり，指導案作成練習をしたりすることで，実習の準備を進めていきます。

3　実習中

実習中は，さまざまなことで悩むものです。学校の近くに住んでいる学生の場合は，学校に来る機会をとらえて，実習日誌や指導案の書き方の指導，教材研究，保育技術の練習などにつきあいます。

学校での直接指導がむずかしい場合は，実習訪問のときの面談はもちろんですが，電話やメールでのフォローもたいせつにしています。

4　実習後

　実習先では，細かな項目ごとに評価内容を決定し，総合所見欄には，全体を通した内容を記述しています。しかし，学生に伝えられる評価は，学期末に成績として何段階かの評価基準で示されることが多いようです。担当者が評価票をもとにして，ていねいに細かな点を伝えている場合もありますが，その場合でも，やはり実習生が気になるのは，「A」だったのか「C」だったのかといったいわゆる成績です。

　「実習をがんばった」「結構ほめていただいた」という実感がある場合，実習生は当然「S」や「A」を期待します。しかし，残念ながら「B」や「C」という判定が出た場合は，「自分は，保育者には向いていないのだろうか」という受け止め方をします。本人の期待と成績にギャップがあった場合は，保育の道をめざすこと自体を考えてしまうのでフォローが必要になってきます。

第7節　実習生のタイプに合わせた指導のあり方

　ここからは，実習生のタイプ別に指導方法を探っていきたいと思います。ただし，注意しておきたい点は，子どもと同様に実習生も一人ひとり異なるということです。あくまで「タイプ」であり，すべての実習生がいずれかにあてはまるというわけではありません。

1　明朗活発タイプA

　明るく元気であることは，子どもと接する人として最高の要素でしょう。受け答えもはっきりしていて，一見，しっかりした感じに見えるものです。しかし，このタイプは同時に何か足りない問題点を抱えていることが多いのです。たとえば，「文章力が足りない」「深く考えないので意外なところで失敗する」といったことがあげられます。

■養成校での対応
　・文章力を少しでも伸ばす指導をする。
　・一つひとつの行動に対して立ち止まって深く考えることを奨励する。

■実習現場での対応

- 一つひとつのことがらに対してていねいに説明する。
- 返事だけしっかりしていて，じつはわかっていない場合がある。そこで，「はい」という明るい実習生の返事には注意し，わかっているのかどうかを確かめる。

■実習生自身の対応
- ふだんから自分の行動を意識する。
- １回１回，自分の行動をふり返り，省察してみる。

2　明朗活発タイプ B

　明朗活発に見えて，じつは，少し無理をしているタイプの人もいるので，注意が必要です。このようなタイプは，実際はさほど明朗活発ではないので，実習が始まって数日後には疲れが出て，体調を崩すことがあります。また，自分の実力以上にがんばってしまい，空まわりな結果に終わることもあります。

■養成校での対応
- ふだんの会話や個別面談など，機会をとらえて話すことで，実習生が本当の自分を意識できるように働きかける。
- ふだんの学生生活において，自分の実力以上に無理をしないように伝える。

■実習現場での対応
- 懸命にがんばっている姿を認める。
- 体調を崩していないか配慮する。

■実習生自身の対応
- ふだんから空まわりする自分を意識する。
- 行動する前に，自分にできるかどうか検討する。
- しかし，意欲はもち続ける。

3　消極的なタイプ

　消極的なタイプの人でも，実習になったら夢のように元気になり，積極的になる…ということは，残念ながらあり得ません。逆に，ふだんの自分をよく知っていて，自信のないまま実習に突入するため，驚くような失敗をする実習生が多いものです。それは，その学生に力がないわけではなく，自信のなさが失敗を誘発してしまうのです。

また、消極的なタイプは表情も乏しいことが多く、いろいろ考えているときでも表には出てこないことがあります。子どもたちにも暗い印象を与えがちです。

■養成校での対応
・ささいなことでも、できることを確実に伸ばすよう働きかける。
・小さな自信を少しずつ重ねていけるような指導をする。

■実習現場での対応
・ささいなことでも認めて褒める。
・自信がなさそうなときは、励ます。
・失敗しそうなときは、実習担当者がフォローすることを伝えて、安心させる。

■実習生自身の対応
・自然に笑えるように、笑顔の練習をする。
・ふだんから楽しいことを見つけ、感性を豊かにする努力をする。
・何事もくり返して、「自分にできること」を増やす。

4　反抗的なタイプ

いわゆる、何にでも文句を言うタイプです。実習生としての態度ではないと思われることも多く、ものごとを斜めに見てしまう、素直さがないといった感じを受ける実習生です。プライドが高く、謙虚さが足りないことが多いので、自分の方が正しいというスタンスで話を進めがちです。

■養成校での対応
・学生生活における反抗的な態度には、一つひとつていねいに対応する。
・理論で責めると弱いので、きちんとした理由を明示する。

■実習現場での対応
・反抗的な態度は、社会では通用しないことをはっきり伝える。
・「なぜなのか」という理由を明確に示す。

■実習生自身の対応
・自分の反抗的な態度やプライドの高さなどがどこからくるものなのか反省する。
・穏やかに過ごせるよう努める。

・嫌なことがあった場合は深呼吸する。

5　読解力が低いタイプ

　時間をかけて，たいへん真面目に勉強しているにもかかわらず成績が伸び悩む人がいます。このような学生は，文章作成能力，読解力，構成力，言語選択能力などの文章力が全般的に低いことが多く，中でも，読解力が弱い傾向にあります。読解力や文章力が低いと，実習日誌や指導案の作成が困難です。時間をかけて努力しても，ポイントがズレているものしか作成できないため，実習先には，「なまけている」「実習を軽く見ているのではないか」といった印象をもたれることが多くなります。

■養成校での対応
・読解力を中心とした文章力を上げる指導をする。
・本人のできそうなことを頼み，自信をつけさせる。
・何がわからないかをていねいに聞き出し，教える。
・ズレているポイントを見つけ，修正できるよう援助する。

■実習現場での対応
・努力していることがわかったら，ポイントがズレていても「努力した」ということに関してはほめる。
・養成校と連携する。

■実習生自身の対応
・自分の読解力や文章力のなさを知り，向上するように努力する。
・どういう点を努力すればよいかをまわりの人に相談する。

6　体や心が病んでいるタイプ

　健康面に不安がある学生も，実際に重篤な持病などがない限り，実習に耐えうると判断されれば現場にやってきます。目に見えるかたちでいえば，ふだんの学生生活において休みがちである，よく遅刻する，早退が多いといった問題がある学生です。理由としては，「朝起きられない」「すぐ風邪をひく」「ホルモンバランスが悪い」「学生生活の中にさまざまな困難さがある」といったことなどがあげられます。

■養成校での対応
　・健康面での不安は何かを把握する。
　・対策を立てて，学生に実行させる。
　・健康管理センターや病院などと連携する。
■実習現場での対応
　・養成校と情報を共有する。
■実習生自身の対応
　・養成校から示された対策案を実行する。
　・心身を鍛える。

7　気になるところがあるタイプ

　気になる子どもがいるのと同様に，実習生の中にも「何か気になるなあ」と感じる人がいます。たとえば，空気が読めない，対人関係に問題がある，見ていて危なっかしい，不器用といった印象を受ける人です。このタイプの人には，一人ひとりに合ったていねいなかかわりがとくに必要になってきます。
■養成校での対応
　・気になる点を把握し，改善策を考える。
■実習現場での対応
　・養成校と情報を共有する。
■実習生自身の対応
　・空気が読めない人は，その場にふさわしくない行動をとっているときにはまわりの人に知らせてもらい，うまく対応できるようにする。
　・対人関係に問題がある人は，1人で悩まず，だれかに相談してその原因を探る。
　・量をこなせばできるようになることもあるので，不器用な人は何度もくり返し練習する。

8　抜けがちタイプ

　一見真面目そうなのに何か抜けてしまうという人で，このタイプは，さらに次の3つに分けられます。
Aタイプ：頼んだことをしない／できない

いちばん厄介なタイプです。なぜなら，ニコニコして返事もよく，一見できそうなのに頼んだことが抜けてしまうからです。一般的には相手が返事をしたらこちらの要求を理解してくれたと思いますが，このタイプの人は返事をそういう意味ではとらえておらず，お互いの考えにズレが生じます。

Bタイプ：期限が守れない

学生生活において，レポートの提出期限などがどうしても守れないというタイプです。

Cタイプ：不真面目

残念ながら，不真面目といわれるタイプの人もいます。しかし，不真面目に見える学生の中には悪気もなく，自分ができていないという自覚すらない人もいるようです。

■養成校での対応

・どのタイプなのかを把握し，タイプに合った指導をする。

■実習現場での対応

・養成校と情報を共有する。

■実習生自身の対応

Aタイプ

・何でもできると思わず，できないこともあることを知ろうとする。
・どう行動するべきかまわりの人に確認する。
・自分勝手に判断しない。

Bタイプ

・期限が守れない理由を考え，改善する。

Cタイプ

・できていない自分を自覚するため，できていないときは教えてくれるようまわりの人に頼む。
・すべきことがわかったら，すぐに実行する。

第8節 実習生のシグナルをキャッチするポイント

実習生のシグナルは，さまざまなポイントでキャッチすることが可能です。表8-1を参考にして実習生のタイプを判断し，指導に役立ててください。表8-1では，

実習生のシグナルを9項目あげましたが，より細やかな視点での観察が必要なことは言うまでもありません。早く実習生のシグナルをキャッチできるように，あくまで参考として活用してください。

ただし，養成校で学生がどのタイプなのかを探る際は，実習指導の時間内に見せるようすだけで判断するのは危険です。さまざまな場面で学生が見せる姿は変わるはずですので，学校生活のあらゆる場面で学生とかかわることを心がけ，「どんな学生なのか」をていねいに探っていくべきでしょう。また，一人の学生でも，養成校の教員から見た場合と，その学生の友人から見た場合とでは，印象は異なるはずです。さまざまな立場からの情報を集め，総合的に判断していくこともたいせつでしょう。

表8-1　実習生タイプ別のシグナルチェック項目（例）

タイプ＼シグナル項目	出席	遅刻早退の有無	学力	文章力	提出物	表情言動態度	身体的な健康	精神的な健康	身だしなみ
①明朗活発　A	◎	◎	△	×	◎	◎	◎	◎	◎
②明朗活発　B	◎	◎	△	○	◎	◎	△	○	◎
③消極的	◎	◎	○~△	△	◎	×	○	△	○
④反抗的	△	◎~○	◎~△	△	○	○	○	×	○
⑤読解力が低い	◎	○	×	○	○	○	○	○	○
⑥体や心が病んでいる	×	×	○	○	×	×	×	×	○
⑦気になるところがある	◎~△	◎~×	◎~△	△	△	△	△	△	△
⑧抜けがち	△	△	◎~×	○~×	×	◎	△	△	△

◎大変よい　○よい　△悪い　×大変悪い

第9節　実習生を理解するために

1　実習生理解は，子ども理解と同じ

実習では，これまで「生徒」「学生」としてしか社会とかかわったことのない未熟な人が，初めてまがりなりにも「先生」として子どもの前に立つことになります。よく考えてみると，それはたいへんむずかしく，危険をともなうことです。いくら養成校で専門的なことを学んでいるといっても，実習に出るときはまだまだカリキュラムの途上であるため，すべての「科目」を履修できているわけではありません。また，

「科目」を履修したからといって、「できる」わけでもありません。
　実習生を理解する過程は、保育と同じです。まず、その実習生をよく観察し、実習生の発達段階を見きわめます。その上で、どのような性格なのか、何が得意なのかを発見し、実習生のよい点を伸ばしていくことがたいせつになってきます。

2　効果的な実習を行うために：自信をもたせる

　人は、認められると自信をもち、自信をもった人は、次のステップに進んでいこうと、また努力します。まずはその実習生がどのようなタイプの人であるのか探ってみてください。その上で、この実習生は「どのようにしたら、認められたと感じるタイプなのか」「どのタイミングでどのような指導をするのが効果的か」を考えることがたいせつです。

　実習生、実習担当者、他の職員や教員、そして、なんといっても子どもたちが、お互い心地よくその場にいられることが、最善の実習環境といえるでしょう。

3　ともに働く仲間となるために

　実習生は、数ある仕事の中から子どもといる仕事を選んだ若者です。いつか、ともに働くことになるかもしれません。「異質のものを受け入れる」「相手を認める」ということは、実習を指導する者がもつべき専門性ではないでしょうか。実習指導を通して素敵な仲間をつくっていきたいものです。

推薦図書

『大人になることのむずかしさ──青年期の問題〔新装版〕』（シリーズ子どもと教育）　河合隼雄（著）　岩波書店　1996年
　＊青年期ということを当時の社会的背景と絡めて心理学的に解説したもの。
『育ての心（上）』（フレーベル新書12）　倉橋惣三（著）　フレーベル館　1976年
『共感──育ち合う保育のなかで』　佐伯胖（編）ミネルヴァ書房　2007年
『子どもとともにある保育の原点』子どもと保育総合研究所（編）　高杉自子（著）　ミネルヴァ書房　2006年
『保育は恋といっしょや　うみぐみあばれんぼう日記』　森上史朗＋別府市立石垣幼稚園　小学館　1998年
　＊いずれも、「保育者の葛藤」や「保育の基本」が語られています。

第9章

本当にあった実習トラブル解決集

第9章 本当にあった実習トラブル解決集

○○○ 第 **1** 節 ○○○
実習養成校トラブル編

Q1 訪問指導教員の態度が悪いのですが…
訪問指導教員の不適切な服装や言動，止めてはいけないところに車を止める，アポなしで訪問する等について。

A1 実習訪問では何をするべきなのか，教員間で事前に共通理解しておくことがたいせつです。教員は学生のモデルです。やっつけ仕事になってはいけません！

　実際に，保育現場から養成校へ直接お叱りの言葉があった，訪問時の教員の態度をあげてみます。
- Tシャツにジーンズ姿といったラフな服装での訪問
- 園児の登降園時間帯に訪問
- 園長に実習委託費だけ手渡すと，学生の顔もろくに見ず，サッサと帰ろうとする
- 駐車禁止の場所に車を止める
- アポイントなしで，園長や主任が不在の日時に訪問（現場では，保育を行っているため職員はいるものの，手薄なので実習委託費の受け取りなど，対応しづらい）。

　上記のような，TPOをわきまえていない教員の言動のせいで，実習生に対して「さっき来られた先生は，いったい，大学で何を教えてらっしゃるの？」と，現場から不信感をもたれるケースもあるようです。
　養成校において，教員としてふさわしい実習訪問のあり方について，今一度マナーや役割を明確にしておく必要があるでしょう（第3章第3節8の（2）訪問指導教員の共通理解を参照）。

（吹き出し）どーもー ウチの学生が お世話になってます

・頭ボサボサ
・無精ヒゲ
・Tシャツ
・リュックサック
・ジーンズ

身近にこんな先生，いませんか？

第 1 節　実習養成校トラブル編

Q2　訪問指導教員が実習生の悪口を言うのですが…
訪問指導教員が養成校での指導不足を棚に上げ，実習生個人の責任にして，「養成校も困っている」「現場でなんとかしてくれ」と丸投げすることについて。

A2　訪問指導教員は養成校の看板を背負って園を訪問しており，養成校から送り出した実習生が園という組織の中で実習させていただいているということと，実習の場を与えられたことへの感謝の気持ちを忘れてはいけません（第1章第1・2節を参照）。

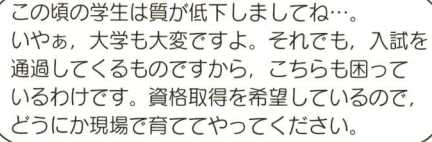

この頃の学生は質が低下しましてね…。いやぁ，大学も大変ですよ。それでも，入試を通過してくるものですから，こちらも困っているわけです。資格取得を希望しているので，どうにか現場で育ててやってください。

自分の学校の学生に対して教育的愛情はないのかしら…。

そう言われましても…。おたくの学生さんでしょ。

第2節 実習生トラブル編

Q1 実習生の態度が悪いのですが…
　　髪染め，服装，あいさつ，言動，遅刻・無断欠席について。

A1 養成校では実習に向けての「心構え」を，事前指導で学生にしっかり認識させておきましょう。

- 髪染め：「カラーリングはどこまでOKか？」という学生からの質問がよくありますが，茶髪や金髪では子どもや保護者，保育者に与える印象がよくありません。実習前に，学生どうしで，学ぶ立場の実習生としてふさわしいヘアスタイルであるか，互いにチェックし合う機会があってもよいでしょう。
- 服装：実習生の服装について，現場からとくに不評なのは，胸元が開きすぎているものや，股上が浅めのパンツスタイルなどです（下着が見える）。
　　また，学生が油断しがちなのが，実習期間終了後に，実習日誌の受け渡しで園へ訪問する際の身だしなみです。実習中は気を配っていたのに，学生生活にもどったとたん，派手な化粧やアクセサリー，カラーコンタクトなど，見た目が別人のようで，幻滅される場合もしばしばです。実習期間であるかどうかを問わず，学生が園を訪れる際は，「自分は保育者なのだ」という意識をもたせることを養成校の責任として徹底させましょう。
- 通勤・あいさつ：出退勤時に家族や彼氏などに車で送迎してもらい，通用門の前で乗降する実習生，目上の人に向かって「お疲れさまです」ではなく，「ご苦労さまです」と言う実習生がいます。養成校では，あらかじめ実習生に対し，これから仕事として園に勤務するための実習であること，そのため一社会人として恥ずかしくない言動で実習に臨まなくてはならないことを指導しましょう。
- 遅刻・無断欠席：実習生が実習先に連絡を入れることは当然ですが，養成校にも知らせるよう，事前に学生へ伝えておきましょう。欠席していることも知らずに，訪問指導教員が訪問して恥をかくというケースもあります。

Q2 実習生が実習日誌を書けないのですが…
保育者の援助,意図,自身の考察部分について。

A2 実習日誌として記録を残す目的は,保育をふり返り,明日への課題を明確にし,子どもの育ちを支えることです。実習の中でとらえたものを文章にするためには,しっかり観察をして読み取ることが重要です。

■ Case 1　帰宅後,日誌を書かずに寝てしまい,翌朝,未提出のまま実習

　実習生にとっては慣れない実習で,心身の疲労により,帰宅してそのまま寝てしまうことがあるかもしれません。そのような場合は,早起きをして出勤前に仕上げればよいのですが,それすらできず,前日の日誌を提出しないまま実習する学生が,ときおりみられます。「昨日の日誌は?」と,実習担当者に問われると,「家に忘れました」と答える実習生。「それなら,取りに帰ってください」と言われると,初めて「じつは,書けていません」と言うこともあるようです。

　出勤していても実習日誌を出さなければ,実習として成立しません。実習先によっては,保育終了後,勤務時間内に記録のための時間を設けてくださるところもあるようですが,養成校も現場も,社会人として提出期限を守ることを改めて,実習生に徹底することがたいせつです。

■ Case 2　実習日誌の考察が,個人の日記レベル

　「なんだか嬉しかった」「楽しかった」「びっくりした」など,思ったこと,感じたことをそのまま書いているだけで,とても考察とは言えない実習日誌を目にすることがあります。そのような日誌に対して,「とても卒業年次の実習日誌とは思えない。考察の内容が浅く,その日の反省や今後の課題も伝わってこない」という現場からの率直な評価をいただくことがあります。

　実習日誌は,実習生が保育中のできごとをふり返り,子どもの行動やそれに対する自分のかかわりについて,そのときの子どもの気持ちや行動の意味,保育者としての援助の意図などを読み取り,考えながら記録するものです。

　「日誌さえなければ,実習は楽しいのに…」という学生の声を聞きますが,ただ子どもたちと過ごすだけなら,それは実習とは言えません。しっかり観察をして保育をふり返り,明日への課題を明確にすることが,子どもの育ちにつながるのです。

Q3 実習生が指導案を書けないのですが…

A3 実習生は，まず主活動のテーマを決め，早めに実習担当者に相談することがたいせつです。提出期限厳守を徹底して指導しましょう。

■ Case　翌日実施する予定の指導案が書けていない

　訪問指導教員が，実習中の実習生に「部分担任ではどんな活動をするの？」と尋ねたところ，「明日なのですが，じつはまだ指導案も書けていません」との返答。よく聞いてみると，数日前に自分なりに仕上げた指導案を，2通り用意して実習担当者に提出したところ，両方とも却下されたとのこと。

　1つ目の活動内容は「フルーツバスケット」。保育室は狭く，遊戯室は他のクラスが使用することになっているため，場所を提供できないので，他の活動にしてほしいというもの。2つ目は，「野菜スタンプ遊び」。野菜を収穫する時期ではないので，ねらいが不明瞭と指摘され，これも却下。

　このため，実習生はどんな活動の指導案を持っていけばOKされるのかわからず行き詰まってしまい，1人で考え込むばかりで，結局，前日になっても新たな指導案を書けないまま悶々と過ごしていたのでした。

　このケースでは，訪問指導教員が，園長先生にお願いをして施設内の別室を借りて，実習生と約2時間も向き合いました。まず，主活動のテーマを決めて，準備物や環境の構成，保育者の配慮など一つひとつ確認しながら，ようやく，翌日に実施する部分担任の指導案を仕上げることができたのでした。

　このときの実習生に対する実習担当者からの評価は，当然のことながら「不可」です。保育者と事前の打ち合わせもままならない状態で，当日を迎えたわけですから，当然の結果といえるでしょう。子どもが今どんなことに興味や関心をもっているのかを積極的に知ろうという意欲や，1人で悩まずに早めに実習担当者に指導や助言を求める態度がみられていれば，指導案が間に合わないという事態は避けられたと考えられます。現場としては，子どもの育ちや実習生の育ちに期待をして，提出された指導案に対して助言をしています。時間に余裕がないと，それ以上練り上げることができなくなってしまい，そのしわ寄せが子どもへ影響するので，提出期限は厳守するよう実習生に徹底しましょう。

● 第2節　実習生トラブル編

Q4　実習生が前に立って指導できないのですが…

A4　実習生であっても，「遊びを導く指導者」であることを意識づけておきましょう。少しずつ任せてみて，できたことを褒め，自信へとつなげましょう。

　初めての実習ではないのに，全日実習や部分実習で担任としてクラス活動を任された際，子どもたち全体に向けて「次に何をするのか」の説明ができない。このため，子どもたちが落ち着かず収拾がつかなくなり，計画していた活動の半分もできず，時間だけがすぎていってしまうケースがあります。

　実習生曰く，これまでの実習では，複数担任のクラスで補助的な役割が多かったので，前に立って自分が主になってクラス全体を引っ張っていくのが苦手でむずかしかったとのことです。

　3歳未満児クラスで，同じ保育室に複数保育者がいる場合と，3歳以上児クラスで担任が1人で活動を進めていく場合の保育者の立ち位置や，子どもへの言葉掛けが異なってくることは，実習生自身も保育者の姿を見ていて気づいているはずです。実習生ですから，うまくいかなかったり，子どもたちの予想外の反応にどう切り返したらよいのか戸惑ったりすることがあるのも当然です。しかし，貴重な保育時間を実習生のために与えてもらったのに，活動を展開できなければ，何よりも目の前にいる子どもたちに対して失礼です。

　実習生は「お手伝いさん」ではなく，遊びを導く指導者であるということを意識づけておきましょう。また，養成校では，実習前に保育室を再現して，「模擬保育」を実践しているところも多いでしょう。園児用の机や椅子を用意して，自分の立ち位置や目線，声の大きさなどをシミュレーションし，状況に合わせた対応，時間配分などの判断力を養うことにつなげていきましょう。

■第9章 本当にあった実習トラブル解決集

Q5 実習生が個別指導をできないのですが…

A5 「予想される子どもの姿」と「保育者の援助・配慮」について，具体的なイメージをもって指導計画を立案するためにも，保育者が個々の子どもとかかわるようすを，実習生にじっくり観察させることがたいせつです。

　部分実習や全日実習では，実習生は目の前のことで精いっぱいになり，一人ひとりの子どもに目を向ける余裕がないケースが多くみられます。このため，現場からは「活動の流れに乗ることができず，困っている子どもに気づいていない」という指摘を受けることになります。

　たとえば，「遊べるオモチャづくり」をおもな活動に設定した場合，納得するまでじっくり製作に取り組む子ども，早く仕上げてしまって完成したオモチャで遊びたい子ども，遊び飽きてしまった子ども，つくり方がわからず困っている子どもなど，前もって，さまざまな子どもの姿が予想できるはずです。このように，具体的なイメージをもって，指導計画を立案することで，個々の子どもへのまなざしが豊かになり，個別のかかわりもたいせつにしながら，同時にクラス全体にも目を向けられるようになるものです。

　保育の場においては，保育者と個々の子どもとのかかわり方や，具体的な言葉掛けのしかたの実際について，実習生によく見ておくよう伝え，ヒントを与えるように指導していくと，イメージをつかみやすくなることでしょう。

Q6 実習生が特別な支援を必要とする子どもとのかかわり方がわからないようなのですが…

A6 本当に困っているのは、自分をコントロールするしかたがよくわからない子ども本人です。実習生は、よき理解者、サポーターになるようにしましょう。

　養成校の「障害児保育」等の講義で、知識としては学んでいても、実習生として学外に出ることによって、初めて特別な支援を必要とする子どもに出会うこともあるでしょう。

　どんな子どもたちも、一人ひとりが豊かな個性をもって生きる人間であり、そのため、その生活におけるニーズも当然のことながら異なっています。その中でもとくに、言葉の遅れ・多動・対人関係・日常生活における行動など、発達上のいろいろな課題を抱えながら、幼稚園や保育園などのクラスの一員として生活している子どもたちがいます。

　このような子どもたちとのかかわり方について、現場からは、実習生の動きが消極的だと指摘を受ける一方で、近づきすぎて見守る姿勢が少ないと言われることもあります。ここでたいせつなのは、実習生であっても保育者として、まず、どのような伝え方ならその子が理解しやすいのかを探り、よき理解者、サポーターになれるように心がけることです。

　実習生も子どもとのかかわり方を探ることで必死かもしれませんが、本当に困っているのは、自分自身をコントロールするしかたがよくわからない子ども本人であるということを、忘れないでほしいものです。「特別な支援」といっても、子どもが自分でできることは発揮できる場をつくることや、その子どもの個性や特徴を認め、何に興味や関心をもっているのかを、知ろうとすることがたいせつです。

　こうした考えを基盤として実習に臨むことは、すべての子どもたちの個性を尊重しながら保育することにもつながります。ですから、「～してはダメ！」という威圧的な態度で接するのではなく、特別な支援を必要とする子どもたちを理解しようという姿勢から、一人ひとりのニーズに合ったかかわりを学ぶことが、実習の意義であるということを学生たちに意識づけたいものです。

第9章 本当にあった実習トラブル解決集

Q7 実習生に保育関係の仕事に就く気がなく意欲が感じられないのですが…

A7 実習に送り出す前に，学生の適性や意欲を確認し，実習生を絞り込むことも必要です。「実習公害」と言われないために…。

　近年，保育の現場が，中学校や高校の社会体験学習を受け入れるようになってきています。これは，早いうちから保育という仕事への関心を高め，職業理解を深めるとともに，将来の選択肢を増やすという点ではよいことです。この社会体験学習で，数日間子どもたちとふれ合い，「子どもはかわいい」「楽しかった」というよい印象だけで，夢と希望を抱いて保育者養成校へやってきた学生が多いのも事実です。

　しかし，入学後そんなに甘くないことがわかり，「こんなにたいへんなら，保育者よりもっと楽で，高収入の一般企業に就職するほうがいいや」という学生の声も聞きます。ならば，資格取得はあきらめて実習に行かないのかといえば，そうでもなく，「資格さえ取っておけば，いつか役に立つかもしれないし，親もそう言うので実習には行きます」と言う学生がいます。

　このように入学当初は，保育という仕事に漠然と憧れていたものの，現実が見えてくるにつれて，保育関係の仕事に就く気がなくなり，意欲がない状態で実習にやってきた学生を受け入れる現場側は，たまったものではありません。だれでも実習に出してしまうシステムは考えものです。実習に出るためには，成績など条件を設けている養成校もありますが，現場から「実習公害」と言われることのないように，学生の適性や意欲を事前に確認して「質」の管理をすることが重要です。

● 第2節 実習生トラブル編

Q8 実習生が守秘義務を守らないのですが…
口頭，日誌等の管理，ブログ，ミクシィ，ツイッター，フェイスブック等について。

A8 実習先に提出する「個人情報保護に関する誓約書」に，学生の署名をさせる際，守秘義務の重要性について十分認識させておきましょう。

次のような行動はしてはならないと学生にあらかじめ伝えましょう。
・通勤時の電車やバス内で，職務上知り得た個人情報を実習生どうしがしゃべる。
・実習生どうしが集まり，ファミリーレストランなどで実習日誌を広げて書く。
・ブログ，ミクシィ，ツイッター，フェイスブックなど，ネット上に実習先の誹謗中傷や個人情報にかかわることを書き込む。

ふだん，友人どうしで賑やかに過ごしている学生たちにとって，友人となかなか会えない実習中は，とくに，孤独や不安に陥りがちです。そのような中，ネット環境の変化にともない，口頭でしゃべるだけでなく，ひとりごとや友だちとのおしゃべり感覚で，気がつけばツイッターやフェイスブックなどのSNSに軽率な発言をしているということがあるかもしれません。しかし，うっかりであっても，不特定多数に向かって発信してしまうと，個人情報の漏洩，名誉毀損，プライバシー侵害，守秘義務違反など，取り返しのつかないことになる恐れがあります。

たとえ，アクセス制限をしていても，残念ながらネット上に完全な匿名性やセキュリティはありません。過信することなく最善の注意を払うよう，教員も現場の保育者も，IT社会ならではのトラブルについて熟知しておき，実習生にもそれを伝える必要があるでしょう。

Aさん：実習ツラすぎ…(─_─)!!
Bさん：どこの幼稚園？
Aさん：○△幼稚園。主任の□×先生，メッチャ怖い！
Cさん：ウチも何やっても怒られるし，実習ヤダ！

実習先や，個人名を投稿するのは，もってのほかです！

第3節 実習現場トラブル編

Q1 実習担当者がスパルタすぎて，実習生がついていけないのですが…

A1 残念ながら，中には，実習生の指導には向いていない実習担当者も現場にはいるようです…。

■Case 1　子どもへの言葉掛けがキツイ実習担当者
　実習担当者が，「私の保育に対して，よくないと思ったことは，絶対に日誌には書かないで！」と実習生に懇願するケース。この実習担当者は，いわゆる「スパルタ」で子どもたちに対する言葉掛けがキツイと自覚しているため，自分の保育が，実習生の日誌によって浮き彫りにされることを未然に防ぐために，このような発言をしたのでしょう。そして，「日誌には，実習担当者の援助ではなく，実習生としてどのように動いたのか，自分が行った援助だけを書いてきて」と伝えられたそうです。

■Case 2　実習生への言葉掛けがキツイ実習担当者
　実習生がわからないことを実習担当者に尋ねると，露骨に嫌な表情で「じゃま！そこどいて！」と，一喝し，実習生をその場から追い払おうとする。さらには，「だいたい何で，こんな行事で忙しい時期に実習しに来るの！」と，実習生に非はないのに，イライラして八つ当たりする実習担当者。

　実習生としては，実習担当者に言われた通り従うしかありません。しかし，将来自分が保育者になったときには，今回出会った実習担当者を「反面教師」として丁寧に実習生を指導する立場になるよう，養成校の教員から助言するとよいでしょう。
　現場の保育者にとっては，日常保育を進めながら，さまざまな養成校から，頻繁に送り込まれてくる実習生の指導にあたらなければならない実状があります。人間ですから，イライラしたり，感情的になったりすることもありますが，実習生にとっての現場での実習は，進路選択にあたり，多大な影響を及ぼすものです。もちろん，プロの保育者としての仕事は，楽しいばかりではありませんが，忙しさの中にあっても，保育者としての「やりがい」を実習生に感じてもらえるような，憧れの存在であってほしいものです。

第3節　実習現場トラブル編

Q2 実習担当者が実習をとても負担に感じているのですが…

A2 現場の保育者は，後進育成のためみずからの保育を省察しつつ，実習生のモデルとなるべく，責任感と緊張感をもって，実習生を受け入れています。

　実習担当者の中には，実習生を受け入れると，日誌の添削をすること等によって，みずからの保育を客観視できるので，「こちらも勉強になります」と謙虚におっしゃる方がおられます。しかし現実は，日常業務プラスαの仕事が増えるわけですから，負担にならないはずはありません。

　「実習記録は宝物」といわれるくらい，学生にとっては，たとえ拙いものであったとしても，汗と涙の結晶です。指導者の所見欄には，実習担当者から，ときには温かい助言や励ましの言葉が書かれてあったりして，何度も見返したくなるたいせつな記録なのです。このように，実習記録は，今後もずっと実習生の財産として手元に残るものですので，実習担当者は，「指導者の所見」を記入する際，「保育者になりたい」という実習生の思いを尊重し，言葉を選びながら書くことに気を遣われているようです。

　また，園によっては，経験の浅い若手保育者が，実習生を担当することがあります。その際，若手保育者であっても実習生の実習日誌を実習担当者の立場で読むことになります。実習日誌によって，保育者としての自分の行動や，子どもへの言葉掛けが浮き彫りになり，実習生に与える影響の大きさを考えると，とても自信がなく，正直なところ重荷だという方も多いようです。

　平穏な保育室に実習生が1人増えただけで，雰囲気が変わり，保育者も子どもにも緊張が走るものです。このように，少なからず負担を感じながらも，保育のプロとしてみずからの保育を省察しつつ，後進育成のため，保育の現場に尽力いただいているということを，実習生のみならず，養成校の教員も心にとめておくべきでしょう。貴重な時間と実習の場を与えていただいたことへの感謝の気持ちを忘れずにいたいものです。

第9章 本当にあった実習トラブル解決集

Q3 実習中にけがが発生したのですが…
実習生自身のけがと,実習生が園児にけがをさせてしまったケースについて。

A3 問題はその出来事を,実習生が養成校に報告しない場合です。トラブルが起こったときほど,早めに報告・連絡・相談することを事前にしっかり伝えておきましょう。

■ Case 1　実習生自身がけがをしたケース
　実習中,生活発表会で使用する衣装をミシンで縫う作業を頼まれた実習生。誤ってミシン針が自分の指に刺さってしまい,なかなか止血しないため病院へ行くことになった。保育中のため,クラス担任ではない主任の先生が車を出してくださり,適切な治療を受けることができた。その際,治療費の立替え払いもしていただいた。

■ Case 2　実習生が園児にけがを負わせてしまったケース
　保育室の床掃除をするため,モップがけをしていた実習生。掃除することに気をとられ,モップをうしろに引いたとき,柄の部分が自分の背後にいた子どもの目に入ってしまい,けがを負わせてしまった。

　実際にあった2つのケースともに,実習生が養成校に報告することを怠っていました。Case 1の場合は,数日して自分のけがの状態はよくなったので,とくに報告する必要はないと思い込んでいたようです。しかし,主任の先生に病院まで送迎してもらった上に,治療費の立替えまでしていただいているのに,実習生からの報告がなく,何も知らずに通常の巡回指導として訪問した教員が,その場でこの出来事を聞くことになってしまいました。結果,再度,同じ教員が日を改めて,菓子折りを持ってお詫びとお礼に伺うことになりました。
　Case 2の場合は,園児がけがをした翌朝,園長先生から「おたくの実習生が園児にけがを負わせたのに,養成校からお詫びの一言もないとはいったいどうなっているのですか!」と,養成校へお怒りの電話が入りました。園長先生のおっしゃる通りです。このように,トラブルやミスをしてしまったときほど実習生からの報告・連絡・相談がないと,しかるべき対応が遅れてしまいますし,相手の怒りも増大しかねません。未熟な実習生の立場ですから,自分の判断だけで解決してしまわないということを,事前にしっかり伝えておきましょう。

Q4 実習生の実習中の欠席への対応はどうすればよいでしょうか？
採用試験，病気，忌引き等について。

A4 実習生本人が，実習先と養成校へ，休む事情をきちんと説明できることがたいせつです。採用試験の場合は，教員と学生の間であらかじめ相談しておきましょう。優先順位をはっきりと提示しましょう。

■ Case 1　実習が就職の採用試験日と重なってしまった

　まず，その学生にとっての優先順位を考えるべきでしょう。どうしても，その採用試験の日をずらすことができず，実習を欠席せざるを得ない場合は，実習先にありのまま話すしかありません。保育・教育・福祉関連の採用試験であれば，現場の理解も得られ，応援してくださることもあります。しかし，実習先によっては，「好ましくない」と受け取られることもあるでしょう。それが，他業種の採用試験だとすれば，なおさらです。そもそも，保育者になる気がない実習生の面倒を見た上に，採用試験のため欠席し，「別の期間に補充実習をさせてほしい」と言われたら，育てる側の意識が半減してしまうのは当然のことでしょう。そこで，実習期間中に一般企業の採用試験が重なり，「その日の実習を休みたい」という学生からの申し出があった際に，実習先には病欠と連絡をさせ，事なきを得たというケースもあります。こればかりは，ケースバイケースですが，「嘘も方便」という言葉があるように，実習先との和を守ってうまくつきあうことも，時として必要なのかもしれません。

■ Case 2　実習生の私用による欠席

　病気や忌引きは別として，実習期間中の平日に欠席するほどの私用を入れる学生は，基本的にはいないと思います。しかし，時には，期間中や期間前後の土日などに，実習先の行事があり，現場から「ぜひ，出席してください」と言われることもあります。このような場合，「知人の結婚式に出席することになっている」など，あらかじめ決まった予定があり，明確にお断りする理由があれば，先方も納得できるのでしょうが，「成人式の記念写真の前撮りを予約しているため，行事に出席できない」と正直に断った学生の実習先から，「いったい，どういうことですか？」と，あきれ果てて養成校へ問い合わせがくるというケースがありました。実習期間外の場合は，行事への出席を強制できるものではありませんが，優先順位を考え，先方を憤慨させないこともたいせつです。

第9章 本当にあった実習トラブル解決集

Q5 実習生にどこまで実習をさせればよいのかわからないのですが…
時間的，内容的，短大・四大の違いによる実習範囲ついて。

A5 これまでの実習経験値によって，基礎→応用→実践へ。

　実習生が卒業年次生であるにもかかわらず，「保育内容や方法に関する知識や理解，技能，創意工夫などが不足している」といった現場からの所見をいただくことがあります。

　たとえば，配属クラスの担任から「歌唱指導をお願いします」と声をかけられた実習生が「かしょーしどーって何ですか？」と聞き返したケースがあります。こちらの園からは，「最近では，部分実習でピアノを弾きながら子どもと歌を歌うことは想定されていないのですか」と困惑したようすで養成校の教員へ問い合わせがありました。これは，実習生が「歌唱指導」という言葉そのものを理解していなかったと推測できるのですが，現場の先生は，「本当に，あと半年で保育者になるの？」という不信感を抱かれたことでしょう。

　また，運動会や発表会など大きな園行事を間近に控えた時期の実習では，「全日実習など，とても実習生のために時間を提供できない」というケースもあります。一方，このように園としては忙しい時期でありながら，部分実習・全日実習ともすすめられるにもかかわらず，「やらなくても，別にいいです」と少しでも楽なほうに逃げてしまう実習生がいるのも事実です。こればかりは，人それぞれです。

　2年制，3年制，4年制と養成校によって，資格・免許取得の実習カリキュラムが異なり，それぞれの実習生によっても，これまでの実習経験値に差があるため，受け入れ側としては，どこまで実習させればいいのか悩ましいところでしょう。以下に，実習カリキュラム例を示します（★印は指導案の提出あり）。

表9-1　実習カリキュラム例

	1年次	2年次	3年次	4年次
4年制大学	基礎 （観察）	具体的な指導法 （参加・部分）	応用 ★（部分・全日）	実践 ★（部分・全日）
3年制短大	基礎・保育技術 （観察・参加）	応用 ★（部分）	実践 ★（部分・全日）	—
短大・専門等	基礎・保育技術 （観察・参加・部分）	応用・実践 ★（部分・全日）	—	—

Q6 実習生が就職内定先とは別の種別で実習しているのですが…
実習生の意欲の低さについての現場からの指摘。

A6 卒業と同時に免許・資格取得ができなければ，内定も取り消しになります。本末転倒にならないよう，職業としての自覚を高め，モチベーションを保ち続けられるような指導がたいせつです。

　卒業年次生の実習ともなると，すでに就職の採用内定をもらった状態で実習に出る場合があります。たとえば，幼稚園に内定していて，保育園へ保育実習に行く場合や，障害者支援施設などに内定していて，幼稚園へ教育実習に行く場合などです。このように就職内定先とは，別の種別での実習の場合，学生にとっては，就職という目標を達成したことによって，モチベーションが下がり，そのまま実習態度に出てしまうということがあります。

　実際，幼稚園からそのような実習生に対しての評価で，「就職は，保育園に決まったと実習生本人から聞きましたが，保育士として働くには不安要素が多々あるように思います」というようなコメントが養成校に寄せられることがあります。

　たとえ，就職先とは別の種別の実習であったとしても，免許や資格取得のために必要な実習をさせていただいているわけですから，現場に迷惑をかけるわけにはいきません。実習生は，自分の置かれている状態をわきまえ，職業人としての能力などを，はっきりと知るべきでしょう。

　「就職は内定したものの，自分はいったい何のために実習しているのか」。実習生自身が自問自答し，見つめ直す時間をもつこともたいせつです。

　学外の実習だからこそ，職業に対する自覚を高め，知識や技術等を学べる貴重な機会であると実習生がとらえられるように，養成校での事前指導が必要になってくるでしょう。

第9章 本当にあった実習トラブル解決集

Q7 実習と就職の関係について教えてください
　　実習先の就職勧誘等について。

A7 私立園と養成校における実習と就職の関係は，フィフティ・フィフティです。

　学生が私立の実習園（インターンシップ，自主実習，ボランティアなども含む）に採用され，就職するケースが多くみられます。採用する側にとっては，公募をしてその場限りの面接や論作文，実技試験を実施するのみでは，学生の人柄や保育者の適性まで見抜いて判断するのはむずかしいのが実情でしょう。それに比べて，実習では，ある程度の期間，保育者とともに仕事をするので，実習生の動きなどをじっくり観察する時間があります。このため，採用側が学生の学業成績だけではなく，人間性を理解できるというメリットがあり，「この学生さんなら，ウチの園でいっしょに働いてほしい」ということもあります。実際，現場では，実習生を担当しているクラス担任に，「同僚としてともにやっていけるか見ておいてね」と指示する園長先生もいらっしゃいます。

　一方，学生が就職先（受験園）を考えるとき，養成校へ送られてくる求人票やホームページ，パンフレット，先輩や教員からの情報などでは，惑わされて決めかねる場合もあります。そのような点をクリアにできるのが，これまでに実習などでお世話になったことがある園ということになります。園の方針や雰囲気，仕事の流れなどを掴んでいるはずですから，心構えもできます。

　このような理由から，私立園と養成校における実習と就職の関係は，フィフティ・フィフティであるといえます。互いにメリットがあるというわけです。ところが，この関係が崩れて，トラブルになるケースがあります。たとえば，学生にはその園に就職する気がないのに，園長が学生の携帯電話に何度も連絡をして，強引に就職の勧誘をするケース。さらには，園側が事前に実習生の受け入れを内諾していたにもかかわらず，「ウチに就職する気がないのなら，実習はお断り！」と実習直前に，受け入れを拒否するというケースです。これらのケースでは，学生と園長の個別交渉になってしまっていたので，養成校の教員が間に入り，園へ電話を入れて事実の確認をした上で，学生の気持ちを率直に伝えました。

　養成校の立場としては，毎年，保育現場に実習生をお願いして育てていただいている一方，明日の保育を担う保育者として現場に送り込んでいるわけです。互いにバランスをとって，良好な関係を保ちたいものですね。

Q8 実習の評価のしかたがわからないのですが…
学年の違い，実習経験，養成校の色等について。

A8 率直に評価していただくことで，実習生の今後の育ちにつなげましょう。

　実習生の評価については，実習期間終了後，「実習評価票」の評価の観点を参考に，園独自の判断で評価の段階（優・良・可・不可など）と，所見を記入していただくことになります。

　現場の先生方から，「厳しい評価になっても大丈夫でしょうか？」という問い合わせを受けることがあります。現場がつけた評価によって，実習生の将来に影響しないか迷いもあるが，そうかといって実態に即した率直な評価だと，不可になってしまうというのです。たしかに，「不可」という評価をつけるのは，心苦しいということがあるかもしれません。しかし，実践することで自分に足りなかった部分を知り，自己課題解決に向けて研鑽を積むために実習へ出ているわけですから，実態プラスαの評価は必要ないでしょう。

　たとえば，評価票の大項目が5つあり，そのうち現場からの評価が3項目以上「不可」がついていれば，学内における事前・事後学習の評価のいかんにかかわらず，その実習に対する総合評価は「不可」という内規だとします。実習先には「実習指導の手引」等で，事前に知らせている養成校が多いはずですので，現場から改めて評価についての問い合わせがあれば，そのあたりをふまえた上での率直な評価をお願いすればよいでしょう。

　Q5にあげたように，4年制大学なのか，短大・専門学校の何年次の実習なのかによっても，これまでの実習経験値が異なってきます。早い段階から厳しい評価をつけられると，評価票を学生の目の前で開示しないとしても，学生の職業意識や将来の夢まで揺るがしてしまうかもしれません。気になる評価票が養成校へ返ってきた場合，学生本人と教員間でのていねいな面談が必要になるかもしれません。しかし，学生の伸びしろを想定した上での率直な評価を期待したいところです。

第9章 本当にあった実習トラブル解決集

● ● ● 第4節 ● ● ●
本当にあった実習トラブル，マンガ編

引用・参考文献

『教育・保育実習総論』阿部明子（編）　萌文書林　2009年
『四訂　保育所運営マニュアル――保育指針を実践に活かす』網野武博・迫田圭子（編）　中央法規出版　2011年
『LD（学習障害）とADHD（注意欠陥多動性障害）』上野一彦　講談社　2003年
『幼稚園教諭・保育士へのパスポート』上野恭裕（編）　保育出版社　2003年
『園長の責務と専門性の研究』小林育子・民秋　言（編）　萌文書林2012年
『保育者のマナーと常識――保育への心構えができる　保護者が安心できる』塩谷　香　少年写真新聞社　2012年
『子どもの心によりそう保育者論』鈴木昌世（編）　福村出版　2012年
『障がい者・児共生とは何か』曽和信一　ミネルヴァ書房　2007年
『学習障害（LD）』拓殖雅義　中央公論新社　2002年
『実習の記録と指導案』田中亨胤（監）　山本淳子（編）　ひかりのくに　2011年
『これで安心！　保育所指導案の書き方――実習生・初任者からベテランまで』開　仁志（編）　北大路書房　2008年
『実習日誌の書き方――幼稚園・保育所・施設実習完全対応』開　仁志（編）　一藝社　2012年
『保育指導案大百科事典』開　仁志（編）　一藝社　2012年

第 **10** 章

他分野における実習指導実践例

第10章 他分野における実習指導実践例

第1節 小学校教諭の事例

1 小学校教育実習の意味と概要

　将来小学校教員を志願する学生が，小学校におけるさまざまな教育活動を体験し，教育についての理解を深めるとともに，小学校教員となるために必要な基礎的技能を練磨し，教育者としてふさわしい人間形成を培うことを目的とします。実習に際しては，2年次に「介護等体験」（教育職員免許法特例）を特別支援学校と社会福祉施設等で7日間，3年次に教育実習指導1単位，小学校現場での実習4単位（15日間）を行う必要があります。実習担当者は，小学校教員資格を有し，小学校教員経験者を充てています。学生の実習先は，学生自身の卒業した小学校を原則とし，実習校においては指導力豊かな教員の指導を受けます。

2 実習計画

　1年次から教育実習への心構え，県内の小学校教育のガイダンス，小学校現場で活躍している現職教諭の講義（教養演習），小学校施設見学などを行い，2年次に「介護等体験」，出身校訪問などを通して，3年次の小学校教育実習に備えます。3年次では，実習校事前訪問，本実習，実習報告会などを行います。4年次では，教員としての資質向上や実践力を上げるために「富山に学ぶインターンシップ」2単位（80時間）および富山県内における各小学校・研究団体の主催する研究発表会，校内研修会などへの参加を勧めています。

【実習計画表】

学年	実習内容
1年	・「先輩に聞く」（教養演習の一環） ・小学校施設見学（幼稚園教育実習と合わせて行う）（1日）
2年	・「キャリアガイダンス」（教養演習の一環） ・実習校訪問（1日） ・介護等体験…特別支援学校（5日間），社会福祉施設等（2日間）
3年	・小学校教育実習（15日120時間）（4単位，必修） ・小学校教育実習指導（1単位，必修） ・実習小学校事前訪問（1日）
4年	実践授業および教員業務の自主研修（各種研究会・インターンシップ等）

3 大学における実習指導の内容

(1) 事前指導

■**小学校教育実習指導シラバス**　本学では，3年次に「小学校教育実習指導」を設定し，小学校教育実習の意義や目標について理解するとともに，小学校教員としての基本的な指導技術や子どもとのかかわり方の習得および学習指導案・学級経営案の作成などを行います。

　この時間で重視する能力は，主としてコミュニケーション力，協働力，人間理解力，教育支援力などです。授業方法としては，演習・反復型授業，対話型授業，グループ学習などです。シラバスは次の通りです。

授業	事前指導の内容
第1回	小学校教育実習の概要，事前訪問の仕方
第2回	教育実習生の心得と服務
第3回	小学校教育実習における観察と記録
第4回	授業の実際と解説―事例に基づく追試―
第5回	教科外学習の実際―特別活動・道徳・総合的な学習・外国語活動―
第6回	学習指導計画の解説と作成
第7回	学習指導案の解説
第8回	学習指導案の作成
第9回	模擬授業Ⅰ
第10回	模擬授業Ⅱ
第11回	模擬授業総括
第12回	道徳指導案の作成
第13回	道徳模擬授業
第14回	授業観察―研究実践校の訪問観察―
第15回	実習記録簿の書き方及び実習後の心得等
第16回	小学校教育実習報告会と総括

■**特別講義等**　1年次に教養演習の中で，小学校現場の教員による体験談，2年次に本学小学校教員養成担当者から講義を行います。

■**事前訪問**　本学では，基本的に学生の母校を実習校として指定し，2年次の夏休みに事前訪問を行い，3年次の6〜7月にかけ事前指導を受けるために訪問します。

　事前訪問では，次の資料等を持参します。

表10-1　事前訪問時に持参する書類

年次	持参する書類
2年次	・実習依頼内諾願い ・教育実習内諾通知（内諾の場合は，後日本学に実習校より送付） ・実習委託費
3年次	・事前訪問報告書（実習生は結果を本学に提出）

・教育実習依頼状 ・誓約書 ・教育実習生調書 ・教育実習生出勤簿 ・教育実習成績評価票 ・教育実習終了届 ・教育実習の手引

(2) **事後指導**

■**事後報告**　実習生は，実習終了後「実習のまとめ」を作成して，実習記録簿とともに小学校教育実習指導委員会へ提出し，必要に応じて実習指導教員の指導を受けます。

■**実習報告会**　教育実習終了後（成績評価票，実習のまとめ等提出後），本年度教育実習に参加した3年生全員と次年度教育実習を希望する2年生全員を対象に実施します。報告会は，3年次教育実習生の中から大規模校，中規模校，小規模校で実習した各2名によるシンポジウム形式で行います。テーマは「小学校教育実習を終えて」，おもな内容は「忘れられない思い出」「実習でもっとやりたかったこと」「教師への手応えと不安」「後輩への申し送り」とし，各シンポジスト発言を受けて，質疑応答へと展開して最後は実習指導センター長の講評で終了します。

(3) **実習指導評価**

　授業態度，レポート，模擬授業などを重点に評価します。実習校における実習が不可の場合は，連動して実習指導も不可となります。

4　現場での実習の内容

　15日間の教育実習期間中に，5～8時間程度の実地授業を行います。観察授業については，全学年を対象にお願いをしています。基本的には，おおよそ次のような実習内容で行います。

日程	実習内容
1日目	オリエンテーション，校長講話（学校経営），教頭講話（服務・組織）
2日目	観察実習，養護教員講話（保健指導），教材研究
3日目	観察実習，指導案について
4日目	観察実習，教材研究と指導案について
5日目	観察実習，生徒指導・特別活動について
6日目	実地授業，教材研究・指導案の作成について
7日目	観察実習，特別支援学級の観察・特別支援児童について
8日目	観察実習，実地授業
9日目	観察実習，道徳について，実地授業

10日目	観察実習・指導補助，実地授業
11日目	観察実習・指導補助，総合的な学習について，実地授業
12日目	観察実習・指導補助，実地授業
13日目	公開事前授業，事後研修
14日目	公開授業，保護者授業参観，外国語活動観察，事後研修
15日目	実地授業，お別れ会

5　実習訪問指導の内容

■**訪問指導教員の割り振り**　基本的には，教育実習第2週以降にゼミ担任が行います。県外等の場合は，小学校教育実習指導委員会で訪問者を決めます。

■**訪問指導教員の役割**　学校長および実習指導教員，実習生との面談を通して，実習の成果が上がるように支援します。また，実習校から，本学への要望等を受け止め，次年度の実習に生かしていきます。

■**訪問時の指導内容**　実習生との面談から，指導面，健康面，生活面等日々の実習中における問題点を明らかにし，以後の実習への意欲を向上させます。

■**訪問記録について**　「教育実習訪問指導連絡表」に，実習生のようすや実習校からの講評・要望，訪問指導教員の気づきなどを記録し，次年度以降の教育実習の改善に生かします。

6　実習評価

　評価項目としては，学習指導（40%），生徒指導，研究（各20%），実習記録，勤務態度（各10%）で採点し，指導総評，人物総評等を加味して評定します。

7　実習履修要件

　子ども育成学部履修規程・細則第6条により，次のように定められています。

第6条　幼稚園又は小学校における教育実習を履修することのできる者は，原則として次の各号に該当するものとする。
1）心身ともに実習に耐えうる健康状態であること。
2）事前指導において無断欠席がないこと。
3）日頃の学生生活態度において，実習に著しい支障をきたすと考えられることがないこと。
4）実習実施時期直前の期までのすべての履修科目において，成績評価が「F」の科目及び受験資格喪失科目の合計が5科目以内であること。
5）実習時期直前の期までのすべての履修科目において，成績評価の3分の1以上が「A」または「S」であること。

8　学校・施設・病院・行政・他養成校との連携

年度初めに，教育実習該当小学校を管轄する市町村教育委員会を訪問し，当該年度の教育実習校の報告および協力依頼を要請します。

9　実習期間の確保について

実習期間については，夏休み中の9月中に実習を終えることで，実習校との共通理解を図り，関係機関と連携しています。

10　実習生指導の実際（全体の流れ）

実習生への具体的な指導は，2年次から始める。6月上旬には，3年次において教育実習を希望する学生に対して，教育実習希望校の調査を行い，実習生自らが内諾を得るために実習校を訪問する方法等について指導を行う。実習生は，夏休み中の8月に各自が希望する小学校を訪問して内諾を得る。9月以降は，希望する小学校の学習発表会や授業参観日などの行事に自主的に参観して，教育実習への意欲を高揚させていく。

3年次に入り，4月から，「小学校教育実習指導」の講義および指導案の作成演習，模擬授業などの指導を行う。6月上旬に実習生調書，誓約書等の記載を指導し，実習校への事前訪問を指導する。多くの場合，訪問時に実習担当者，担当学年・組などが示され，9月からの小学校教育実習への事前学習に励み，小学校教育実習開始日を迎える。

11　実習生指導の実際（個別指導）

個別指導を要する実習生には，ゼミ担任，小学校教育実習指導教員が対応する。実習生には，全教員の相談時間帯（オフィスアワー）を明示している。おもな相談内容は，服務的なこと，生徒指導・学習指導など多岐にわたる。

12　実習指導体制

子ども育成学部実習指導センター内に，小学校教育実習部会および介護等体験部会を設け，8名の教員で実習指導に当たっている。また，9月に実施している小学校教育実習期間には，ゼミ担任が訪問指導を行う。

第2節 看護師の事例

　看護師等養成所の運営に関する指導要領に「保健師養成所，助産師養成所，看護師養成所及び准看護師養成所の運営に関する指導については，保健師助産師看護師法（昭和23年法律第203号），保健師助産師看護師法施行令（昭和28年政令第386号）及び保健師助産師看護師学校養成所指定規則（昭和26年文部省・厚生省令第1号）に定めるもののほか，この要領に定めるところによる」とあり，詳細な項目が細部にわたり定められています。

1　看護学実習の意味と概要

■**看護学実習の位置づけ**　大学の基本理念に則り，カリキュラムにおいて看護学実習は，幅広い教養，深い人間理解，コミュニケーション能力という豊かな人間性を基盤とし，看護の対象となる人の生活や価値観を重視して，看護学の知識と技術，専門職者としての倫理観と態度を統合した高い看護実践能力を養うために，重要な科目として位置づけられます。

■**看護学実習の目的**　臨地実習体験を通して看護学の本質への理解を深め，看護学の知識と技術，専門職者としての倫理観と態度を統合した高い看護実践能力を養います。

■**看護学実習の目標**　看護学実習では，あらゆる発達段階，あらゆる健康状態にある看護の対象者へ，その人々が生活する多様な場において実際に看護援助を行うことによって，以下の看護実践能力を養います。

・看護の知識・技術を統合した高い看護実践能力を身につける。
・看護実践に必要なコミュニケーション能力を身につける。
・看護を必要とする人々の主体性や価値観を尊重する倫理観と態度を身につける。
・ケアチームの一員として専門的役割を理解し，他職種と協同する能力を身につける。

2　看護学実習の計画

　看護学実習は，以下の8領域（基礎看護学，リプロダクティブヘルス看護学（母性看護学），小児看護学，成人看護学，老年看護学，精神看護学，在宅看護学（継続看護学を含む），地域看護学）において行われます。具体的な実習内容（実習時間（単位），主題，到達目標，授業計画，成績評価方法・基準，実習場所（病院，施設，家庭，地域），時期など）は各領域によって異なります。

実習名	時期	単位数
基礎看護学実習Ⅰ（基礎）	1年後期	1単位
基礎看護学実習Ⅱ（発展）	2年後期	2単位
リプロダクティブヘルス看護学実習	3年後期	2単位
小児看護学実習	3年後期	2単位
成人看護学実習Ⅰ（基礎）	3年後期	3単位
成人看護学実習Ⅱ（発展）	4年前期	3単位
老年看護学実習Ⅰ（施設看護）	3年後期	1単位
老年看護学実習Ⅱ（病院看護）	3年後期	3単位
精神看護学実習	3年後期	2単位
在宅看護学実習	4年前期・後期	2単位
継続看護学実習	4年前期・後期	1単位（選択）
地域看護学・看護管理学実習	4年前期・後期	1単位（選択）
関連職種連携実習	4年後期	1単位（選択）
公衆衛生看護学実習Ⅰ（健康支援）（保健師履修コース・必修）	3年後期	2単位
公衆衛生看護学実習Ⅱ（活動の展開）（保健師履修コース・必修）	4年前期	2単位
公衆衛生看護学実習Ⅲ（管理）（保健師履修コース・必修）	4年前期	1単位
養護実習（教職課程・必修）	3年後期 4年前期	5単位

1単位（45時間）

　大学によっては，4年次前期にこれまでの看護学実習の体験から自らが希望する領域を選択し，その分野での看護を通して，専門職としての自覚を高める統合実習（2もしくは3単位）があります。

　看護学実習は，4年間を通して段階に分けられ，学習レベルに応じた実習を段階的に行います。実習では，講義との関連性を重視し，講義（知識）・実習（技術）にも結びつけていけるように自主性・積極性が求められます。

3　看護学実習の評価
(1) 実習評価とその条件

　実習評価は，大学授業科目履修規程に即し，看護学実習出席時間数，各看護学実習の目的，目標の達成度（課題の達成度），学生の学習到達度から総合的に判断されます。

　看護学実習出席総時間数が5分の4に満たない場合は，原則として再履修となります。なお，補習実習を行う場合がありますが，再履修，補習の判断は科目担当責任教員によります。

■**補習実習について**　身体的理由（病気やけがなど），忌引，感染症による出席停止などのやむをえない欠席で，出席時間数が5分の4に満たない学生については，補習実習を行う場合があります。その際，学生は欠席の理由を証明できるものを添えて欠席届を提出します。

補習実習は，実習場の受け入れが可能な場合に実施されますが，実施，日数，時期については，学生の事由と実習場の条件を考慮して，科目担当責任教員が判断します。

(2) **実習の履修要件について**

実習を履修するためには，当該領域の概論，方法論，演習を履修し，十分に学習し，かつ技術を習得しておかなければなりません（詳細については，各領域のシラバスに記載されています）。

領域別看護学実習を履修するためには，基礎看護学実習Ⅰ・Ⅱの単位が修得できている必要があります。

4　実習施設（臨床）と大学（教育）の実習指導内容と連携

実習開始前の適切な時期，実習終了後には，実習施設（管理者，実習担当者）と大学（科目責任者，実習指導教員）で綿密な会議（実習打ち合わせ：実習目標の確認，週案・日案や評価基準・方法など）を実施しています。また，年間を通して病院が主催する定期的な実習担当者会議を活用し，学生にとって効果的な実習が行えるように討議しています。さらに，実習施設は他養成校（大学，短期大学，専門学校）の実習を受け入れていることからも実習施設および他養成校との調整（時期，病棟，学生数など）が必要になります。

正規のインターンシップではありませんが，学生が就職を考える機会になるように，実習施設の教員，病院管理者，実習担当者に的確な情報提供を行っています。

大学の看護基礎教育における実習指導は原則的に教員が実習施設に出向き実習期間中（実習時間内），実習担当者と役割を分担しながら指導しています。

表10－2に，実習指導教員と実習担当者の役割を示します。

とくに実習施設においては実習担当者が必要であり，厚生労働省の承認する「保健師助産師看護師実習指導者講習会」を受講し修了していることが望ましいです。講習科目の総時間数は240時間（教育および看護に関する科目，実習指導に関する科目など）です。

表10-2 実習指導教員と実習担当者の役割

実習のプロセス	実習指導教員（大学）※	実習担当者（実習施設）
実習開始準備	①「看護学実習要項」に基づき，効率のよい実習となるよう，関連機関との連絡や調整を行う。 ②学生の学習到達レベル（知識，技術，態度を含む）を確認する。 ③学生の健康状態を確認する。	①大学側の実習目的・目標をスタッフに伝達し，円滑な実習となるよう調整を図る（環境整備や物品の準備も含む）。
受け持ち対象の決定	①学生個々の能力や特性・レディネスを把握し，対象の選定について実習指導者と十分に相談を行う。 ②リストアップした対象を学生に提示し，学生が受け持つ対象を決定する際に助言を行う。	①実習目標に適した対象を教員と十分に相談した上でリストアップし，提示する。 ②学生の受け持ち対象をスタッフに伝達する。 ③家族を含む対象に，学生が受け持つことについての了解をあらかじめ得る。
オリエンテーション	①「看護学実習要項」に基づき，学内で実習の詳細について説明を行う。 ②学生がその実習段階や領域における自己の課題を明らかにすることができるよう助言を行う。	①施設・設備に関するオリエンテーションを行う。 ②学生をスタッフや対象に紹介し，円滑な実習になるよう，対人関係面での調整を図る。
受け持ち対象に関する情報収集	①情報源や情報収集の方法についての助言を行う。	①対象の情報収集に関する学生の質問に対し，助言を行う。
行動計画の立案と発表	①行動計画が学習目標および対象者の看護目標と一致しているかどうかを判断し，指導や助言を行う。	①行動計画が対象に適しているかを判断し，助言を行う。 ②施設のシステムを前提とした計画立案のために，業務に関する情報等を提供する。
看護の実際場面	①直接・間接ケアに関して指導や助言を行うとともに，役割モデルとなる。 ②実習における学習過程で問題を発見・把握した場合は，指導や助言を行う。	①直接・間接ケアに関して助言と援助を行うとともに，役割モデルとなる。 ②実習における学習過程で問題を発見・把握した場合は，教員とともに指導や助言を行う。 ③ナーシングチームの一員として活動できるように調整を行う。
記録と報告	①実習全般に関する記録の確認と助言を行う。 ②実習終了時の最終的なレポートを受け取る。	①対象に関する報告事項および実習記録への記載の確認と助言を行う。
カンファレンス・事例報告会	①カンファレンス・事例報告会の計画・運営に関する指導や助言を行う。 ②資料の作成と必要物品の準備の際に，指導や助言を行う。	①カンファレンスでは，学生の取り上げたテーマや討議内容に対して助言を行う。
評価	①実習について評価を加え，評点化を行う。 ②最終的な単位認定を行う。	①実習の評価についての情報を提供する。

※教員（大学）には常勤教員と非常勤実習指導教員がいます。常勤教員と非常勤実習指導教員との連携は以下のように行います。
　①常勤教員は非常勤実習指導教員と実習に関するさまざまな情報を共有できるよう連携する。
　②主として非常勤実習指導教員が臨地における実習指導を担当している場合，常勤教員は学生の学習状況に合わせた適時アドバイスを行う。

5 実習生指導の実際（全体の流れ）

　看護師国家試験の受験資格において，実習で修得する単位は不可欠であることから4年間で履修する実習科目について入学時オリエンテーションで説明することが前提となっています。学生便覧，実習要項（実習の手引き），シラバスなどには履修に関する重要な内容が提示してあるので学生には必ず確認するように伝達しています。また，段階的に行われる各領域実習の実習要項（実習記録などを含む）もあります。

　大学では各領域の教員で構成された実習委員会（大学によっては教育委員会の中に臨地実習部会が設置されている）があり，定期的（毎月）に実習委員会を開催し，年間の活動計画に従って実習の準備が進められています。そこで，1・2年次の実習（おもに基礎看護学），3年生の領域実習（リプロダクティブヘルス，小児，成人，老年，精神看護学など），4年次の実習（成人，在宅，継続，地域看護学など）開始前の適切な時期に実習オリエンテーションを行います。そこでは，学科長・実習委員長から実習に臨むにあたっての必要事項（概要，諸注意など）を伝達します。さらに，各領域の教員（科目責任者および実習指導教員）からそれぞれの実習に関するオリエンテーションが行われます。

　実習生指導における各領域実習の共通事項は以下の通りです。
・学生としての実習上の心得：
　①学習姿勢
　②学習態度
　③服装・身だしなみ
　④自己の健康管理
・感染予防：
　①自らの感染を予防するための留意事項
　②病院など医療機関における感染への留意事項
・個人情報保護：
　①守秘義務について
　②プライバシーに関して
　③個人情報の取り扱いについて
　④看護の対象者および代理人への説明と同意について
・事故防止・事故発生時の対応・災害時の対応：
　①事故の定義
　②事故を防止するための留意事項
　③事故発生時の対応

④保険加入について
⑤災害時の対応
・遅刻・欠席の連絡

6　実習生指導の実際（個別指導）

　学生の学習状況に対する個別指導は確実に実施しています。看護学実習の領域実習（3年前期から4年前期）は長期間に及ぶことから学生の疲労（身体面・精神面）は蓄積し，履修状況に影響を及ぼすことがあります。学生みずから大学教員に相談を求めるケース，学生の到達レベルによって教員（科目責任者・実習指導教員）が個別指導を行わなければならないケースや実習担当者からの情報提供によって学生と面接するケースなどもあり，その内容はさまざまです。

　実習の評価にかかわる問題（実習目標の到達が困難な状況として，学生の学習不足や身体・精神的な負担から出席日数を満たすことができない場合など）が生じているときは，個別対応をする必要性があります。学生の問題などに関し，領域内で検討して領域の実習委員は実習委員会や教務委員会に報告し，教員間で情報共有や十分な検討をします。また，実習受け入れ病院・施設に協力を得ることもあります。

7　実習指導体制

　実習委員会などが設置されており，各領域からの指導体制（実習病院・施設を含む）について情報交換や討議をしています。また，実習にかかわる基本的な事項から詳細な取り決めやその変更点などに対しては検討し，そして決定された内容は案という形で実習委員長が上部組織に審議事項として提出します。

　実習指導において，大学側と受け入れ病院・施設の良好な関係は不可欠であり，学生の教育環境を提供する意味においても密接な関係と連携が必要となります。

8　独自の工夫・取り組みについて

　2004（平成16）年3月，文部科学省から「看護学教育の在り方に関する検討会」の報告書，2008（平成19）年4月には厚生労働省から「看護基礎教育の充実に関する検討会」の報告書が提示されています。

　大学において，看護専門職者として生涯にわたり専門性を深めていくための基礎能力を確実に培うこと，また，国家資格を有した看護職者として修得しなければならない基本的な看護実践能力について，卒業時の到達目標が示されました。卒業時には，看護実践の基本的な能力として幅広い視野から人間と人間生活を理解し，確実な倫理観

をもって行動する態度と姿勢を身につけること，さらに，自己研鑽しながら看護実践能力を高めていく姿勢をもつことが主題です。このことから，たしかな専門性と豊かな人間性を兼ね備えた質の高い看護実践を行うための知識・技術，および判断能力を身につけることが目的となります。

そのためには，各領域における演習科目（1年次から3年次）をはじめ，とくに実習すべてが終了した4年次後期には，統合看護演習（基本的な知識を統合し，実践で応用して活用できるよう最終段階の学内統合演習として実施し，各学年の看護に必要な知識の定着を図り，さらに応用力を育成する），統合技術演習（実習で学んだ看護技術を学内で演習し，評価を受けることによって，技術レベルの向上を図り，看護技術の卒業到達水準をめざす）から段階をふまえて構成しています。

「看護基礎教育の充実に関する検討会報告書」において看護技術の卒業時到達水準に関して，「看護師教育の技術項目と卒業時の到達度」として提示されています。卒業時の到達度レベルには4段階（Ⅰ：単独で実施できる，Ⅱ：指導のもとで実施できる，Ⅲ：学内演習で実施できる，Ⅳ：知識としてわかる）があります。また，評価する技術項目には，①環境調整技術（3項目），②食事の援助技術（9項目），③排泄援助技術（14項目），④活動・休息援助技術（12項目），⑤清潔・衣生活援助技術（17項目），⑥呼吸循環を整える技術（17項目），⑦褥瘡管理技術（7項目），⑧与薬の技術（28項目），⑨救命救急処置技術（8項目），⑩症状・生体機能管理技術（15項目），⑪感染予防の技術（7項目），⑫安全管理の技術（8項目），⑬安楽確保の技術（3項目）の13種類があり，計148項目から成っています。これについては，保健師教育・助産師教育における技術項目と卒業時の到達度もあります。4年次の実習が終了した適切な時期に，到達度レベルについて自己申告してもらい大学として適切に分析・評価したのちに課題を抽出し，次年度の実習，学内演習などの指導内容に反映させています。

第3節　介護福祉士の事例

1　介護実習の意味と概要

「社会福祉士及び介護福祉士法」第38条および第44条の規定に「社会福祉士介護福祉士養成施設指定規則」が定められています。資格取得の授業時間数は2年課程で1800時間とされ，その教育体系は『人間と社会』『こころとからだのしくみ』『介護』の3領域から編成されています。その中で領域『介護』に課せられた時間は1260時間

で,「介護実習」に関しては「介護総合演習」(120時間)をもとに450時間以上を行います。在宅介護の重要性を加味し,訪問介護実習のプラス45時間を置き,「介護実習」は495時間としています。

「介護実習」は,「社会福祉士介護福祉士学校指定規則(平成20年文部科学省令・厚生労働省令第2号)」「介護福祉士学校の設置及び運営に係る指針」に基づき,「実習施設・事業所(Ⅰ)」(以下,実習Ⅰ)と「実習施設・事業所(Ⅱ)」(以下,実習Ⅱ)に区分されます(表10-3)。

表10-3 介護実習区分の特徴

実習区分	実習Ⅰ	実習Ⅱ
ねらい	個々の生活リズムや個性を理解するという観点からさまざまな生活の場において個別ケアを理解し,利用者・家族とのコミュニケーションの実践,介護技術の確認,多職種協働や関係機関との連携を通じてチームの一員としての介護福祉士の役割について理解する学習とする。	個別ケアを行うために個々の生活リズムや個性を理解し,利用者の課題を明確にするための利用者ごとの介護計画の作成,実施後の評価やこれを踏まえた計画の修正といった介護過程を展開し,他科目で学習した知識や技術を総合して,具体的な介護サービスの提供の基本となる実践力を習得する学習とする。
実習施設等の要件	「厚生労働大臣が別に定めるものであって,介護保険法その他の関係法令に基づく職員の配置に係る要件を満たす」施設ならびに事業所に適応する施設※	※・常勤の介護職員に占める介護福祉士の比率が3割以上であること。 ・実習指導マニュアルを整備し,実習指導者を核とした実習指導体制が確保されていること。 ・介護サービスの提供のためのマニュアルが整備され,活用されていること。 ・介護過程に関する諸記録が適切に整備されていること。 ・介護職員に関する教育,研修等が計画的に実施されていること。
実習指導者の要件	介護福祉士の資格を有する者または介護職員として3年以上の実務経験を有する者	介護福祉士の資格取得後3年以上の実務経験を有する者であって,「実習指導者講習会」を修了した者
その他	介護実習について適当な実習者の指導が行われること。 同時に受け入れることができる学生数は実習担当者1名につき5名を限度とする。	

「介護実習」が含まれる領域『介護』には専任教員の配置が義務づけられています。専任教員は,①介護福祉士の資格を取得した後5年以上の実務経験を有する者。②厚生労働大臣が別に定める基準を満たす講習会(介護教員講習会)の修了者,その他その者に準ずる者として厚生労働大臣が別に定めるもの。となっています。訪問指導教員に関しては,「介護教員講習会」を修了した者があたることが義務づけられています(表10-4)。

表10-4 介護教員講習会科目およびその内容と時間数

分野	教育内容	科目	時間数
基礎分野	介護福祉の基盤強化	社会学,生活学,人間関係論,心理学,哲学,倫理学,法学のうちのいずれか2科目以上	各30 計60以上
専門基礎分野	教育の基盤	教育学,教育方法,教育心理および教育評価の4科目	計90以上
専門分野	介護福祉学	介護福祉学	30
	介護教育方法	介護教育方法	30
	学生指導	学生指導・カウンセリング 学習指導方法	15 15
	介護教育演習	介護過程の展開方法 コミュニケーション技術	15 15
	研究	研究方法	30
合計			300以上

2 実習計画

以下,実習計画表です。

【実習計画表】

学年	実習内容
1年 (4月下旬) (6月下旬) (8月中旬) (2月下旬~3月上旬)	・特別養護老人ホーム施設見学 ・介護老人保健施設・障害者(児)施設見学 ・基礎実習【実習Ⅰ】(5日間45時間)(1単位) ・介護計画実習【実習Ⅱ】(15日間135時間)(3単位)
2年 (4月下旬) (6月中旬) (8月下旬~9月) (11月中旬)	・精神障害者施設等見学 ・訪問介護実習【実習Ⅰ】(5日間45時間)(1単位) ・介護過程実習【実習Ⅱ】(20日間180時間)(4単位) ・総合実習【実習Ⅰ】(10日間90時間)(2単位)

実習先は,次のような基本方針のもと決定されます。
①特別養護老人ホーム,介護老人保健施設,障害者関係施設,訪問介護事業所,グループホーム,富山型デイサービス,小規模多機能型など介護実習全体の枠組みの中で,特定の施設・事業所等に学生の割り振りが片寄らないように,また多様な経験・学習ができるように配慮することが望まれます。
②実習Ⅰ・実習Ⅱに指定された実習施設・事業所の中から,科目のねらいと各自の実習課題とを照合した上で,学生が希望する実習先を選択する方式をとっていま

す。
③2年次後期の「総合実習」においては，今までの学習の総まとめとなるように，各自の実習課題に従い，実習Ⅰで指定された実習施設の中から希望する施設を学生が選択します。
④実習生の配属人数は1施設・事業所あたり原則として2～5人以内とします。
⑤配属グループの実習生は原則，各実習とも異なるメンバー構成とします。
⑥学生の希望，メンバー構成，実習先までの交通手段，実習のねらいなどをふまえて配属案を作成します。
⑦実習配属案は，原則として実習指導者会議で承認を得た後，各実習施設等に正式に文書で依頼をします。

3 大学における実習指導の内容

(1) 事前指導

■実習種別ごとの事前指導の内容　1，2年生ともに通年で2単位を取得します。2年生で履修する際には1年次の「実習指導Ⅰ」の単位を取得していることが条件となります。学科作成の「介護実習の手引き」と『ワークで学ぶ介護実習・介護総合演習』を使用しながら授業を展開しています。

学年		実習指導内容
1年	前期	・実習前の介護技術の確認や施設等のオリエンテーション，2年生の実習報告会に参加することを通して，介護実習前に必要な知識・技術を習得する。
	後期	・「基礎実習」をふり返り，獲得した知識や技術を整理し，実習課題の自己到達度を評価し，新たな学習課題を明確にする。 ・グループワーク等により情報・体験の共有化を図り学びを深める。 ・「介護計画実習」に向けて，介護過程の展開をもとに，介護計画立案に必要な知識を習得する。
2年	前期	・「介護計画実習」の報告会を行う。 ・在宅介護の意義・訪問介護のサービス内容や形態・介護保険について理解を深める。「訪問介護実習」に向けての課題を明確にし，実習する。 ・1年生で得た学びと知識を活用できるように，「介護過程実習」に向けた課題に取り組む。
	後期	・「総合実習」に向けて，多様な施設における介護の展開を学ぶ。 ・グループワークやDVD・VTR学習を通して理解を深める。 ・「総合実習」の事前・事後指導を通して，介護福祉士になるための自己課題を明確にする。

■特別講義等　特別講義は，実習ごとに行います。施設・事業所への事前訪問前に実施し，講義からの学びをレポートにまとめます。講師は，実習配属先である施設より，

実習担当者または介護責任者等に依頼しています。

実習名	講義テーマの概要
基礎実習	・施設における介護と介護職員の役割 ・実習生に望むもの
介護計画実習	・訪問介護の実際について ・実習生に望むもの
訪問介護実習	・介護計画—個別ケアを理解するための利用者とのかかわり— ・他職種との連携について
介護過程実習	・施設におけるケアプランと個別援助計画について ・実習生の心構え
総合実習	・介護福祉士に求められる援助活動の基本とその実際 ・実習生に望むもの

■**事前訪問** それぞれの実習の3〜4週間前に，学生が施設・事業所に出向き打ち合わせ等を行います。打ち合わせの日は学校側で指定します。あらかじめ学生が電話をし，施設・事業所の都合のよい時間に出向きます。指導は，「介護実習の手引き」に基づいて行われます。

打ち合わせの概要

実習施設・事業所	沿革，特色，職員構成，利用者の状況，勤務時間，1日の流れ，見学，行事予定，ケアの方針，衛生対策，個人情報の保護や守秘義務等
実習指導体制	指導者の紹介，実習予定表の提示，記録の提出方法，記録場所等
実習生	実習目標・実習内容，習得している生活支援技術の確認（経験録），事前レポート提出，「私が受け持ちたい利用者像」提示，実習の心構え，持ち物，食事，経費その他の必要事項等

■**事前報告** 施設・事業所へ訪問後，1週間以内に「事前報告」を「介護実習指導」授業の中で実施します。訪問指導教員（巡回指導教員）がそれぞれ担当学生とゼミ方式にて報告会を行います。教員は，施設ごとに報告用紙に学生の状況を記入し，学生は，施設訪問での概要と学んだこと，事前に行われた「特別講義」から学んだこと，今回の実習に向けての目標，他の学生から考えたこと等を用紙に記入し，提出します。

(2) 帰校日

「介護計画実習」「介護過程実習」では，実習の第2週目の土曜日を帰校日と定めています。学生の健康状態の把握，第2週目までの学習達成状況および第3週からの課題の明確化，訪問指導教員ごとの報告会，介護計画立案等の指導をしています。夜勤

実習明けの日が帰校日となる場合には、無理をさせないように欠席も可としています。

(3) 事後指導
■**事後報告** 実習終了後、1週間以内に「事後報告」を「事前報告」と同様に実施します。ここでは、実習のふり返りと新たな課題の発見、介護福祉士取得に向けての意欲の変化の有無を確認しています。

■**実習報告会** 「基礎実習」「介護計画実習」「総合実習」では、一人ひとりが自分の学びを文章にまとめ、報告集を作成し、学科内での「報告会」を実施します。それには1・2年全員が参加し、訪問指導教員を中心に4会場に分かれて行います。

「介護過程実習」の報告としては、各自が立案・実施・評価した介護計画を数名分ピックアップし、当年度の学びのまとめとし、年度末に実施している「介護実習指導者統括会議」に実習成果物として配布しています。

(4) 実習指導評価
定期試験（60％程度）、受講態度（20％程度）、課題提出（20％程度）とし、総合的に評価を行います。定期試験は、実習に対する基礎知識や困難場面での対応方法について問う問題と、意見を述べる問題等で実施しています。受講態度の評価は、遅刻・欠席、授業態度で決まります。課題の評価は、施設見学レポート・報告会レポート等で行います。

4 現場での実習の内容

各実習とも原則として、祝日は実習、土曜・日曜は休日としています（必要な場合は、土曜・日曜を補充実習のための予備日とします）。実習時間は、開始から終了までの時間数に記録の整理時間も加味して、1日につき9時間カウントとしています。出席表は所定のファイルにて実習人数分をまとめて提出し、毎日所定の場所で押印します。施設・事業所の都合等で適宜変更されて実施されています。次にあげるのは、1年次の「基礎実習」、2年次の「介護過程実習」についてのモデルプログラムです。

(1) 1年次「基礎実習」

		1年次：8月　（45時間：1単位）
目　的		1．利用者とかかわりをもつための基本がわかる。 2．利用者の生活と介護職員の活動を見学体験して、生活支援技術について理解を深める。

第3節　介護福祉士の事例

到達目標	1. 初歩的なコミュニケーションができる。 2. 施設での多様な暮らしぶりがわかる。 3. 利用者個々の状況に応じた生活支援の違いが理解できる。 4. 利用者が暮らしやすいように，安全に配慮した工夫がわかる。 5. 見学・実施したことがら，利用者とのかかわりの事実を記録する。 6. 介護職員の業務内容を理解する。 7. 家族とのかかわりが理解できる。 8. 自己の課題を設定し，計画的に取り組むことができる。
実習施設の種別	身体障害者更生施設，身体障害者療護施設，救護施設，特別養護老人ホーム，介護老人保健施設，身体障害者授産施設，重症心身障害児施設
プログラム	
1日目	1. 施設長および施設職員に自己紹介をする。 2. 利用者に対しては，実習担当者が紹介をする。 3. 申し送りに参加する。 4. 「今日の実習目標」を発表し，実習担当者または担当職員と行動予定を確認する。 5. 利用者の一日の生活の流れを知る（食事，入浴，散歩，レクリエーション，行事等）。 6. 居室やトイレ，洗面所，食堂，浴室などが，生活のしやすさ・安全面に配慮されているかを知る。 7. 利用者と交流を図る。（利用者数人とのかかわり，余暇活動への参加・見学） 8. コミュニケーション技法を用いて会話する（目線を合わせる，相づちやうながしをしながら聴く，表情・姿勢・言動に関心をもつ，共感的態度で受けとめる）。 9. 実習担当者または担当職員と毎日ミニカンファレンスをする。 10. 記録と報告をする。 11. 経験した項目を経験録に記入し，担当者の確認を得る。
2日目	（1～11までは前日と同様） 12. 実習担当者または担当職員に同行し，基本的な生活支援技術の説明を受け，見学する。 13. あいさつや自己紹介など利用者に自分のほうからかかわっていく。
3・4日目	（1～13までは前日と同様） 14. 実習担当者または担当職員の指導のもと，ADLの比較的自立している利用者の食事，衣服の着脱，排泄，移動，環境の整備等の介助の補助をする。
5日目	まとめおよび反省会 実習担当者または担当職員ならびに訪問指導教員を交えて全体のまとめをする。
土・日	補充実習日 全ての記録類の清書・確認をして，提出ファイルに綴じて提出する（実習終了後2～3日の間に提出）。

(2)　2年次「介護過程実習」

	2年次：8月～9月　（180時間：4単位）
目　的	1. 受け持ち利用者のアセスメント・計画立案・実践・評価・修正等介護過程のプロセスを全体的に理解する。 2. 自立支援に向けた援助のあり方を考え，実施することができる。

到達目標	1. 受持ち利用者の全体像を把握し，個別的なニーズがわかる。 2. ニーズを踏まえた実行可能な介護計画を立案し，実施，評価，修正できる。 3. 計画・実施・評価の内容を具体的に簡潔に記録することができる。 4. 受持ち利用者の援助を中心に他の職種・職員との協働を経験する。 5. 配属された棟内で生活している他の利用者を大まかにとらえることができる。 6. 個別なニーズが分かり，利用者の状況に応じた生活支援技術を実施できる。 7. 個別性を尊重した自立支援について理解を深めることができる。 8. さまざまな社会資源を知り，活用の仕方が理解できる。 9. 通所介護または通所リハビリサービスを体験し，施設と地域のつながりが理解できる。 10. 介護の専門性のあり方について理解できる。 11. 状況により夜勤実習を経験する
実習施設の種別	身体障害者更生施設，身体障害者療護施設，救護施設，特別養護老人ホーム，介護老人保健施設，身体障害者授産施設，重症心身障害児施設

プログラム

1 週 目

1日目	2日目	3日目	4日目	5日目	土・日
受け持ち利用者の選定	受け持ち利用者の決定	受け持ち利用者の情報収集			(補充日)記録用紙の整理・経験録の見直し
「受け持ちしたい利用者像」と照らし合わせる	担当者に相談し，利用者に説明・同意を得る	「手引き」を参照し，シートに記入 担当者に提出し内容の確認を行う			
生活支援技術	実習担当者または担当職員の指導のもと，ADLの比較的自立している利用者の生活支援技術を体験する。				

2 週 目

6日目	7日目	8日目	9日目	10日目	土・日
情報収集確認	情報収集シート完成	アセスメント・介護計画立案		中間カンファレンス	(土曜日は帰校日)記録物の確認
追加・修正し，確認をしてもらう	利用者の全体像を確認	介護上の課題の方向性について意見交換 具体的援助内容を記入，確認してもらう		計画について説明し助言をもらう	
生活支援技術	実習担当者または担当職員の指導のもと，利用者の特性に応じた生活支援技術の補助をする。 夜勤実習を1回経験する（実習7日目または8日目ごろが適当）。				

3 週 目

11日目	12日目	13日目	14日目	15日目	土・日
	介護計画の立案実施			評価・修正	(補充日)記録物の確認・経験録の確認
介護計画の具体的援助内容を職員に報告し協力をお願いする。実施に際しては利用者の意思を尊重し反応を確かめながら実施する。結果を指導者に報告し記録する。				実施した結果を考察し再アセスメントする	

生活支援技術	実習担当者または担当職員の指導のもと,利用者の特性に応じた生活支援技術を実施する。 ターミナルケアの実践に関する取り組みの説明を聞く。通所介護等を1回経験する。				
4 週 目					
16日目	17日目	18日目	19日目	20日目	土・日
再アセスメント・介護計画立案・実施・評価				まとめ・反省会	(補充日) 記録物の確認・完成
生活支援技術	実習担当者または担当職員の指導のもと,利用者の特性に応じた生活支援技術を実施する。 経験した項目を経験録に記入し,担当者の確認を得る。				

5　実習訪問指導の内容

■**訪問指導教員の割り振り**　訪問指導は,介護系の専任教員が担当します。「介護教員講習会」を修了した「介護福祉士」「社会福祉士」「看護師」「管理栄養士」等の資格保有者が実習担当を行っています。地域別に割り振り,担当施設を決定しています。

■**訪問指導教員の役割**　担当施設を訪問して施設側の実習担当者と協議するとともに,実習生に対する指導を行います。事前・事後レポートの添削指導や事前・事後報告など,実習前・実習中・実習後を一貫して行い,随時実習指導教員と連携をとります。実習生との面談等で知識・技術やメンタル面でのフォローを行います。

■**訪問指導時の指導内容**　訪問は,2009(平成21)年度より週1回以上と義務づけられています。訪問時には,実習担当者と実習計画の実践状況および実習目標の達成状況の確認を行います。その結果をふまえ,学生と面談し,状況を確認します。その後再び実習担当者と面談し,実習指導方法の調整を行い,介護実習の円滑な展開を支援します。訪問時間は厚生労働省では,おおむね1時間半を義務づけています。

　訪問時の視点は,①実習生の実習施設への出席状況,②実習計画の達成状況,③実習生の状況(健康面:夜勤や宿泊実習の体調確認,心理面:実習施設や利用者への適応状況,実習に対する不安等,行動面:実習に臨む姿勢,利用者や家族への態度,特徴的な行動等),④利用者からの苦情,実習中の「ヒヤリハット」,⑤実習の後半や実習終了後の反省会等に参加,学習課題を把握しているか,があげられます。

■**訪問指導記録について**　実習ごとに訪問指導報告書を作成し,段階に応じた内容を記入しています。記録物は手書きか,パソコン入力です。施設側からの意見・要望として実習生に対する声や実習内容についての質問等を記入するほか,学生の健康状態,実習記録の記入状況,欠席・遅刻の有無,課題の達成状況について記録を行います。実習終了後に,助手がまとめて保管をしています。

6　実習評価

　実習結果の評価は，実習施設長による評価（70％）と学内の介護系専任教員による評価（30％）をふまえて，実習指導教員が総合的評価を行い，単位の認定とします。
　施設評価の評価項目，①利用者理解，②生活支援技術，③記録と計画，④チームワーク，⑤社会的役割，⑥実習課題，⑦実習態度の7項目に対し，「A 良くできる」「B だいたいできる」「C 努力が必要」「D かなり努力が必要」の4段階で評価します。これに対し，学内評価は，実習の事前学習・事後学習における課題や態度，記録類等を点数化して評価します。施設評価で「D」が3つ以上ある場合には，学内評価のいかんにかかわらず，総合評価は不合格となり，再実習となります。

7　実習履修要件

　実習履修の要件には，①心身の健康，②学業成績（原則として介護領域科目の単位が，所定の開講時期に取得されていること），③履修の順序（原則として「基礎実習」「介護計画実習」「訪問介護実習」「介護過程実習」「総合実習」の順序で履修する），④実習事前指導（事前指導の内容には，実習指導でのオリエンテーション，特別講義，事前打ち合わせ，事前報告等があり，事前指導の欠席が2回以上に及ばないこと），⑤その他（日ごろの学生生活態度等において，実習に著しい支障をきたすと考えられる場合は，実習を中止または延期とすることもあるので注意すること）があります。

8　学校・施設・病院・行政・他養成校等との連携

■実習連携内容　富山県内には2013年の段階で介護福祉士養成施設が4校あり，富山県介護福祉士養成施設校協会を構成しています。毎年12月に行う会議において，次年度の実習時期の調整を行っています。「実習の手引き」「実習日誌」「実習計画の形式」に関しては，各校独自のものを作成し，使用しています。実習謝礼に関しては，協会で協議し統一した金額を実習施設に支払っています。支払いは，主として銀行振り込みです。実習施設との連携に関しては，介護実習内容高度化モデル事業「介護実習における実習施設と養成施設との連携に関するマニュアル（仮称）」（厚生労働省）を参考に実施しています。

9　実習期間の確保について

　実習期間は，夏季休暇中心で行っていますが，2年次の「訪問介護実習」は6月，「総合実習」は11月のため，授業期間中での実施となります。実習中の授業は，休講

となり補充授業を行っています。1年生は全員が実習を行いますが、2年生の実習に関する科目は選択としているため、2年生で実習を選択しない学生は、実習期間中は休みとなります。

実習中の欠席は、基本的に土日を補充日にあてますが、実習担当者と相談し、日程調整を行っています。病気、忌引等により実習延期となった学生や、やむを得ず実習中断する学生に関しては、その都度訪問指導教員、または実習指導教員が実習担当者と個別に話し合い、対応しています。

10　実習生指導の実際（全体の流れ）

■**資格・免許取得へのオリエンテーション**　入学時のオリエンテーション、科目「実習指導」の中で、介護福祉士の資格を取得するためには所定の実習が必須であることと、必要時間数や時期、内容について説明を行っています。一般職希望であったり、資格を取得せずに卒業をめざす学生については、本人、保護者を含め個別面談による対応をしています。

■**実習申請**　1年次は「実習指導Ⅰ」「基礎実習」「介護計画実習」が必須であるため、学期前オリエンテーションでは全員が履修登録を行います。2年次に関しては選択としているため、履修しない学生もいます。

■**実習取り下げ・中断について**　実習要件を満たすことができなかった学生に関しては、本人の意思を確認した上で補講を実施し、実習に臨ませています。実習開始後に中断となる場合は、施設側と実習指導教員で話し合い、事後指導を行っています。

11　実習生徒指導の実際（個別指導）

各実習過程における、学生の悩みは多種多様ですが、どの過程においても指摘されやすいのは、「積極性」の不足です。人とコミュニケーションをとることが苦手と感じている学生の場合は、施設の利用者とだけでなく、指導者や他の職員との連携がとりにくく、自分が行いたい実習ができないでいることがあります。また、職員が忙しそうに働いているため、声をかけることができずに時間を過ごしてしまうこともあります。訪問指導教員は、訪問時にそのような悩みを聞き、実習担当者との連携を取り、学生の目標達成に向けた実習ができるように調整を行っています。

12　実習指導体制

実習科目ごとに実習指導教員を2名ずつ配置し、実習配属案の作成、科目「実習指導」の授業、訪問指導教員の割り当て、該当科目の単位認定など、実習の運営全般を

行っています。実習助手は，実習指導教員の指示により，実習施設との連絡調整，実習運営計画原案の作成，実習生への指示連絡，実習に関する諸帳票等の整備，実習記録の整理等，実習の実施に関する事項について，必要な事務を行って実習指導教員を補佐しています。

13 独自の工夫・取り組みについて

「介護実習指導者会議」を年1回（年度始め）に開催しています。会議では，前年度の学習目標，学習計画の評価，反省，実習内容や実習指導内容，実習生への評価，学内における事前教育，訪問指導のあり方等について，報告やグループワークを行っています。また，各実習終了後，学内で実習の総括の場として，実習報告会や事例検討発表会を行っています。その報告会には，学科の教員・学生全員が参加し，また実習担当者にも参加していただけるように施設に働きかけを行っています。それにより，実習担当者と教員・学生との交流が図られ，実習の成果を学科全体で共有化し，学びが深まることを期待しています。

第4節 社会福祉士の事例

社会福祉士とは，1987（昭和62）年に「社会福祉士及び介護福祉士法」（昭和62年法律第30号，5月21日成立，5月26日公布）が成立し，誕生した国家資格です。実習に関しては，2007（平成19）年12月5日に社会福祉士及び介護福祉士法の改正により，実習の重要性が再認識されることとなり，科目名も「社会福祉援助技術現場実習」から「相談援助実習」と改められて，カリキュラムの内容も大幅に変更されています。

1 相談援助実習の意味と概要

相談援助実習（6単位25日間かつ180時間）は，実習関連科目である相談援助演習（5単位・150時間），相談援助実習指導（4単位・120時間）とともに進められています。定められた実習期間の中だけで実習は完結するものではないことから，実習期間終了後も，引き続き1年間にわたり相談援助実習指導を開講し，フォローアップを行っています。これまでの講義・演習との照合や検証をしながら，理論と実際を統合していく力をはぐくんでいくものであり，長期間にわたって展開されていく総合的な科目でもあるといえ，社会福祉士を養成していくための最も意義ある重要な科目として位置づけています。

具体的な目的としては，これまでの講義・演習等と関連づけながら，実際に相談援助が行われている現場体験を通じて，社会福祉士としての「価値」「専門知識」および「援助技術」を習得するとともに，社会福祉士として求められる資質，技能，倫理，自己に求められる課題把握等，総合的に対応できる能力を習得することです。一般社団法人日本社会福祉士養成校協会が示している「相談援助実習ガイドライン」をふまえ，社会福祉士として相談援助業務を実践できる能力を身につけ，実践できることを目標としています。

　また，実習を支える人的体制として，実習・演習担当教員には，現場における相談援助の知識および技術を活用することにより実践力の高い社会福祉士を養成する観点から，①5年以上の実務経験を有する社会福祉士であることや一定の教員歴を原則としつつ，②社会福祉士実習・演習担当教員講習会の受講が義務づけられています。実習訪問についても，少なくとも週1回以上の定期的指導を実施しています。一方，施設（事業所）の現場実習担当者についても，3年以上の実務経験を有する社会福祉士であることに加え，実習指導者研修課程の修了者であることが義務づけられています。

2　実習計画

　2年次は，具体的な相談援助事例を体系的に取り上げながら，個別指導ならびに集団指導を通じて基本的な相談援助の態度を身につけます。3年次では，実習を前提により具体的な相談援助場面を想定した実践的な実技指導を行うとともに，学生の主体的な選択により実習先を決定し，事前学習を深めた上で，実習を行います。4年次は，実習報告会を行うほか，ソーシャルワーク実習段階でアセスメントやケアプラン等各自がかかわった事例について，より理解を深めながら，ソーシャルワーカーとしての資質を養います。

【実習計画表】

学年	相談援助実習と関連科目のカリキュラムスケジュール
2年	相談援助演習Ⅰ　　（60時間）（通年2単位，必修）
3年	相談援助演習Ⅱ　　（90時間）（通年3単位，必修） 相談援助実習指導　（60時間）（3〜4年　通年4単位，必修） 相談援助実習　　　（25日間かつ180時間）（6単位，必修）
4年	相談援助実習指導　（60時間）（3〜4年　通年4単位，必修）　　実習報告会を含む

※児童家庭福祉・障害者福祉，高齢者福祉，地域福祉，相談援助の理論と方法については，実習前に履修済みです。

3 大学における実習指導の内容

(1) 事前指導

■**事前指導の内容**　相談援助演習と相談援助実習指導を柱としながら事前指導を進めています。実習指導では，本学で作成した独自の「相談援助実習の手引き」を用いるとともに，日本社会福祉士養成校協会監修の『社会福祉士相談援助実習』と併せて指導に当たっています。とくに時間をかけて指導していることは，実習計画書の作成です。相談援助実習は，「職場実習」（おおむね第1週目），「職種実習」（おおむね第2週目），「ソーシャルワーク実習」（おおむね第3週目から4週目）の3段階実習の構成となっていることから，それぞれの実習の枠組みを理解し，その枠組みに従って実習計画書を作成していきます（図10-1）。

学年	実習指導内容
2年	具体的な相談援助事例を体系的に取り上げながら，個別指導ならびに集団指導を通じて基本的な相談援助の態度を身につける。
3年	より具体的な相談援助場面を想定した実践的な実技指導を行うほか，実習のプロセスについての理解と各実習先についての事前学習を深める。具体的には，実習先概要書の作成，個人調書の作成，実習計画書の作成等を行い，実習に向けた最終準備を行う。
4年	実習報告会を行うほか，ソーシャルワーク実習段階でアセスメントやケアプラン等各自がかかわった事例についての検討会を実施し，これまでのふり返りと実習の総括を行う。

■**特別講義等**　「相談援助実習指導」の時間を利用して，児童家庭福祉，障害者福祉，高齢者福祉，地域福祉の各分野の現場実習担当者らを招き，社会福祉士の業務内容や果たすべき役割等，キャリア支援の観点もふまえて講義を行っています。

■**事前訪問**　実習生は，実習領域における学習課題の明確化と実習施設（事業所等）に関する事前学習を目的として，少なくとも2回の事前訪問を行っています。1回目の訪問（実習1か月前程度）では，実習生から社会福祉士資格取得の動機や実習への意気込みを表明し，持参した実習計画書が実現可能な内容であるかを両者で検討して，必要に応じて実習計画書の修正等の助言などをもらいます。また，実習までに取り組むべき学習テーマや課題等が提示される場合もあります。2回目の訪問（実習直前）では，実習生が再作成した実習計画書と実習先での実習プログラムの最終的なすり合わせをし，実習中の携行物や注意事項の最終確認等を行います。学生は各事前訪問終了後，すみやかに訪問指導教員へ報告書を提出するとともに，相談援助実習指導の時間の中で全体の共通理解を図る場が設けられています。

第4節 社会福祉士の事例

【職場実習】	【職種実習】	【ソーシャルワーク実習】
(おおむね第1週目) ・職場のミッション ・援助方針 ・実習施設(事業所等)の運営管理(年次目標,事業計画,予算,役職員組織,研修体制,利用者の権利擁護など) ・全職種の役割と専門職種どうしの相互理解 ・職場内の異職種連携(チームアプローチ)の理解 ・カンファレンス ・地域・地域資源の理解とその連携のあり方 など	(おおむね第2週目) ・生活相談員,相談支援専門員,児童福祉司等の担当する業務全般 (たとえば,ケアワーク,修理,送迎,書類管理,電話対応,見学受け入れ・説明,起案等,事務手続きなどの同席,同行,説明 など)	(おおむね第3〜4週目) ・ニーズ把握のための手立て・調査 ・相談面接,アセスメント ・カンファレンス,個別援助計画の作成,説明,契約 ・サービスの調整 ・家族・職場・学校等との連絡調整 ・援助実施,モニタリング,評価 ・苦情処理,財産管理,第三者評価 ・運営管理,職員研修 ・政策立案,代弁,ソーシャルアクション ・事業計画や地域福祉計画への参加 ・インフォーマル資源の開発・調整 ・記録,事例研究 ・専門職団体活動,自己研鑽 など
職場実習 実習施設がどのような地域において,どのような人を対象に,何を目的に設置され,どのような体制で援助がなされているのか理解することを目的とする。	職種実習 ソーシャルワーカーが職種として担っている業務の全般を理解することを目的とする。	ソーシャルワーク実習 利用者のエンパワメントや利用者と環境への働きかけといった社会福祉士の中心業務となる部分を理解することを目的とする。

図10-1 「相談援助実習」における実習プログラムの枠組み

(2) 事後指導

■**事後報告** 学生は実習終了後,すみやかに訪問指導教員へ報告するとともに,訪問指導教員からスーパービジョンを受け,実習のふり返りを行います。

■**実習報告会** 実習期間終了後は,引き続き1年間にわたり相談援助実習指導を開講し,実習のふり返り,まとめ,実習報告会等を行います。3名の訪問指導教員がそれぞれ訪問エリアを担当し,エリアごとに分かれて実習報告会を行います。3年生については,相談援助実習指導の一環として位置づけて参加を義務づけ,各自の住所地から実習報告会場を選んで,意見交換を活発に行うように指導しています。

■**実習指導評価** 授業態度(遅刻・出欠,実習に向けた取り組み姿勢:30%)と提出物

(実習に向けた各報告書，レポート等：70％)による総合評価を行っています。気になる学生については，実習指導の段階で随時面談を実施したり，相談援助実習部会や実習指導センターとも連携しながら相談援助実習実施の総合判断を行います。事前の調整をどれだけていねいにかつ慎重に進めていくかが重要であると認識し，実習指導に臨んでいるのが現状です。

4 現場での実習の内容

現場の実習担当者が事前に作成した実習プログラムに，学生の実習計画書を反映させながら，訪問指導教員とも検討した上で，各学生に合わせた独自の実習プログラムを3者協働でつくり上げていきます（図10-1参照）

5 実習訪問指導の内容

■**訪問指導教員の割り振り**　3名の訪問指導教員で，県内を3つのエリアに分け，少なくとも週1回以上，実習期間中計4回以上の定期的訪問指導を実施しています。なお，本学は「教育と福祉のハイブリッド」戦略を掲げていることから，学生が所属するゼミ担任（訪問指導教員以外の研究室に所属する学生もいる）にも訪問を呼びかけており，分野を超えて訪問（2～3週目前後）に同行してもらうことで，相談援助実習について理解を深めるよい機会としてとらえています。

■**訪問指導教員の役割**　訪問指導教員の役割としては，以下の7点を中心として，指導を行っています。具体的には，①実習生の心身の状況の確認，②実習生が困っていることや課題解決への支援，③実習日誌を閲覧し，考察が十分なされているかの確認および指導，④実習契約の変更・事故・その他実習中になんらかの問題が生じた場合の対応策の検討，⑤実習計画書と実習内容の整合性の確認，⑥実習生が最も印象に残ったインシデント場面での対応のふり返り，⑦施設（事業所等）と大学（養成校）との人材養成に関する意見交換，です。

■**訪問時の指導内容**　訪問指導時では，①実習生と訪問指導教員の二者面談，②実習担当者と訪問指導教員の二者面談，③実習生・実習担当者・訪問指導教員の三者面談が考えられますが，まずは実習生と訪問指導教員の二者による面談を基本とし，必要に応じて形態を組み合わせています。どのように行うかは，実習担当者と訪問指導教員で相談しながら実施することとしています。

■**訪問記録について**　訪問指導時の記録については，毎回の記録，帰校日を設けた際の指導記録，実習期間中に学生が来た場合の記録等が考えられます。具体的には，①実習生の健康状態や不安の確認，②実習生の学習状況やプログラムの確認，③実習日誌

の内容確認と指導，④実習生の行動の確認，⑤実習生の実習内容に対する評価の確認，⑥訪問指導後の進め方の確認，⑦実習担当者からの実習内容の確認，を行います。また，学生との面談内容を実習担当者に伝えた場合をはじめ，学校側の教育方針と教育方法を実習担当者に伝えた場合，実習先から学校への要望や伝達事項，訪問指導教員の所見等をデータにして記録しています。

6 実習評価

　相談援助実習の評価については，日本社会福祉士養成校協会が示している「相談援助実習ガイドライン」をふまえ，職場実習（6項目：①利用者等との人間関係の形成と利用者像の理解，②実習施設の法的根拠の理解，③実習施設における他職種の役割とチームアプローチの実際の理解，④実習施設における意思決定過程と人権尊重の理解，⑤実習施設における財政，運営方法等の組織構造の理解，⑥周辺地域の一般的状況と地域社会とのかかわりの理解），職種実習（2項目：①社会福祉士の業務内容と文書様式の理解，②社会福祉士の価値・倫理の理解），ソーシャルワーク実習（7項目：①利用者等との援助関係の形成と面接，②利用者等のニーズ把握と課題の設定，③周辺地域の福祉問題と社会資源の把握，④個別支援計画等の作成，⑤利用者等に関する支援プロセスの理解，⑥関連機関・施設の業務や連携状況の理解，⑦地域社会への働きかけ，地域の組織化の方法についての理解）の計15項目に，実習生の姿勢・態度を評価する1項目を加えた計16項目を設定し，本学独自に作成したものを使用しています。

　実習段階に対応した15項目の評価方法については，実習プログラムにおける各達成度の視点から，5段階（A～E）で評価することとしています。実習生の姿勢・態度についても，25日間の取り組みを通して5段階で評価します。評価割合は，実習施設が100％としています。

　総合所見（実習の成果と課題等）については，相談援助実習全体にわたった総括として位置づけ，評価項目には対応しないことがらで，特記すべき事項も含めて手書きで記入することになります。また，本学実習生に対する事後指導において，とくに重要と思われる項目についても，項目番号に加え，可能であればその理由も手書きで記入することになっています。

　実習評価については，実習後も引き続き開講される「相談援助実習指導」の中で，全体に伝えるべき内容のものと，個別に面談を通じて伝えるものとを区別しながら，総合的にソーシャルワーカーの資質底上げを大学全体として図れるよう，創意工夫を行いながら，指導に活用しています。

7 実習履修要件

　実習は他の教科と異なり、学生が社会福祉士に準ずる立場に立ち、相談援助の現場で対象者（利用者、家族、地域等）を支援することを通じて、社会福祉士としての「価値」「専門知識」および「援助技術」等を学ぶことを目的としていることから、心身の健康や一定の社会福祉の専門的知識・技術の習得、十分な事前の学習と準備などの条件が満たされて初めて、履修することができます。したがって、本学の履修に関する細則に基づき、実習のための履修要件（①心身の状態、②相談援助実習指導への出席、③日ごろの学生生活態度等、④学業成績）を課しています。言うまでもなく、実習前に開講されている社会福祉士の指定科目等については、優秀な成績で単位を取得しておくべきであり、再履修とならないように日ごろからの指導に心がけているところです。

8 学校・施設・病院・行政・他の養成校等との連携

　実習時期をはじめ実習委託費については、他校との調整は行っておらず、実習の手引き、実習日誌、実習計画書等についても、他大学との統一した様式にするといった調整等は行っていません。何よりも実習先が確保されての実習でもあることから、まずは訪問指導教員と現場の実習担当者との有機的かつ友好的な連携が必要不可欠であり、このことが重要な要素であると思われます。したがって、実習中に次年度についての受け入れ継続のお願いをしながら、新たな実習予定者数も見通すとともに、実習先の新規開拓を併せて進めていきます。

　また、本学主催による実習施設（事業所等）の実習担当者との懇談会は、現在実施していませんが、今後より連携体制を強めていくためにも、意見交換の場が必要であるととらえており、開催を検討しているところです。

　なお、県内の自治体のうち富山市は、福祉分野の人材の確保と現場の実習担当者の資質向上の観点から、「富山市社会福祉士ネットワーク」なる組織を支援しており、市内の受け入れ施設等と実習指導教員（富山県2大学・1短期大学、石川県1大学）との意見交換会を開催したことがあります。現在は、規模を縮小するかたちで、「富山市社会福祉ネットワーク」が中心となって県内の大学・短期大学との意見交換会が継続されています。

9 実習期間の確保について

　本学は、社会福祉士だけでなく、複数資格（保育士、幼稚園教諭、小学校教諭、スクールソーシャルワーカー）の取得を推奨していることから、相談援助実習にまと

まった期間を確保することがむずかしく，現在は春季休業期間中の2月中旬から3月中旬にかけて実施しています。大学によっては，前期に職場実習を実施し，後期で職種実習とソーシャルワーク実習を行っているところもあることから，今後効果的な実習期間についても検討しているところです。

10　実習生指導の実際（全体の流れ）

■資格・免許取得へのオリエンテーション　相談援助実習の学習目標などを定めた通知「社会福祉士学校及び介護福祉士学校の設置及び運営に係る指針について」（平成20年3月28日19文科高第918号厚生労働省社援発第0328002号）では，「相談援助実習」のねらいとして，①相談援助実習を通して，相談援助に係る知識と技術について具体的かつ実践的に理解し実践的な技術等を体得する，②社会福祉士として求められる資質，技能，倫理，自己に求められる課題把握等，総合的に対応できる能力を習得する，③関連分野の専門職と連携のあり方及びその具体的内容を実践的に理解する，の3点が明示されていることを全体の中で伝えています。とくに，「個人情報保護法」および「ソーシャルワーカーの倫理綱領」の目的・理念および概要について学ばせると同時に，対人援助職における守秘義務の重要性を理解させる教育指導に力を入れています。また，実習生には，社会福祉専門職にふさわしい価値・知識・技術を身につけなければならない立場であることをしっかり自覚するように指導します。学力問題，対人関係問題で気になる学生については，訪問指導教員で共通理解を図りながら，その都度面談を実施していきます。

■実習申請　3年次の相談援助実習指導の講義開始時から，実習分野（児童・障害者・高齢者・地域の4分野）の希望調査を行い，大学が指定する実習施設（事業所等）を選択し，前期には実習先を決定しています。しかしながら，一部の学生は小学校教育実習と幼稚園教育実習を夏季休業期間中に実施していることも考慮し，正式な実習申請は後期になってからということになります。

■実習取り下げ・中断について　将来の方向転換をしたい等，実習を取り下げたい旨の報告をしてきた場合の取り下げのタイムリミットは，後期授業の科目登録（10月初旬）時となります。また，履修要件を満たしていない学生については，前期授業科目の成績発表（9月下旬）後，相談援助実習部会を開催し，実習指導センターと今後の指導方針を固めた後，教授会で最終判断されることとなります。実習開始後の中断等についても，相談援助実習部会でまず対応について協議し，教授会で審議（場合によっては報告）されます。

11　実習生指導の実際（個別指導）

　訪問指導時によくある実習生の悩みとして，第1，2週目の職場・職種実習時に，専門用語をはじめ単語の意味が消化しきれないまま，混乱して日中を過ごしてしまっていることがあげられます。その場合は，しっかり落ち着いてメモをとって，自己学習するように指導しています。その他，第3，4週目のソーシャルワーク実習時では，対象者のニーズをうまく引き出せないため，ケアプランをどう作成すればよいかなどといった問題に悩んでいることが多いことから，改めて原点にもどり，利用者のストレングス（強み，長所等）やインフォーマルな社会資源の活用等，視点を変えるように指導をしています。

12　実習指導体制

　実習指導センター下部組織として，相談援助実習部会を設置しています。実習指導教員を中心に当部会で実習に関する指導体制を話し合います。議題内容によっては，学部長，実習指導センター長も加わり協議を進める場合もあります。基本的には，実習指導教員が実習開始から終了にいたるすべての書類について，責任をもって作成し，処理をすることとなっています。実習委託費といった金銭にかかわる案件については，事務室の実習担当職員と連携しながら進めています。

13　独自の工夫・取り組みについて

　実習前に，できる限りインターンシップ（現場就業体験）を活用する等，本実習に入る前に，実習施設（事業所等）や現場の実習担当者らとある程度関係性を構築しておくように勧めています。実習施設（事業所等）によっては，夏祭りや各種行事に自主的にボランティアに来るよう提案される場合も多く，職場実習にスムーズに入っていくためにも非常に重要なこととして受け止めています。また実習中については，第3週前後に帰校日を設け，これまでのつまずきや学びを実習生全体で共有することで，実習後半に向けてのエンパワーメントを図っています。実習後は，各自がかかわった個別事例の整理と発表を通して，ソーシャルワーカーとしての資質を磨くことはもちろんのこと，国家試験の事例問題にも耐えうる学力の定着を念頭に置きながら，十分な時間をかけて取り組んでいます。

● 第5節　スクールソーシャルワーカー（SSW）の事例

第5節
スクールソーシャルワーカー（SSW）の事例

　2007（平成19）年12月の社会福祉士及び介護福祉士法の改正時に衆議院において付帯決議された，「司法，教育，労働，保健医療分野における社会福祉士の職域拡大」の一環として，日本社会福祉士養成校協会が独自に取り組む事業であり，教育分野における社会福祉士の職域拡大を，より実効性の高いものとすることを目的として実施される教育課程です。

1　SSW実習の意味と概要

　日本社会福祉士養成校協会では，2008（平成20）年度から文部科学省が全国に導入した「スクールソーシャルワーカー活用事業」との連動性も視野に入れつつ，小中学校をはじめとする学校現場において適切なソーシャルワークを実施することができる実践力の高いソーシャルワーカーの養成を行うとともに，社会福祉士等の積極的な活用と社会的認知を高め，その職域拡大を図るために，2009（平成21）年度から「スクール（学校）ソーシャルワーク教育課程認定事業」を創設しました。社会福祉士等の国家資格有資格者がスクール（学校）ソーシャルワーク（以下SSW）を展開するために必要となる課程の設置要件を定め，当該要件を満たす課程を設置する学校を「社団法人日本社会福祉士養成校協会認定スクール（学校）ソーシャルワーク教育課程」として認定し，また当該課程を修了しかつ社会福祉士等の資格を有する者を「一般社団法人日本社会福祉士養成校協会認定スクール（学校）ソーシャルワーク教育課程修了者」として修了証を交付するものです（図10-2）。

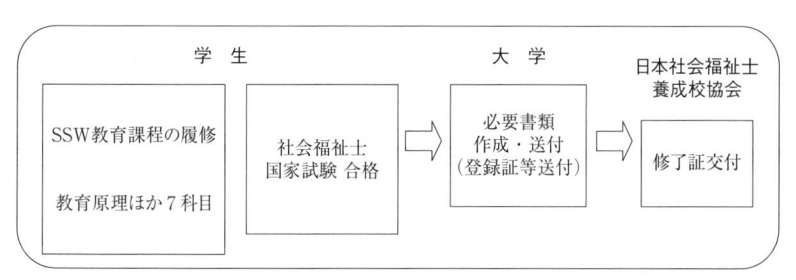

図10-2　SSW教育課程修了までの流れ

学生：SSW教育課程の履修　教育原理ほか7科目 → 社会福祉士国家試験 合格

大学：必要書類作成・送付（登録証等送付）

日本社会福祉士養成校協会：修了証交付

2 実習計画

1年次は、教育原理と児童・家庭福祉論を通じて、教育と福祉分野の基本的な知識を身につけます。3年次では、生徒指導や精神保健といったより専門的な知識を養うとともに、SSWの概論について学習を進めます。4年次では、具体的なSSW場面を想定した実践的な実技指導を行うとともに、実習を通じてスクールソーシャルワーカーとしての資質を養います（表10-5）。

表10-5 日本社会福祉士養成校協会認定スクール（学校）ソーシャルワーク教育課程の概要

学年	SSW実習と関連科目のカリキュラムスケジュール
1年	教育原理　　　　　（30時間）（半期 2単位） 児童・家庭福祉論　（30時間）（半期 2単位）
3年	生徒指導論　　　　（30時間）（半期 2単位） 精神保健　　　　　（30時間）（半期 2単位） SSW論　　　　　　（30時間）（半期 2単位）
4年	SSW演習　　　　　（15時間）（1単位） SSW実習指導　　　（15時間）（1単位） SSW実習　　　　　（80時間）（2単位）　＊見学実習含む

3 大学における実習指導の内容

(1) 事前指導

■**事前指導の内容**　SSW論（3年次）とSSW演習、SSW実習指導（4年次）を柱としながら事前指導を進めていきます。実習指導では、本学で作成した独自の「SSW実習の手引き」や日本学校ソーシャルワーク学会の『スクールソーシャルワーカー養成テキスト』を用いて指導に当たっています。

学年	実習指導内容
3年	我が国の学校教育現場にスクールソーシャルワーカーを導入する意義とその必要性について学ぶとともに、スクールソーシャルワーカーの価値と倫理、業務と果たす役割、SSWの支援の基盤となる理論と実際について、ミクロレベルからメゾ、マクロレベルにわたって理解できるようになる。
4年	学校における相談援助技術の展開についての知識と技術を演習から理解する。とくに、総合的かつ包括的な援助を必要とする具体的な事例を用いることにより、関係機関との連絡、調整のあり方等について学ぶとともに、学校内、市町村、教育委員会のシステムについて理解する。 　SSW実習を行うにあたり、学校教育現場で想定される対人援助の基本的理解をはじめ、チームの一員としての連携のあり方、実習を深めるための記録や実習日誌の書き方等について個別指導および集団指導を行う。実習後は、実習報告会において総括を行う。

■**特別講義等** SSW実習では，80時間のうちの40時間を実習指導教員の指導のもとに，地域の社会資源の見学に充当してもよいことから，実習の時間を利用して，児童自立支援施設をはじめ適応指導教室，婦人相談所，里親等へ直接赴いて，担当者等から業務内容や果たすべき役割等に関する特別講義をしていただいていると位置づけることもできます。

■**事前訪問** 実習生は，SSWにおける学習課題の明確化と実習施設（学校・機関等）に関する事前学習を目的として，現任のスクールソーシャルワーカーのもとへ事前訪問を行っています。事前訪問では，①実習生からスクールソーシャルワーカーを志望する動機や実習への意気込みを表明し，②持参した実習計画書が実現可能な内容であるかを両者で検討し，③必要に応じて実習計画書の修正等の助言をも受けています。また，実習までに取り組むべき学習テーマや課題が提示される場合もあります。

(2) 事後指導

■**事後報告** 学生は実習終了後，すみやかに実習指導教員へ報告するとともに，実習指導教員からスーパービジョンを受け，実習のふり返りを行います。

■**実習報告会** 実習期間終了後は，実習のふり返り，まとめ，実習報告会等を行っています。3年生については，SSW論の一環として出席を義務づけ，司会進行役を務めてもらう等，意見交換も活発に行うように指導しています。また，1，2年生については，興味のある学生に広く周知しています。

■**実習指導評価** 授業態度（遅刻・出欠，実習に向けた取り組み姿勢：30％）と提出物（実習に向けた各報告書，レポート等：70％）による総合評価を行っています。気になる学生については，実習指導の段階で，随時面談を実施していくとともに，実習指導センターとも連携しながら総合判断を行っています。相談援助実習同様，事前の調整をいかにていねいにかつ慎重に進めていくかを重要な問題と認識し，実習指導に臨んでいるのが現状です。

4 現場での実習の内容

SSW実習は80時間ですが，そのうち40時間までは実習指導教員の指導のもとに，地域の社会資源の見学に充当してもよいことになっています。そこで，本学の場合は，教育委員会や学校での現場実習に，児童自立支援施設をはじめ適応指導教室，婦人相談所，里親等への見学実習も加えた計80時間の実習構成としています。

5 実習訪問指導の内容

■**訪問指導教員の割り振り**　見学実習は，すべて訪問指導教員（1名）が引率し，指導に当たっていますが，現場実習の場合は，現任のスクールソーシャルワーカーと連絡を密にしながら，いつでも指導ができる体制にしています。したがって定期的に現場訪問することまではしていません。

■**訪問指導教員の役割**　訪問指導教員の役割としては，まず見学実習の場合，見学がスムーズにいくよう見学先との事前の打ち合わせを綿密に行っています。とくに，スクールソーシャルワーカーとして，どのような場合にこの社会資源を活用することにつながるのか等といった点について，理解できるように見学プログラムの調整を行っています。

次に現場実習についてですが，現場の実習担当者であるスクールソーシャルワーカーの勤務形態自体が週1～2回で2～4時間であるため，連続して時間を確保できない現状にあります。したがって，数か月かけてゆっくり実施していくことになるため，訪問指導教員は，現任のスクールソーシャルワーカーと以下の7つの点について，連絡を密にするとともに，実習生からの毎回の報告を受けることを通して，スーパービジョンを行います。具体的には，①実習生の心身の状況の確認，②実習生が困っていることや課題解決への支援，③実習日誌を閲覧し，考察が十分なされているかの確認および指導，④事故・その他実習中になんらかの問題が生じた場合の対応策の検討，⑤実習計画書と実習内容の整合性の確認，⑥実習生が最も印象に残ったインシデント場面での対応のふり返り，⑦実習施設（学校・機関等）と大学（養成校）との人材養成に関する意見交換，です。

■**訪問時の指導内容**　原則として，現場実習先への訪問指導は実施していませんが，必要に応じて，①実習生と訪問指導教員の二者面談，②スクールソーシャルワーカーと実習指導教員の二者面談，③実習生・スクールソーシャルワーカー・訪問指導教員の三者面談が行えるような体制づくりに努めています。

■**訪問記録について**　原則として，現場実習先への訪問指導は行っていないため，訪問記録はつけていません。必要に応じて訪問した場合は，①実習生の健康状態や不安の確認，②実習生の学習状況やプログラムの確認，③実習日誌の内容確認と指導，④実習生の行動の確認，⑤実習生の実習内容に対する評価の確認，⑥訪問指導後の進め方の確認，⑦実習担当者からの実習内容の確認，を行います。また，学生との面談内容を実習担当者に伝えた場合をはじめ，学校側の教育方針と教育方法を実習担当者に伝えた場合，実習先から学校への要望や伝達事項，訪問指導教員の所見等をデータにして記録しています。

6　実習評価

　SSW実習の評価は，見学実習と現場実習の2つの評価から構成されます。まず，見学実習については，毎回のレポートによる評価としています。次に現場実習についての評価ですが，日本社会福祉士養成校協会が示している「相談援助実習ガイドライン」を参考に，職場実習（6項目：①子ども等との人間関係の形成とその理解，②実習先の法的根拠の理解，③実習先における教職員の役割の理解とチームアプローチの実際の理解，④教員等，学校関係者の就業に関する規定への理解と組織の一員としての役割と責任への理解，⑤学校運営，学校組織，教育委員会組織の理解，⑥学校周辺地域の一般的状況と地域社会とのかかわりの理解），職種実習（2項目：①スクールソーシャルワーカーの業務内容の理解，②スクールソーシャルワーカーの価値・倫理の理解），ソーシャルワーク実習（7項目：①子ども等との援助関係の形成と面接，②子ども等のニーズ把握と課題の設定，③学校周辺地域の福祉問題と社会資源の把握，④支援計画等の作成，⑤子ども等への支援プロセスの理解，⑥関連機関の業務や市町村の子ども相談体制の理解，⑦地域社会への働きかけ・地域の関係機関等との連携状況についての理解）の計15項目に，実習生の姿勢・態度を評価する1項目を加えた計16項目を設定し，本学独自に作成したものを使用しています。実習段階に対応した15項目の評価方法については，実習プログラムにおける各達成度の視点から，5段階（A～E）で評価することとしています。実習生の姿勢・態度についても，現場実習全体の取り組みを通して5段階で評価することになっています。評価割合は，見学実習と現場実習がそれぞれ50％ずつとしています。

　現場実習の総合所見（実習の成果と課題等）については，実習全体にわたった総括として位置づけ，評価項目には対応しないことがらを，特記すべき事項も含めて手書きで記入することとなります。また，本学実習生に対する事後指導において，とくに重要と思われる項目についても，項目番号に加えて，可能であればその理由も手書きで記入することになっています。

7　実習履修要件

　実習は他の教科と異なり，学生がスクールソーシャルワーカーに準ずる立場に立ち，学校における相談援助の現場で対象者（児童生徒，家族，地域等）を支援することを通じて，スクールソーシャルワーカーとしての「価値」「専門知識」および「援助技術」等を学ぶことを目的としていることから，心身の健康や一定の社会福祉ならびに教育の専門的知識・技術の習得，十分な事前の学習と準備などの条件が満たされて初めて，履修することができるとしています。そこで，本学のスクール（学校）ソー

シャルワーク教育課程では，本学の履修に関する細則に基づき，実習のための履修要件（①心身の状態，②SSW実習指導への出席，③日ごろの学生生活態度等，④学業成績）を満たすほかに，さらに，独自に3つの条件をすべて満たす者だけが履修できることとしています。具体的には，①小学校教育実習および相談援助実習の単位を取得した者，②在学中に社会福祉士国家試験を受験しようとする者，③学部が開講する社会福祉または小学校のいずれかのキャリア支援講座を3年次に受講している者であって，出席状況が良好である者，です。まさに，教育と福祉のハイブリッドな総合的な実習として4年次に位置づけています。

8　学校・施設・病院・行政・他養成校等との連携

■実習連携内容　本学は，県内で唯一の日本社会福祉士養成校協会認定スクール（学校）ソーシャルワーク教育課程の設置校でもあることから，実習時期をはじめ実習委託費については，他校との調整は必要ありません。したがって，実習の手引き，実習日誌，実習計画書等についても，他大学との統一した様式にするといった調整等を行ってはいません。

　また，実習先が確保されての実習でもあることから，まずは実習指導教員と市教育委員会の担当者，スクールソーシャルワーカーとの有機的かつ友好的な連携が必要不可欠であり，このことは，非常に重要な要素であると思われます。したがって，実習中に次年度についての受け入れ継続のお願いをしながら，新たな実習予定者数も見通すとともに，実習先の新規開拓も併せて進めていきます。とくに，現場の実習担当者となる5年以上の経験を有するスクールソーシャルワーカーそのものの数が少ないため，各市町村の教育委員会との申し合わせがたいせつになってきます。

　また，本学主催のスクールソーシャルワーカーとの懇談会の開催は実施していませんが，今後より連携体制を強めていくためにも，意見交換の場が必要であるととらえており，開催を検討しているところです。

9　実習期間の確保について

　本学は，スクールソーシャルワーカーだけでなく，複数資格（保育士，幼稚園教諭，小学校教諭，社会福祉士）の取得を推奨していることから，まとまった期間を確保することがむずかしい現状にあります。幸いにも，スクールソーシャルワーカーの場合は，派遣体制の都合により，週1～2回で2～4時間という単位であるため，数か月程度かけて実施することになります。

10 実習生指導の実際（全体の流れ）

■**資格・免許取得へのオリエンテーション**　前述の通り本学のスクール（学校）ソーシャルワーク教育課程におけるSSW実習は，独自の厳しい履修条件のもとに実施されるため，学生たちに十分周知しておく必要があります。

また，相談援助実習同様に，「個人情報保護法」および「ソーシャルワーカーの倫理綱領」の目的・理念および概要や対人援助職における守秘義務の重要性を理解させる教育指導に力を入れていることも伝えます。したがって，実習生には，学校教育現場における社会福祉専門職にふさわしい価値感・知識・技術を身につけなければならない立場であることをしっかり自覚するように指導します。

■**実習申請**　4年次のSSW実習指導の講義開始時から，大学が指定する実習施設（学校・機関等）を選択してもらい，前期には実習先を決定し，場合によっては実習を開始することも考えられます。

■**実習取り下げ・中断について**　実習を取り下げたい旨の報告をしてきた場合の取り下げのタイムリミットは，4年生の後期授業の科目登録（10月初旬）時です。履修要件を満たしていない学生については，前期授業科目の成績発表（9月下旬）後，面談を通して今後の指導方針を固めた後，教授会で最終判断します。実習開始後の中断等についても，まず対応について実習指導センターと協議し，教授会で審議（報告）されます。

11 実習生指導の実際（個別指導）

実習生の悩みというよりは，実習担当者である現任のスクールソーシャルワーカーからの悩みのほうが多いかと思われます。つまり，現任のスクールソーシャルワーカー自身がまだしっかり学校教育現場の中で認知されているとは言えない中で，学生をどの程度同行させてもよいのかといった不安等についての相談が寄せられているのが現状です。実習担当者の判断に任せながらも，必要に応じて実習指導教員が実習先に説明に行く場合もあります。

12 実習指導体制

実習指導センターと連携して，実習指導教員を中心に実習に関する指導体制を話し合うことにしています。議題内容によっては，学部長，実習指導センター長にも加わってもらいながら，協議を進める場合もあります。基本的には，実習指導教員が実習開始から終了にいたるすべての書類について，責任をもって作成し，処理をすることとなっています。実習委託費といった金銭にかかわる案件については，事務室の実

第10章　他分野における実習指導実践例

習担当職員と連携しながら進めています。

13　独自の工夫・取り組みについて

　SSW実習は，まさに「教育と福祉のハイブリッド」な実習ともいえ，総合的な知識をもって臨む実習であるといえます。そのため4年次になって行われるものであり，履修条件も本学のどの実習よりも厳しいものとなっています。中でも特徴的なことは，前述の通り3つの条件をすべて満たす者だけが履修できることです（「7　実習履修要件」参照）。現在，現任のスクールソーシャルワーカーについては，社会福祉士や精神保健福祉士資格をもっていることが望ましいといった程度でもあるため，本学のように，社会福祉士はもちろんのこと，教員免許の取得も義務づけているスクールソーシャルワーカーを養成することは全国で初めてであると思われ，今後モデルとなっていくことが望まれます。

[本章で取り上げた参考図書]
『社会福祉士相談援助実習』日本社会福祉士養成校協会（監）　中央法規出版　2009年
『スクールソーシャルワーカー養成テキスト』日本学校ソーシャルワーク学会（編）　中央法規出版　2008年
『ワークで学ぶ介護実習・介護総合演習』吉田節子・後藤真澄・川嶋玲子　（株）みらい　2010年

おわりに

　「保育者が足りない」,「すぐに辞めていってしまう」といった悲鳴を最近とてもよく聞くようになってきました。皆さんはどこに原因を求めるでしょうか。たしかに待機児童対策を中心とした子育て支援の充実を全国的に進める中で,保育者(とくに保育士)の数自体が必要とされる数に追いついていないという現状があると考えられます。

　ですが,私は,もっと根本的な問題として,保育者を目指す若者の減少を危惧しています。つまり「なり手」自体が少なくなってきているということです。背景には,保育を取り巻く現状の問題があります。給与等の待遇改善がなかなか進まない中,子育て支援や地域との連携など役割の増加で現場が疲弊し,そのことが,高等学校や学生の保護者などに伝わりつつあるのではと思います。学生が保育者を目指しても,周りの大人がとめるといった厳しい状況が徐々に現実化しているようです。

　そんな中でも,子どもとかかわりたいという思いをもち,保育者を目指し学んでいく実習生の成長を少しでも支えることができないかと考えたのがこの本のきっかけでした。

　私自身も,実習生であったことがあります。また,現場で実習生を指導する立場にもありました。そして,今養成校で実習生を指導する立場になり感じることは,現場,養成校,実習生それぞれの立場の「相互理解の不足」と,「余裕のなさ」です。

　実習生は,実習を楽しみにしつつも,どのような指導がなされるかたいへん不安に思いおびえる者が多いように感じます。一方,現場では,日々の多忙な中,実習生を指導しなくてはいけないことを負担に感じる方も多いように感じます。

　学生が,実習を経て,一層保育者を目指そうという気持ちが強くなる姿を見るのはとても感慨深いのですが,実習で保育者になることをあきらめてしまう学生が少なからずいるのが事実です。

　もちろん,最終的に他の職業を選ぶことは,本人の自由であり,向き不向きもあるでしょう。ですが,保育のあり方そのものに不信感や絶望感を抱いて,「保育にはもうかかわりたくない」と考える学生が出てくるとしたら,とても不幸なことだと思います。

　「実習は辛いことも多いけれど,とてもやりがいがあり,自分をとても成長させてくれた」と,すべての実習生が思ってほしいという思いが,年々強くなっています。

おわりに

　本書の始まりで,「実習とは何か」を考えました。最後にもう一度,私なりの定義づけをすると,「みんなが幸せになるお祭り」です。実習では2週間～1か月ほどの短期間に,集中して密度濃くさまざまなことを学びます。その中で,実習生は子どもと出会い,実習担当者と出会い,そして,自分自身を見つめ直します。

　お祭りというと,単発のイベントで,打ち上げ花火のようにぱっと開いてすぐに消えて何も残らないようなイメージがありますが,本当はそうではありません。お祭りに向けて,人はさまざまな準備をしていきます。その準備があるからこそお祭り当日は,熱く華やかに彩られるのです。

　終わった後は,片付けがあります。ものごとには,始まりがあって終わりがあるから,一日一日を大切に生きていこうと思えるのではないでしょうか。お祭り当日のことを思い出しながらも,来年のお祭りへの期待を胸に,日々の生活に戻っていくのです。

　実習生も,実習の事前指導を中心にさまざまなことを学び,実習に備え,実習本番に臨みます。そして,実習が終わった後も事後指導の中でふり返り,日々の学生生活に戻り,将来保育者になるために切磋琢磨していくのです。

　お祭りで,恥ずかしいと感じたり,評価されることを気にしたりしていては盛り上がることはできません。うまくいかなくて当たり前,失敗しても次につなげればいいと思うことが大切になりますが,そのためには,周りの目が冷たい「目付き」ではなく温かい「まなざし」であることが必要です。

　現場と養成校が共に実習生を「育てる」ことによって,よりよい保育が紡ぎだされていくことを願い,私自身も頑張っていきたいと思います。

　最後になりましたが,ご執筆いただいた諸先生方,実習生を温かくご指導いただいている現場の諸先生方,そして,本書を書くことを決意させてくれた実習生たち,遅れがちな原稿執筆に最後までお付き合いいただき,編集・出版の労をとっていただいた北大路書房の北川芳美氏に心より感謝申し上げます。

2013年8月　編者　開　仁志

▶ 事例提供校・園・施設一覧 (五十音順) ▶▶▶▶

桜花学園大学保育学部
京都西山短期大学
国際医療福祉大学小田原保健医療学部
社会福祉法人射水福祉会　いみず苑
同朋認定こども園
独立行政法人国立病院機構富山病院
砺波市立幼稚園／保育所
富山県立乳児院
富山国際大学子ども育成学部
富山市立愛育園
富山市立大沢野幼稚園
富山市立古里保育所
富山短期大学
富山短期大学付属みどり野幼稚園
にながわ保育園
北陸学院大学人間総合学部
堀川幼稚園

■ 執筆者一覧 (執筆順)

氏名	所属	担当
開　仁志	（編者）	第1章, 第2章, 第3章, 第5章, 第7章
藤村　透子	福島学院大学短期大学部	第4章第1節
宮田まり子	東京大学大学院教育学研究科博士課程	第4章第2節
淺野　卓司	桜花学園大学保育学部	第4章第3節
石川　恵美	兵庫大学短期大学部	第4章第4節
大井　佳子	北陸学院大学人間総合学部	第4章第5節
高見　泰子	富山市立大沢野幼稚園	第6章第1節
波岡　千穂	堀川幼稚園	第6章第2節
青山　仁	富山短期大学付属みどり野幼稚園	第6章第3節
若林　清美	（元）富山市立古里保育所	第6章第4節
細川　優子	にながわ保育園	第6章第5節
西野規代美	砺波市立太田幼稚園／保育所	第6章第6節
齊藤　雅子	同朋認定こども園	第6章第7節
村井　美寿	富山県立乳児院	第6章第8節
長森万紀子	富山市立愛育園	第6章第9節
寺岡　栄一	社会福祉法人射水福祉会いみず苑	第6章第10節
本江　敬子	独立行政法人国立病院機構富山病院	第6章第11節
本江　理子	富山国際大学子ども育成学部	第8章
難波　純子	富山短期大学	第9章
水上　義行	富山国際大学子ども育成学部	第10章第1節
一ノ山隆司	近大姫路大学看護学部	第10章第2節
井上　理絵	富山短期大学	第10章第3節
村上　満	富山国際大学子ども育成学部	第10章第4・5節

＊執筆協力（第1章, 第2章, 第3章, 第5章, 第7章）

石倉　卓子	富山国際大学子ども育成学部
室林　孝嗣	富山国際大学子ども育成学部
岩本　静香	金城大学社会福祉学部

■ 編者紹介

開　仁志（ひらき・ひとし）
1973年　富山県に生まれる
2005年　富山大学大学院教育学研究科修了　修士（教育学）
　　　　富山県小杉町立小杉小学校教諭，富山大学教育学部附属幼稚園教諭
　　　　富山短期大学幼児教育学科講師を経て
現　在　富山国際大学子ども育成学部准教授
［主著］
『おにごっこするものよっといで　オリジナルレシピ40』明治図書，2000年
『保育内容・表現』（共著）同文書院，2006年
『保・幼・小連携！交流ふれあい遊び86選』明治図書，2006年
『幼稚園教諭はじめの3年間Q A事典』（共著）明治図書，2008年
『これで安心！保育指導案の書き方—実習生・初任者からベテランまで—』（編著）北大路
　　　書房，2008年
『困ったときの子育てQ＆A』（共著）楓工房，2010年
『実習日誌の書き方—幼稚園・保育所・施設実習完全対応—』（編著）一藝社，2012年
『保育指導案大百科事典』（編著）一藝社，2012年
『最新　保育原理』（共著）保育出版社，2012年
『保育のこれからを考える保育・教育課程論』（共著）保育出版社，2012年
『新版　保育者論』（共著）一藝社，2013年

　　　　　　　　　　　　　　　　　　　　　　　　　　　　　　　　　　　　　他

保育現場と養成校のコラボレーション！
実習生指導サポートブック

2013年 9 月 10 日　初版第 1 刷印刷　　定価はカバーに表示
2013年 9 月 20 日　初版第 1 刷発行　　してあります。

　　　編　著　者　　　開　　　仁　志
　　　発　行　所　　　㈱北 大 路 書 房
　　　〒603-8303　京都市北区紫野十二坊町12-8
　　　　　　　　　電話　（075）431-0361㈹
　　　　　　　　　ＦＡＸ　（075）431-9393
　　　　　　　　　振替　01050-4-2083

　ⓒ 2013　　　　　　　印刷・製本／亜細亜印刷㈱
　　　　　　検印省略　落丁・落丁本はお取り替えいたします。
　ISBN978-4-7628-2814-0　　　　　Printed in Japan

・ JCOPY 〈㈳出版者著作権管理機構 委託出版物〉
本書の無断複写は著作権法上での例外を除き禁じられています。
複写される場合は，そのつど事前に，㈳出版者著作権管理機構
（電話 03-3513-6969,FAX 03-3513-6979,e-mail: info@jcopy.or.jp）
の許諾を得てください。